"十三五"高职院校财经精品系列教材

经济数学基础

（第二版）

主　编◎王国政　吴晓明

西南财经大学出版社
Southwestern University of Finance & Economics Press
中国·成都

图书在版编目(CIP)数据

经济数学基础/王国政,吴晓明主编.—2版.—成都:西南财经大学出版社,2018.8
ISBN 978-7-5504-3701-2

Ⅰ.①经… Ⅱ.①王…②吴… Ⅲ.①经济数学—高等学校—教材
Ⅳ.①F224.0

中国版本图书馆CIP数据核字(2018)第198535号

经济数学基础(第二版)

主编:王国政 吴晓明

责任编辑:李晓嵩
责任校对:田园
封面设计:何东琳设计工作室
责任印制:朱曼丽

出版发行	西南财经大学出版社(四川省成都市光华村街55号)
网　　址	http://www.bookcj.com
电子邮件	bookcj@foxmail.com
邮政编码	610074
电　　话	028-87353785　87352368
照　　排	四川胜翔数码印务设计有限公司
印　　刷	郫县犀浦印刷厂
成品尺寸	185mm×260mm
印　　张	13.5
字　　数	275千字
版　　次	2018年8月第2版
印　　次	2018年8月第1次印刷
印　　数	1—3000册
书　　号	ISBN 978-7-5504-3701-2
定　　价	35.00元

前言

本教材在内容选取上，仅介绍最基本的概念与结论，注重概念的引入与讲解，尽可能通过较多的实际问题引入概念，力求阐述概念的实际背景，既增强学生学习的兴趣，也使学生能将抽象的概念同实际联系起来，更易于理解并掌握概念；同时，淡化理论推导过程，弱化了对计算能力的要求。

结合教学改革的需要，特别针对一般院校经济管理类专业的学生，我们将高等数学知识的学习分为两个层次，基础部分即为《经济数学基础》，旨在为学生提供一本浅易而实用的教材，书中选编了很多经济学应用方面的例题与习题；而对一些要求数学较高的专业的学生及愿意学习更多数学知识的学生，则提供《经济数学进阶》以满足他们进一步学习高等数学知识的需要。

本书主要内容包括函数与极限、一元函数微积分及其应用、多元函数微积分及其应用、级数与微分方程初步知识等；附录中还含有 Mathematica 数学软件的使用简介及部分数学家生平简介。

本书由西南财经大学天府学院王国政、山东外贸职业学院吴晓明共同编写。由于编者学识有限，书中疏漏与错误之处在所难免，恳请各位同行与读者不吝批评与指正。

编者

2018 年夏于成都

目　录

第 1 章　函数与极限

数学史表明,重要的数学概念的产生和发展,对数学发展起着不可估量的作用.有些重要的数学概念对数学分支的产生起着奠基性的作用.函数就是这样一个重要的概念.

在笛卡尔引入变量以后,变量和函数等概念日益渗透到科学技术的各个领域.纵览宇宙,运算天体,探索热的传导,揭示电磁秘密,这些都和函数概念息息相关.正是在这些实践过程中,人们对函数的概念不断深化.

最早提出函数(*function*) 概念的,是 17 世纪德国数学家莱布尼茨.最初莱布尼茨用"函数" 一词表示幂.以后,他又用函数表示在直角坐标系中曲线上一点的横坐标、纵坐标.

1718 年,莱布尼茨的学生、瑞士数学家伯努利把函数定义为"由某个变量及任意的一个常数结合而成的数量." 意思是凡变量和常量构成的式子都叫做函数.伯努利所强调的是函数要用公式来表示.后来,数学家觉得不应该把函数概念局限在只能用公式来表达,只要一些变量变化,另一些变量能随之而变化就可以.至于这两个变量的关系是否要用公式来表示,并不作为判别函数的标准.

1755 年,瑞士数学家欧拉把函数定义为"如果某些变量,以某一种方式依赖于另一些变量,即当后面这些变量变化时,前面这些变量也随着变化,我们把前面的变量称为后面变量的函数." 在欧拉的定义中,就不强调函数要用公式表示了,由于函数不一定要用公式来表示,欧拉曾把画在坐标系中的曲线也叫函数,他认为"函数是随意画出的一条曲线."

当时有些数学家对于不用公式来表示函数感到很不习惯,有的数学家甚至抱怀疑态度.他们把能用公式表示的函数叫"真函数",把不能用公式表示的函数叫"假函数".

1821 年,法国数学家柯西给出了类似现在中学课本中的函数定义:"在某些变数间存在着一定的关系,当一经给定其中某一变数的值,其他变数的值可随着而确定时,则将最初的变数叫自变量,其他各变数叫做函数." 在柯西的定义中,首先出现了自变量一词.

1834 年,俄国数学家罗巴切夫斯基进一步提出函数的定义:"x 的函数是这样的一个数,它对于每一个 x 都有确定的值,并且随着 x 一起变化.函数值可以由解析式给出,也可以由一个条件给出,这个条件提供了一种寻求全部对应值的方法.函数的这种依赖关系可以存在,但仍然是未知的.”这个定义指出了对应关系(条件)的必要性,利用这个关系,可以求出每一个的对应值.

1837年,德国数学家狄里克雷认为怎样去建立 x 与 y 之间的对应关系是无关紧要的,所以他的定义是:“如果对于 x 的每一个值,总有一个完全确定的 y 值与之对应,则 y 是 x 的函数.”这个定义抓住了概念的本质属性,变量 y 称为 x 的函数,只须有一个法则存在,使得这个函数取值范围中的每一个值,有一个确定的值和它对应就行了,不管这个法则是公式或图像或表格或其他形式.这个定义比前面的定义带有普遍性,为理论研究和实际应用提供了方便.因此,这个定义使用了较长时期.

自从德国数学家康托尔的集合论被大家接受后,用集合对应关系来定义函数概念就是现在高中课本里所采用的函数定义.

中文数学书上使用的“函数”一词是转译词,是我国清代数学家李善兰在翻译《代数学》(1895年)一书时,把“*function*”译成“函数”的.

中国古代“函”字与“含”字通用,都有着“包含”的意思.李善兰给出的定义是:“凡式中含天,为天之函数.”中国古代用天、地、人、物4个字来表示4个不同的未知数或变量.这个定义的含义是:“凡是公式中含有变量 x,则该式子叫做 x 的函数.”所以“函数”是指公式里含有变量的意思.

§1.1　初等函数

1. 函数的定义

在自然科学、技术科学或经济管理中,所遇到的实际问题往往有几个变量同时都在变化,这些变量并不是彼此孤立的改变,而是相互联系、相互制约并按一定规律在变化.在这里,我们就两个变量之间的相互依赖关系的简单情形加以讨论.首先考察两个实例.

例1　某商品的单位成本为5元,企业已售出该商品100件,问企业可获利润多少?

很明显,在这个问题中,单位成本是常量,出售单价与利润是变量.若设 P 表示出售单价,L 表示利润,则 L 与 P 之间有关系

$$L = 100(P - 5)$$

上述式子表明了利润 L 与价格 P 之间的相互依赖关系及其内在的变化规律,只要价格 P 确定,利润 L 就随之确定.

例2　图1-1是乐山电力股份有限公司股票某日的分时图.

如果用 t 表示时间,p 表示股票价格,q 表示股票成交量,则 p 和 q 都是随着时间 t 的变化而改变.但这种改变与例1中的情况不同:① 无法用公式描述;② 事件未发生时不能得到 t 与 p(或 t 与 q)的对应结果.

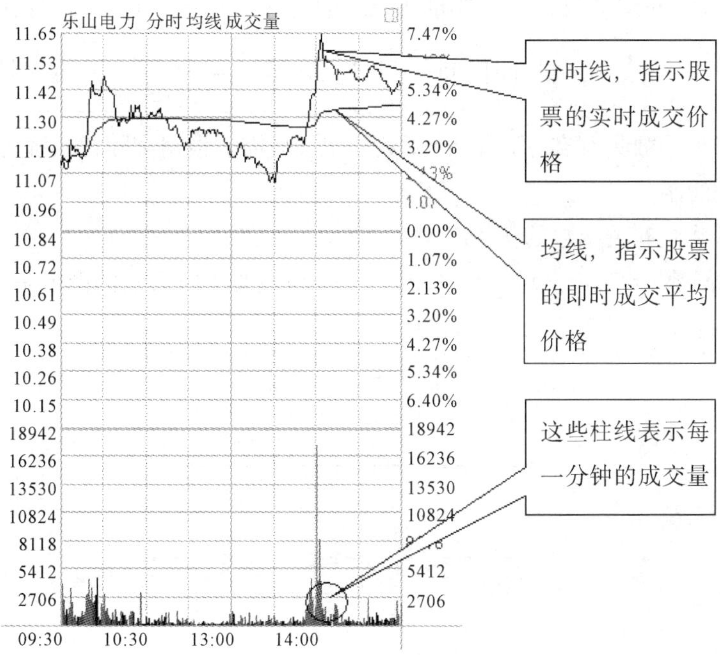

图 1－1

抽去上面两个例子中所考察的实际意义，它们表达了两个变量之间的相互依赖关系.这种相互依赖关系实质上给出了两个变量间的一种相互制约的对应规律（或法则）.当其中一个变量在某一范围内任意取定一个数值时，按照这种规律，另一个变量就有确定的值与之对应.两个变量间的这种对应关系就是函数概念的实质.

定义 1.1　设 x 和 y 是两个变量，D 是一个给定的数集，f 是一个对应法则.如果对于每个数 $x \in D$，变量 y 按照对应法则 f 总有唯一确定的数值和它对应，则称 f 是定义在集合 D 上的函数，x 叫做自变量，y 叫做因变量，记作 $y=f(x)$.数集 D 叫做这个函数的定义域，记作 D_f.

实际上，我们可以把函数 f 看作是一台加工设备，x 是输入（待加工的原材料），y 即 $f(x)$ 是输出（由原材料加工出的产品）.定义域就是这台加工设备的材料源.

从函数的定义中可以看到函数包含两个要素，即：

（1）两个变量之间的对应法则；

（2）自变量的取值范围.

函数 $y=f(x)$ 中表示对应关系的记号 f 也可以改用其他字母，例如 φ、F，等等.这时函数记作 $y=\varphi(x)$，$y=F(x)$，等等.

当 x 取数值 $x_0 \in D$ 时，与 x_0 对应的 y 的数值称为函数 $y=f(x)$ 在点 x_0 处的函数值，记作 $f(x_0)$，当 x 取遍 D 的各个数值时，对应的函数值全体组成的数集

$$W=\{y \mid y=f(x), x \in D\}$$

称为函数的值域.

在数学中，有时不考虑函数的实际意义，而抽象地研究用算式表达的函数.这时

我们约定:函数的定义域就是自变量所能取的使算式有意义的一切实数值.例如,函数 $y=\sqrt{1-x^2}$ 的定义域是闭区间 $[-1,1]$,函数 $y=\dfrac{1}{\sqrt{1-x^2}}$ 的定义域是开区间 $(-1,1)$.如果函数具有实际背景,则函数的定义域需要根据实际背景确定才合理.如例 1 中的利润函数.

下面举几个有关函数的例子.

例 3　函数 $y=2$,定义域 $D=(-\infty,+\infty)$,值域 $W=\{2\}$,它的图形是一条平行于 x 轴的直线,如图 1－2 所示.

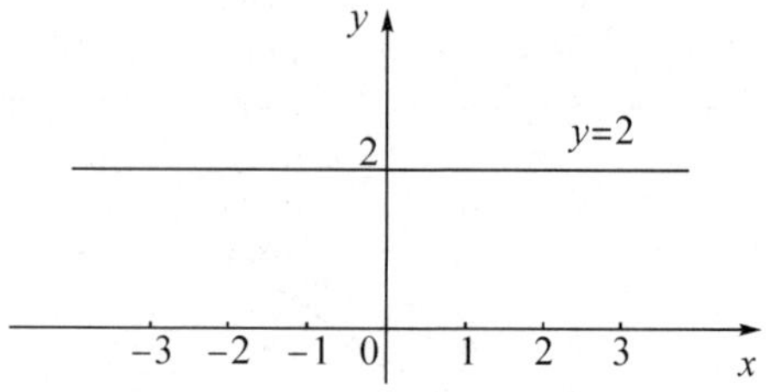

图 1－2

例 4　判断下面函数是否相同,并说明理由.

(1) $y=1$ 与 $y=\sin^2 x+\cos^2 x$;

(2) $y=2x+1$ 与 $x=2y+1$.

解　(1) 虽然这两个函数的表现形式不同,但它们的定义域 $(-\infty,+\infty)$ 与对应法则均相同,所以这两个函数相同.

(2) 虽然它们的自变量与因变量所用的字母不同,但其定义域 $(-\infty,+\infty)$ 和对应法则均相同,所以这两个函数相同.

例 5　求函数 $y=\dfrac{1}{1-x^2}+\sqrt{x+2}$ 的定义域.

解　因为 $\begin{cases}1-x^2\neq 0\\ x+2\geqslant 0\end{cases}\Rightarrow\begin{cases}x\neq\pm 1\\ x\geqslant -2\end{cases}$

所以 $D=[-2,-1)\cup(-1,1)\cup(1,+\infty)$.

例 6　求函数 $f(x)=\dfrac{\lg(3-x)}{\sin x}+\sqrt{5+4x-x^2}$ 的定义域.

解　要使 $f(x)$ 有意义,显然 x 要满足:

$$\begin{cases}3-x>0\\ \sin x\neq 0\\ 5+4x-x^2\geqslant 0\end{cases}\quad\text{即}\quad\begin{cases}x<3\\ x\neq k\pi\\ -1\leqslant x\leqslant 5\end{cases}\quad(k\text{ 为整数})$$

所以 $f(x)$ 的定义域为:

$$D=[-1,0)\cup(0,3).$$

2. 函数的表示方法

函数的表示方法一般有三种:公式法、图示法和表格法.

(1) **公式法** 公式法就是直接用数学式子表示两个变量之间的函数关系的方法.它的优点是简明、准确、完整,微积分学中多采用这种表示函数的方法.在前面的例子中都是用这种方法表示函数.

(2) **图示法** 一个自变量的函数即一元函数,其图形就是一些点的轨迹,这些点的横坐标为自变量的取值,纵坐标是对应的函数值.在平面直角坐标系中把函数的定义域中所有的数 x 对应的点 $(x, f(x))$ 都描绘出来,即得到函数的图形. 这种方法的优点是直观醒目,缺点是很难做到准确和完整.如图 1 - 3、图 1 - 4 所示.

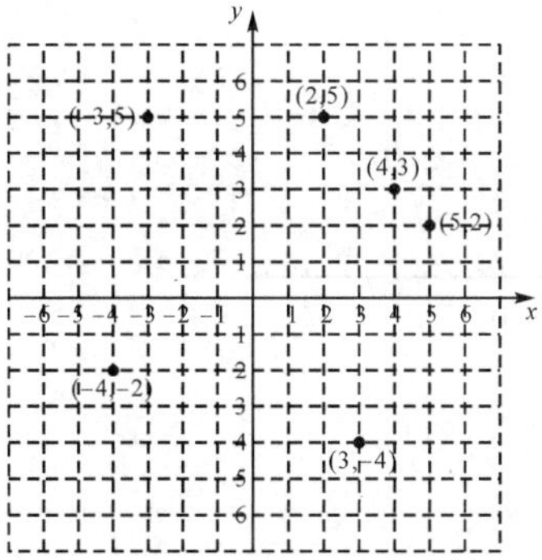

图 1 - 3

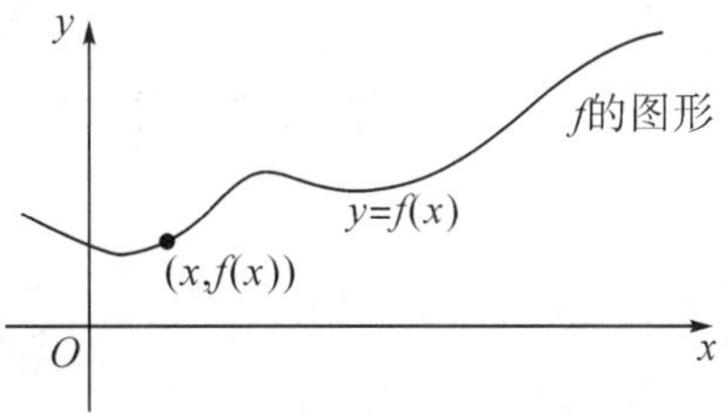

图 1 - 4

(3) **表格法** 表格法就是将自变量 x 的一系列取值与对应的函数值列成表格,如对数表、三角函数表、平方根表等.它的优点是用起来方便,在实际工作中是一种常用的函数表示法. 然而这种方法有它的局限性,不能完全反映两个变量之间的规律性.

例 7 某城市一年里每月毛线的零售量(单位:千克),如表 1 - 1 所示.

表 1 - 1

月份(t)	1	2	3	4	5	6	7	8	9	10	11	12
零售量(s)	81	84	45	45	9	5	6	15	94	161	144	123

表 1 - 1 表示了某城市毛线零售量 s 随月份 t 而变化的函数关系.这个函数关系是用表格来表达的,它的定义域

$$D = \{1,2,3,4,5,6,7,8,9,10,11,12\}.$$

需要说明的是,不是每一个函数都可以用上述三种方法表示出来.

例如:

$$f(x)=\begin{cases}0, & \text{当 } x \text{ 为无理数}\\ 1, & \text{当 } x \text{ 为有理数}\end{cases}$$

这个函数就不可以用图形和表格来表示，但它的确是一个函数，定义域为 $(-\infty, +\infty)$，有对应关系.

有些函数，对于其定义域内自变量 x 不同的值，不能用一个统一的数学表达式表示，而要用两个或两个以上的式子表示，这类函数称为“分段函数”.

有时用几个式子来表示一个(不是几个) 函数，不仅与函数定义不相矛盾，而且有现实意义.这在自然科学和工程技术以及经济领域是常见的现象.

例 8　绝对值函数 $y = |x| = \begin{cases} x, & x \geqslant 0 \\ -x, & x < 0 \end{cases}$. 定义域 $D = (-\infty, +\infty)$，值域 $W = [0, +\infty)$，它的图形如图 1 - 5 所示.这个函数称为绝对值函数.

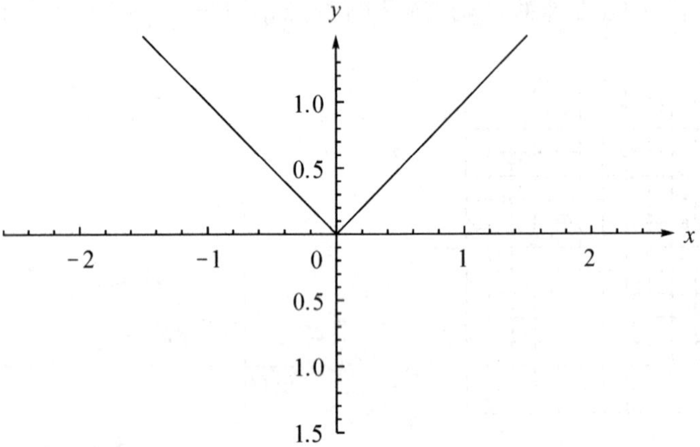

图 1 - 5

例 9　函数

$$y = \operatorname{sgn} x = \begin{cases} 1, & x > 0 \\ 0, & x = 0 \\ -1, & x < 0 \end{cases}$$

称为符号函数，它的定义域 $D = (-\infty, +\infty)$，值域 $W = \{-1, 0, 1\}$，它的图形如图 1 - 6 所示.

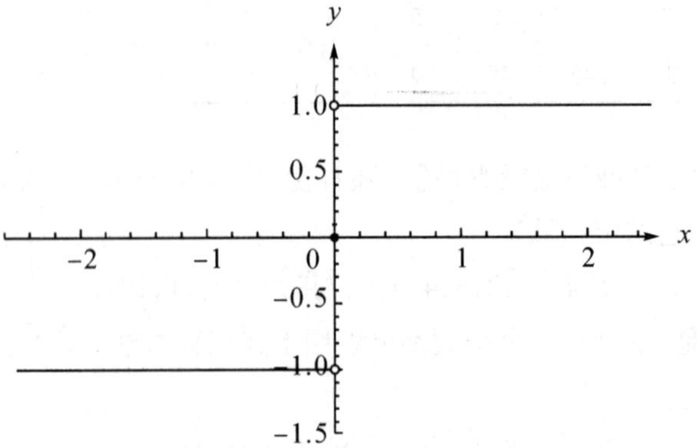

图 1 - 6

对于任何实数 x，下列关系成立：

$$x = \operatorname{sgn}x \cdot |x|$$

例 10　设 x 为任一实数，不超过 x 的最大整数称为 x 的整数部分，记作 $y = [x]$. 例如，$\left[\frac{5}{7}\right] = 0$，$[\sqrt{2}] = 1$，$[\pi] = 3$，$[-1.01] = -2$. 把 x 看作变量，则函数 $y = [x]$ 的定义域 $D = (-\infty, +\infty)$，值域 $W = Z$. 它的图形如图 1－7 所示，这个图形称为阶梯曲线. 在 x 为整数值处，图形发生跳跃，跃度为 1. 这个函数称为取整函数.

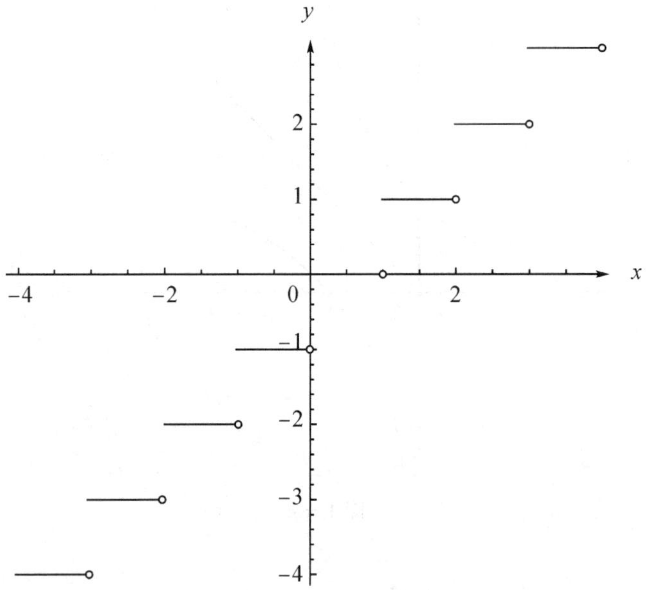

图 1－7

3. 反函数

设某种商品销售总收入为 y，销售量为 x，已知该商品的单价为 a.

对每一个给定的销售量 x，可以通过规则 $y = ax$ 确定销售总收入 y，这种由销售量确定销售总收入的关系称为销售总收入关于销售量的函数. 反过来，对每一个给定的销售总收入 y，则可以由规则 $x = \frac{y}{a}$ 确定销售量 x，这种由销售总收入确定销售量的关系称为销售量关于销售总收入的函数. 我们称后一函数 $\left(x = \frac{y}{a}\right)$ 是前一函数 $(y = ax)$ 的反函数，或者说它们互为反函数.

定义 1.2　设 $y = f(x)$ 是定义在 D 上的一个函数，值域为 W. 如果对每一个 $y \in W$ 有唯一确定的且满足 $y = f(x)$ 的 $x \in D$ 与之对应，其对应规则记作 f^{-1}，这个定义在 W 上的函数 $x = f^{-1}(y)$ 称为 $y = f(x)$ 的反函数，或称它们互为反函数.

函数 $y = f(x)$，x 为自变量，y 为因变量，定义域为 D，值域为 W.

函数 $x = f^{-1}(y)$，y 为自变量，x 为因变量，定义域为 W，值域为 D.

习惯上用 x 表示自变量，y 表示因变量.因此我们将 $x=f^{-1}(y)$ 改写为以 x 为自变量、以 y 为因变量的函数关系 $y=f^{-1}(x)$，这时我们说 $y=f^{-1}(x)$ 是 $y=f(x)$ 的反函数.

一个函数如果有反函数，它必定是一一对应的函数关系.

例如，在 $(-\infty,+\infty)$ 内，$y=x^2$ 不是一一对应的函数关系，所以它没有反函数；而在 $(0,+\infty)$ 内，$y=x^2$ 有反函数 $y=\sqrt{x}$；在 $(-\infty,0)$ 内，$y=x^2$ 有反函数 $y=-\sqrt{x}$.

$y=f(x)$ 与 $y=f^{-1}(x)$ 的图形关于直线 $y=x$ 对称.如图 1－8 所示.

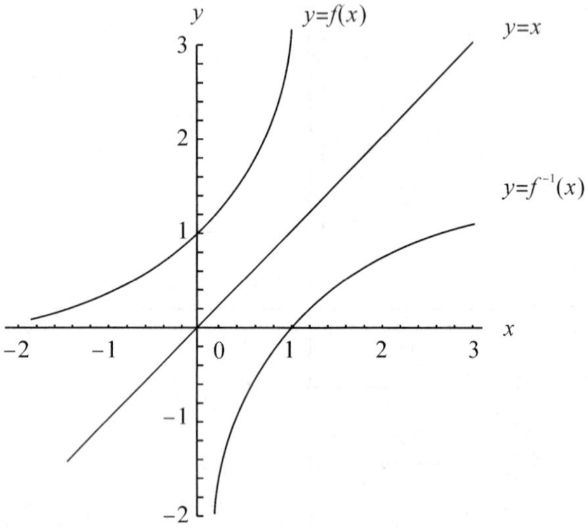

图1－8

例 11　求函数 $y=\dfrac{1-\sqrt{1+4x}}{1+\sqrt{1+4x}}$ 的反函数.

解　令 $z=\sqrt{1+4x}$，则 $y=\dfrac{1-z}{1+z}$，故 $z=\dfrac{1-y}{1+y}$，即 $\sqrt{1+4x}=\dfrac{1-y}{1+y}$，

解得 $x=\dfrac{1}{4}\left[\left(\dfrac{1-y}{1+y}\right)^2-1\right]=-\dfrac{y}{(1+y)^2}$，

改变变量的记号，即得到所求反函数：$y=-\dfrac{x}{(1+x)^2}$.

4. 复合函数

在很多实际问题中，变量 x 与 y 之间的函数关系往往是通过另一个变量 u 的联系而构成的.例如，设变量 y 表示一个养鸡场的成本，u 表示鸡饲料价格，x 表示玉米价格.在其他因素都不发生变化的情况下，养鸡场的成本受鸡饲料价格的影响，在数学上可以表示为 $y=f(u)$，如果不考虑鸡饲料中其他原料价格对鸡饲料的价格影响，则鸡饲料价格受玉米价格的影响，在数学上可以表示为 $u=g(x)$.这样一来，不考虑其他任何因素，玉米价格的变化必然引起养鸡场成本的变化，在数学上可以表示为 $y=f[g(x)]$.这个式子反映了玉米价格通过鸡饲料价格对养鸡成本产生影响，它就

是数学上的以 u 为中间变量,以 x 为自变量的一个复合函数.

定义 1.3　设函数 $y=f(u)$ 的定义域为 D,若函数 $u=g(x)$ 的值域为 W,$D\cap W$ 非空,则称 $y=f[g(x)]$ 为复合函数.x 为自变量,y 为因变量,u 为中间变量.

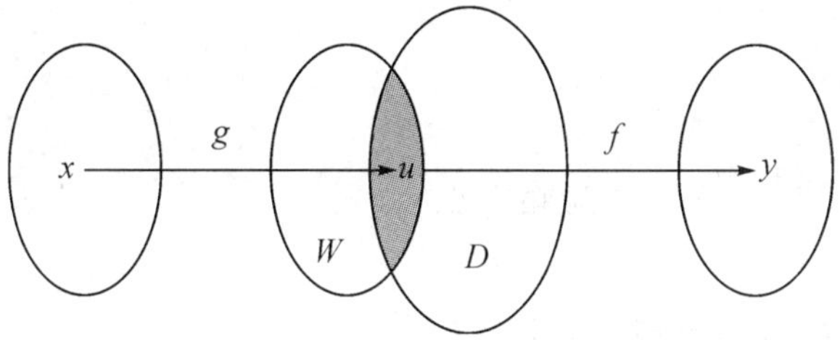

图 1－9

图 1－9 示意自变量 x、因变量 y 及中间变量 u 是如何通过对应法则 g 和 f 建立起联系的.

例 12　设 $y=f(u)=\arctan u$,$u=g(t)=\dfrac{1}{\sqrt{t}}$,$t=h(x)=x^2-1$,求 $f\{g[h(x)]\}$.

解　$f\{g[h(x)]\}=\arctan u=\arctan\dfrac{1}{\sqrt{t}}=\arctan\dfrac{1}{\sqrt{x^2-1}}$.

例 13　将下列函数分解成基本初等函数的复合.

(1) $y=\sqrt{\ln\sin^2 x}$;

(2) $y=e^{\arctan x^2}$;

(3) $y=\cos^2\ln(2+\sqrt{1+x^2})$.

解　(1) $y=\sqrt{\ln\sin^2 x}$ 可由 $y=\sqrt{u}$,$u=\ln v$,$v=w^2$,$w=\sin x$ 四个函数复合而成;

(2) $y=e^{\arctan x^2}$ 可由 $y=e^u$,$u=\arctan v$,$v=x^2$ 三个函数复合而成;

(3) $y=\cos^2\ln(2+\sqrt{1+x^2})$ 可由 $y=u^2$,$u=\cos v$, $v=\ln w$, $w=2+t$, $t=\sqrt{h}$, $h=1+x^2$ 六个函数复合而成.

5. 初等函数

由基本初等函数(即常函数、幂函数、指数函数、对数函数、三角函数、反三角函数)经过有限次四则运算(加、减、乘、除)以及有限次复合步骤所构成的并且可用一个式子表示的函数,叫做初等函数.例如

$$y=\ln(\sqrt{1-x^2}+2x),y=\tan^2 x,y=\cos(1-3x^2)$$

都是初等函数.在本课程中所讨论的函数绝大多数都是初等函数.

习题 1 - 1

1. 求函数

$y=\begin{cases}\sin\dfrac{1}{x}, & x\neq 0\\ 0, & x=0\end{cases}$ 的定义域和值域.

2. 设 $f(x)=\begin{cases}1, & 0\leqslant x\leqslant 1\\ -2, & 1<x\leqslant 2\end{cases}$,求函数 $f(x+3)$ 的定义域.

3. $y=\lg(-x^2)$ 是不是函数关系？为什么？

4. 下列各题中,函数 $f(x)$ 和 $g(x)$ 是否相同？为什么？

(1) $f(x)=\dfrac{x^2-1}{x-1}, g(x)=x+1$　　(2) $f(x)=x, g(x)=\sqrt{x^2}$

(3) $f(x)=\lg x^2, g(x)=2\lg x$　　(4) $f(x)=\sqrt[3]{x^4-x^3}, g(x)=x\sqrt[3]{x-1}$

5. 确定下列函数的定义域:

(1) $y=\sqrt{9-x^2}$　　(2) $y=\dfrac{-5}{x^2+4}$

(3) $y=\sin\dfrac{x-1}{2}$　　(4) $y=1-e^{1-x^2}$

(5) $y=\dfrac{\lg(3-x)}{\sqrt{|x|-1}}$　　(6) $y=\dfrac{2x}{x^2-3x+2}$

6. 设 $f(x)=\sqrt{4+x^2}$,求下列函数值:

$f(0), f(1), f(-1), f(\dfrac{1}{a}), f(x_0), f(x_0+h)$.

7. 设 $f(x)=\begin{cases}|\sin x|, & |x|<\dfrac{\pi}{3}\\ 0, & |x|\geqslant\dfrac{\pi}{3}\end{cases}$,求 $f(\dfrac{\pi}{6}), f(\dfrac{\pi}{4}), f(-\dfrac{\pi}{4}), f(-2)$,并画出 $y=f(x)$ 的图形.

8. 求下列函数的反函数:

(1) $y=2x+1$　　(2) $y=\dfrac{x+2}{x-2}$

(3) $y=x^3+2$　　(4) $y=1+\lg(x+2)$

(5) $y=1+\ln(x+2)$　　(6) $y=\dfrac{2^x}{2^x+1}$

9. 下列函数可以看成由哪些简单函数复合而成：

(1) $y=\sqrt{3x-1}$　　(2) $y=(1+\ln x)^5$

(3) $y=\sqrt{\ln\sqrt{x}}$　　(4) $y=e^{e^{-x^2}}$

10. 在下列各题中，求由所给函数复合而成的函数，并求这个函数分别对应于给定自变量值 x_1 和 x_2 的函数值：

(1) $y=u^2, u=\sin x, x_1=\dfrac{\pi}{6}, x_2=\dfrac{\pi}{3}$

(2) $y=\sin u, u=2x, x_1=\dfrac{\pi}{8}, x_2=\dfrac{\pi}{4}$

(3) $y=\sqrt{u}, u=1+x^2, x_1=1, x_2=2$

(4) $y=e^u, u=x^2, x_1=0, x_2=1$

(5) $y=u^2, u=e^x, x_1=1, x_2=-1$

11. 设 $f(x)=\dfrac{x}{1-x}$，求 $f[f(x)]$ 和 $f\{f[f(x)]\}$.

12. 设 $f(x)=\begin{cases}1, & |x|<1\\ 0, & |x|=1\\ -1, & |x|>1\end{cases}$，$g(x)=e^x$，求 $f[g(x)]$ 和 $g[f(x)]$，并画出这两个函数的图形.

§1.2　简单的经济函数

为了解决应用问题，需要建立数学模型，即建立函数关系，并结合实际问题确定函数的定义域.应用问题的定义域，除函数的解析式外还要考虑变量在实际问题中的含义.

1. 需求函数

需求函数是指在某一特定时期内，市场上某种商品的各种可能的购买量和决定这些购买量的诸因素之间的数量关系.

假定其他因素（如消费者的货币收入、偏好和相关商品的价格等）不变，则决定某种商品需求量的因素就是这种商品的价格.此时，需求函数表示的就是商品需求量和价格这两个经济量之间的数量关系

$$Q_d=f_d(p)$$

其中，Q_d 表示需求量，p 表示价格.需求函数的反函数 $p=f_d^{-1}(Q_d)$ 称为价格函数，习惯上将价格函数也统称为需求函数.

一般情况下，商品的价格上涨，需求量将下降；价格下跌，需求量将上升.即需求

量是价格的单调减少函数. 如图 1 - 10 所示.

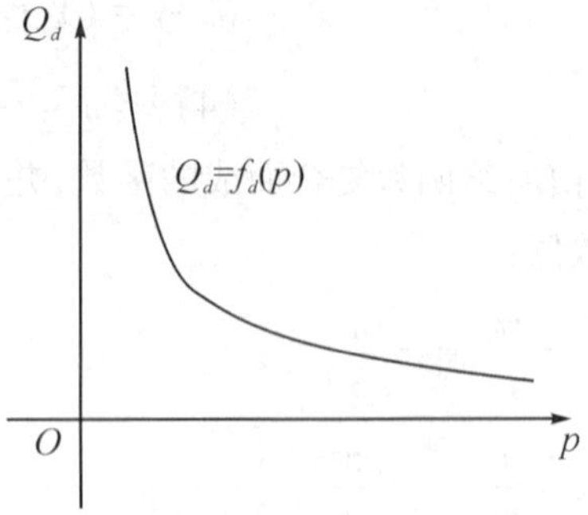

图 1 - 10

2. 供给函数

供给函数是指在某一特定时期内，市场上某种商品的各种可能的供给量和决定这些供给量的诸因素之间的数量关系. 如果不考虑其他因素对商品供给量的影响，只考虑价格因素，则供给量 Q_s 可以表示为

$$Q_s = f_s(p).$$

一种商品的市场供给量 Q_s 也受商品价格 p 的制约，价格上涨，将刺激生产者向市场提供更多的商品，使供给量增加；反之，价格下跌将使供给量减少. 即供给量是价格的单调增加函数. 如图 1 - 11 所示.

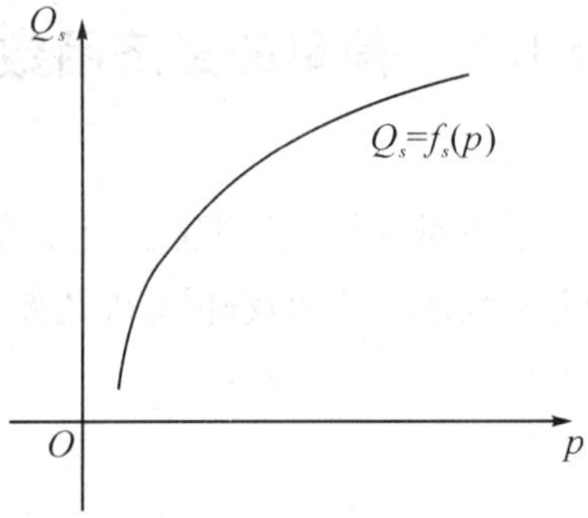

图 1 - 11

3. 市场均衡

对一种商品而言，如果需求量等于供给量，则这种商品就达到了市场均衡. 我们把市场均衡时的商品价格称为商品的均衡价格，记作 p_e. 均衡价格 p_e 可以通过解方程

$$Q_d = Q_s$$

得到.

如图 1 - 12 所示，市场均衡价格 p_e 就是需求函数和供给函数两条曲线的交点的横坐标. 当市场价格高于均衡价格时，将出现供过于求的现象，而当市场价格低于均

衡价格时，将出现供不应求的现象.当市场均衡时有

$$Q_d = Q_s = Q_e$$

称 Q_e 为市场均衡数量.

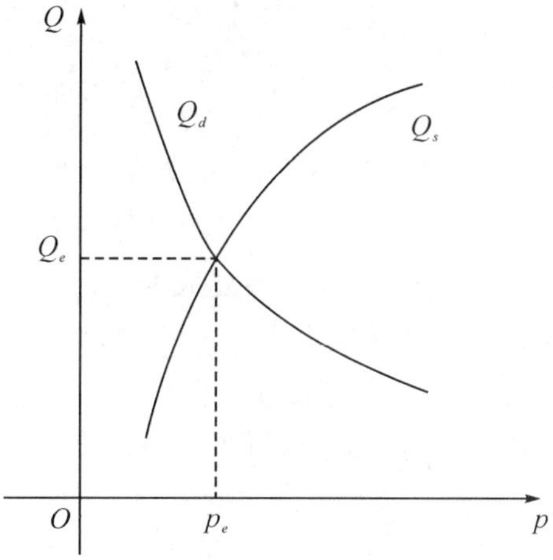

图 1 - 12

例 1 某种商品的供给函数和需求函数分别为

$$Q_d = 300 - 49p, \quad Q_s = 100 + p$$

求该商品的市场均衡价格和市场均衡数量.

解 由均衡条件 $Q_d = Q_s$ 得

$300 - 49p = 100 + p \Rightarrow 50p = 200 \Rightarrow p_e = 4 \Rightarrow Q_e = 100 + p_e = 104.$

例 2 某批发商每次以 160 元/台的价格将 500 台电扇批发给零售商，在这个基础上零售商每次多进 100 台电扇，则批发价相应降低 2 元，批发商最大批发量为每次 1 000 台，试将电扇批发价格表示为批发量的函数，并求零售商每次进 800 台电扇时的批发价格.

解 由题意看出所求函数的定义域为[500,1 000]. 已知每次多进 100 台，价格减少 2 元，设每次进电扇 x 台，则每次批发价减少 $\frac{2}{100}(x - 500)$ 元/台，即所求函数为

$$P = 160 - \frac{2}{100}(x - 500) = 160 - \frac{2x - 1\,000}{100} = 170 - \frac{x}{50}$$

当 $x = 800$ 时，$P = 170 - \frac{800}{50} = 154$（元/台）

即每次进 800 台电扇时的批发价格为 154 元/台.

4. 成本函数

产品成本是以货币形式表现的企业生产和销售产品的全部费用支出，成本函数表示费用总额与产量（或销售量）之间的依赖关系，产品成本可分为固定成本和变动成本两部分.所谓固定成本，是指在一定时期内不随产量变化的那部分成本；所谓

变动成本，是指随产量变化的那部分成本.一般地，以货币计值的(总)成本 C 是产量 x 的函数，即

$$C = C(x) \quad (x \geqslant 0)$$

称其为成本函数.当产量 $x=0$ 时，对应的成本函数值 $C(0)$ 就是产品的固定成本值.

设 $C(x)$ 为成本函数，称 $\bar{C} = \dfrac{C(x)}{x}$ $(x > 0)$ 为单位成本函数或平均成本函数.

成本函数是单调增加函数，其图像称为成本曲线.

例3　某工厂生产某产品，每日最多生产100单位.它的日固定成本为130元，生产一个单位产品的可变成本为6元.求该厂日总成本函数及平均单位成本函数.

解　设日总成本为 C，平均单位成本为 $\bar{C}$，日产量为 x.由于日总成本为固定成本与可变成本之和.根据题意，日总成本函数为

$$C = C(x) = 130 + 6x$$

定义域为 $D=[0,100]$.

平均单位成本函数为 $\bar{C} = \bar{C}(x) = \dfrac{C(x)}{x} = \dfrac{130}{x} + 6$

定义域为 $D=(0,100]$.

5. 收入函数与利润函数

销售某种产品的收入 R，等于产品的单位价格 p 乘以销售量 x，即 $R=p\cdot x$，称其为收入函数.而销售利润 L 等于收入 R 减去成本 C，即 $L=R-C$，称其为利润函数.

当 $L=R-C>0$ 时，生产者盈利；

当 $L=R-C<0$ 时，生产者亏损；

当 $L=R-C=0$ 时，生产者盈亏平衡，使 $L(x)=0$ 的点 x_0 称为盈亏平衡点(又称为保本点).

例4　某工厂生产某产品年产量为 x 台，每台售价500元，当年产量超过800台时，超过部分只能按9折出售，这样可多售出200台，如果再多生产，本年就销售不出去了.试写出本年的收益(入)函数.

解　因为产量超过800台时售价要按9折出售，又超过1 000台(即800台+200台)时，多余部分销售不出去，从而超出部分无收益.依题意有

$$R(x) = \begin{cases} 500x, & 0 \leqslant x \leqslant 800 \\ 500 \times 800 + 0.9 \times 500(x - 800), & 800 < x \leqslant 1\,000 \\ 500 \times 800 + 0.9 \times 500 \times 200, & x > 1\,000 \end{cases}$$

$$= \begin{cases} 500x, & 0 \leqslant x \leqslant 800 \\ 400\,000 + 450(x - 800), & 800 < x \leqslant 1\,000. \\ 490\,000, & x > 1\,000 \end{cases}$$

例5　已知某厂单位产品的可变成本为15元，每天的固定成本为2 000元，如这种产品出厂价为20元，求

(1) 利润函数;

(2) 若不亏本,该厂每天至少要生产多少单位这种产品.

解 (1) 因为 $L(x)=R(x)-C(x)$,$C(x)=2\,000+15x$,$R(x)=20x$,所以

$L(x)=20x-(2\,000+15x)=5x-2\,000$.

(2) 当 $L(x)=0$ 时,不亏本,于是有 $5x-2\,000=0$, 得 $x=400$(单位).

例 6 某电器厂生产一种新产品,根据调查得出需求函数为 $x=-900P+45\,000$. 该厂生产该产品的固定成本是 270 000 元,而单位产品的可变成本为 10 元. 为获得最大利润, 出厂价格应为多少?

解 收入函数为:

$R(p)=p\cdot(-900p+45\,000)=-900p^2+45\,000p$.

成本函数为:

$C(p)=10(-900p+45\,000)+270\,000=-9\,000p+720\,000$.

利润函数为:

$L(p)=R(p)-C(p)=-900(p^2-60p+800)=-900(p-30)^2+90\,000$.

由于利润是一个二次函数,容易求得 $p=30$ 元时,最大利润 $L=90\,000$ 元.

在此价格下,销售量为

$x=-900\times30+45\,000=18\,000$(单位).

例 7 已知某商品的成本函数与收入函数分别是 $C=12+3x+x^2$ 和 $R=11x$,试求该商品的盈亏平衡点, 并说明盈亏情况.

解 由 $L=0$ 和已知条件得

$11x=12+3x+x^2 \quad\Rightarrow\quad x^2-8x+12=0$

从而得到两个盈亏平衡点分别为 $x_1=2$,$x_2=6$.

由利润函数

$L(x)=R(x)-C(x)=11x-(12+3x+x^2)=8x-12-x^2=(x-2)(6-x)$

易见当 $x<2$ 时亏损, $2<x<6$ 时盈利,而当 $x>6$ 时又转为亏损.

习题 1.2

1. 已知某厂生产运动鞋 x 双的总成本函数为 $C(x)=5x+400$(单位:元). 若每天至少能卖出 200 双,为了不亏本,每双至少应该以多少元售出?

2. 某商店出售一种布料,每米 a 元,若每位顾客一次所购买的尺寸超过 40 米,超过的部分按照九折出售. 试求一次交易销售收入 R 与销售量 x 的函数关系.

3. 某厂生产一种产品,单位售价为 200 元. 若月产量为 400 件,则当月能全部售出;若月产量超过 400 件,可以通过宣传多售出 150 件,超出部分的平均宣传费用为 25 元/件;若生产再多将无法售出. 试写出月销售收入 R 与月产量 x 的函数关系式.

4. 某厂根据市场需要,生产布质购物袋,固定成本为 10 000 元,每生产 200 个购物袋,成本就增加 100 元,销售收入为 3 000 元.每季度最多生产 20 000 个购物袋.若每季度的产量为 x 个,试将季度总利润 L 表示为 x 的函数.

5. 某种电脑每台售价为 6 000 元,每月可销售 1 000 台,每台售价降低 100 元,每月增加销售 200 台.试写出该电脑的线性需求函数.

6. 已知苹果的收购价为 2 元/千克,每周能收购 2 000 千克.若收购价每千克提高 0.1 元,则收购量可增加 200 千克.试求苹果的线性供给函数.

7. 某商品供给量为 60 单位时,每单位商品的价格为 22 元,此时市场需求为 31.2 单位;当供给量为 150 单位时,每单位商品的价格为 40 元,此时市场需求为 24 单位.求该商品的市场均衡价格.

8. 某人投资 P 美元,利率为 8%.一年后,投资增长到金额 A.

(1) 说明 A 与 P 成正比例;

(2) 当 $P = 100$ 美元时,求 A;

(3) 当 $A = 259.20$ 美元时,求 P.

9. 滑雪板厂商正在规划一条新的滑雪板生产线.第一年,装备新生产线的固定成本是 22 500 美元.生产每副滑雪板的变动成本估计为 40 美元.销售部门预计,在第一年间,按每副 85 美元的价格可卖出 3 000 副.

(1) 建立关于生产 x 副滑雪板的总成本函数 $C(x)$ 的表达式;

(2) 建立关于销售 x 副滑雪板的总收益函数 $R(x)$ 的表达式;

(3) 建立关于生产与销售 x 副滑雪板的总利润函数 $L(x)$ 的表达式;

(4) 如果按预期销售了 3 000 副滑雪板,公司将实现什么样的损益?

(5) 公司必须卖出多少副滑雪板才会保本?

§1.3　函数的极限

极限的思想可以追溯到古代,刘徽的割圆术就是建立在直观基础上的一种原始的极限思想的应用;古希腊人的穷竭法也蕴含了极限思想.到了 16 世纪,荷兰数学家斯泰文在考察三角形重心的过程中改进了古希腊人的穷竭法,他借助几何直观,大胆地运用极限思想思考问题.他指出了把极限方法发展成为一个实用概念的方向.

极限思想的进一步发展是与微积分的建立紧密相联的.16 世纪的欧洲处于资本主义萌芽时期,生产力得到极大的发展,生产和技术中大量的问题,只用初等数学的方法已无法解决,要求数学突破只研究常量的传统范围,而提供能够用以描述和研究运动、变化过程的新工具,这是促进极限发展、建立微积分的社会背景.

17 世纪,牛顿(Newton)和莱布尼兹(Leibniz)在总结前人经验的基础上,创立了微积分.但他们当时也还没有完全弄清楚极限的概念,没能把他们的工作建立在严密的理论基础上，他们更多的是凭借几何和物理直观的去开展研究工作．到了 18 世纪，数学家们基本上弄清了极限的描述性定义．例如牛顿用路程的改变量 Δs 与时间的改变量 Δt 之比 $\frac{\Delta s}{\Delta t}$ 表示物体的平均速度，让 Δt 无限趋近于零，得到物体的瞬时速度，那时所运用的极限只是接近于直观性的语言描述："如果当自变量 x 无限地趋近于 x_0 时，函数 $f(x)$ 无限地趋近于 A，那么就说 $f(x)$ 以 A 为极限．"这种描述性语言虽然人们易于接受，但是这种定义没有定量地给出两个"无限过程"之间的联系，不能作为科学论证的逻辑基础．正因为当时缺少严格的极限定义，微积分理论受到人们的怀疑和攻击．起初微积分主要应用于力学、天文学和光学，而且出现的数量关系比较简单，因此在那个时候，极限理论方面的缺陷还没有构成严重的障碍．

随着微积分的应用更加广泛和深入，遇到的数量关系也日益复杂，例如研究天体运行的轨道等问题已超出直观范围．在这种情况下，微积分的薄弱之处也越来越暴露出来，严格的极限定义就显得十分迫切需要．莫里斯·克莱因（Morris Kline）在《古今数学思想》中说："随着微积分的概念与技巧的扩展，人们努力去补充被遗漏的基础．在牛顿和莱布尼兹不成功地企图去解释概念并证明他们的程序是正确的之后，一些微积分方面的书出现了，他们试图澄清混乱，但实际上却更加混乱．"经过 100 多年的争论，直到 19 世纪上半叶，由于对无穷级数的研究，人们对极限概念才有了较明确的认识．1821 年法国数学家柯西（Augustin - Louis Cauchy）在他的《分析教程》中进一步提出了极限定义的"$\varepsilon - \delta$"方法，把极限过程用不等式来刻画，后经德国数学家魏尔斯特拉斯（Karl Weierstrass）进一步加工，成为现在一般微积分教科书中的柯西极限定义或叫"$\varepsilon - \delta$"定义．

极限理论的建立，在思想方法上深刻影响了近代数学的发展．一个数学概念的形成经历了这样漫长的岁月，大家仅从这一点就可以想象出极限概念在微积分这门学科中显得多么重要了．

1. 极限的定义

对于一个函数，当自变量发生变化时，函数值一般也会发生变化．极限反映的就是函数值在自变量的某一变化过程下的变化趋势问题．一般我们考虑函数在某一点或者在无穷远处两种变化趋势．先看两个引例．

引例 1：考察函数 $f(x) = 2x + 3$，观察下面的计算结果（见表 1 - 2）及其图形（见图 1 - 13）．

表1－2

x	$f(x)$
1.5	6
1.8	6.6
1.9	6.8
1.99	6.98
1.999	6.998
1.999 9	6.999 8
…	…
2.000 1	7.000 2
2.001	7.002
2.01	7.02
2.1	7.2

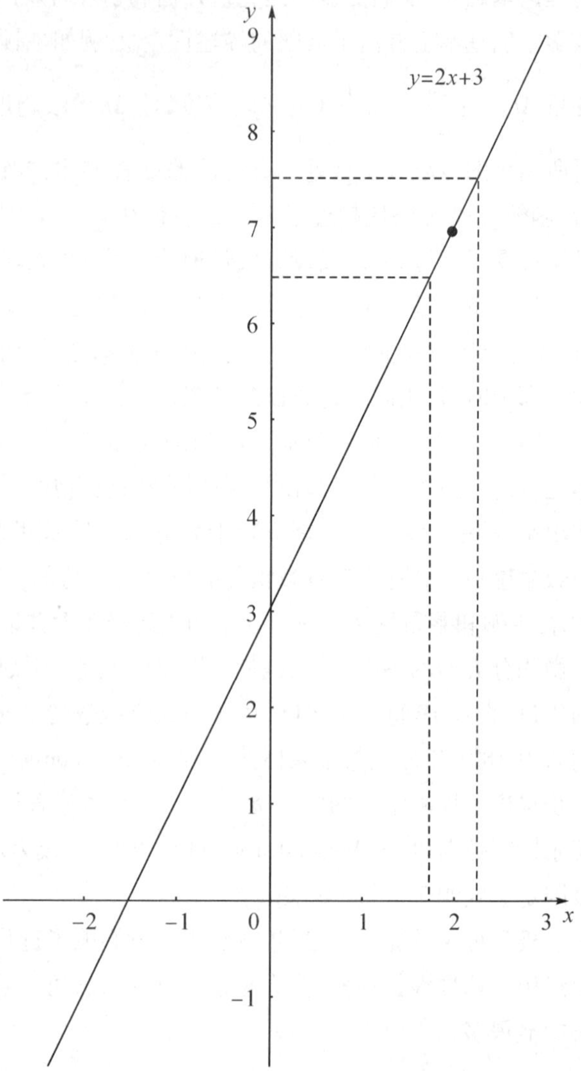

图1－13

容易看到，当x无论从左侧还是右侧无限接近于2但又不等于2时，$2x+3$无限接近于7.于是我们说：

$$\text{当 } x \text{ 趋于 } 2 \text{ 时}, 2x+3 \text{ 趋于 } 7.$$

或记成

$$\text{当 } x \to 2 \text{ 时}, 2x+3 \to 7.$$

引例2：考察函数$y=1+\dfrac{1}{x}(x\neq 0)$，观察下面的计算结果（见表1－3）及其图形（见图1－14）.

表 1 - 3

x	$f(x)$	x	$f(x)$
500	1. 002	- 500	0. . 998
1 000	1. 001	- 1 000	0. 999
1 500	1. 000 667	- 1 500	0. 999 333
2 000	1. 000 5	- 2 000	0. 999 5
2 500	1. 000 4	- 2 500	0. 999 6
3 000	1. 000 333	- 3 000	0. 999 667
3 500	1. 000 286	- 3 500	0. 999 714
4 000	1. 000 25	- 4 000	0. 999 75
4 500	1. 000 222	- 4 500	0. 999 778
5 000	1. 000 2	- 5 000	0. 999 8
5 500	1. 000 182	- 5 500	0. 999 818
6 000	1. 000 167	- 6 000	0. 999 833
6 500	1. 000 154	- 6 500	0. 999 846
7 000	1. 000 143	- 7 000	0. 999 857
7 500	1. 000 133	- 7 500	0. 999 867
8 000	1. 000 125	- 8 000	0. 999 875
8 500	1. 000 118	- 8 500	0. 999 882
9 000	1. 000 111	- 9 000	0. 999 889
9 500	1. 000 118	- 9 500	0. 999 895
10 000	1. 000 1	- 10 000	0. 999 9

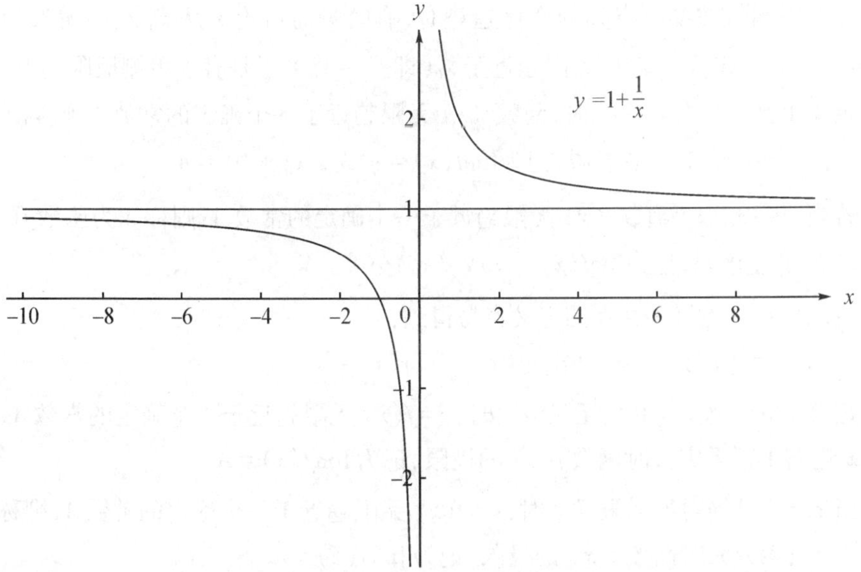

图 1 - 14

不难看出,当$|x|$无限增大时,y 无限地接近于常数 1.

定义 1.4　函数$f(x)$在点x_0处的极限:如果当自变量x无限趋近于点x_0时,函数$f(x)$可以与一个确定的常数 A 无限接近,则称 A 为 $f(x)$ 在点 x_0 的极限,记为$\lim\limits_{x \to x_0} f(x) = A$.

函数$f(x)$在无穷远∞处的极限:如果当自变量x的绝对值无限增大时,函数$f(x)$可以与一个确定的常数 A 无限接近,则称 A 为 $f(x)$ 在无穷远∞处的极限,记为$\lim\limits_{x \to \infty} f(x) = A$.

例 1　研究$\lim\limits_{x \to 2} x^2$.

解　显然当 x 无限趋近于 2 时,x^2 可以与常数 4 无限接近,所以$\lim\limits_{x \to 2} x^2 = 4$.

注意　这个极限不涉及在$x = 2$这一点的情况,所以不可以用2代入来求出答案(虽然结果是一样的).极限是描述函数在一点附近的形态,而不是在这一点的形态.

例 2　求$\lim\limits_{x \to 0} \dfrac{(3 + x)^2 - 9}{x}$.

解　表达式在 $x = 0$ 处没有定义,但这并不影响极限的存在性,我们考虑的是 x 趋近于 0 而不是等于 0 的函数值,所以可以先化简表达式如下:

$$\frac{(3 + x)^2 - 9}{x} = \frac{9 + 6x + x^2 - 9}{x} = \frac{6x + x^2}{x} = 6 + x$$

所以

$$\lim_{x \to 0} \frac{(3 + x)^2 - 9}{x} = \lim_{x \to 0}(6 + x) = 6$$

2. 左极限与右极限

在考虑函数在某一点处的变化趋势时,有时只需讨论 x 从 x_0 左侧无限趋近于x_0(即 $x \to x_0^-$)或从 x_0 右侧无限趋近于 x_0(即 $x \to x_0^+$).于是有了单侧极限的概念.

定义 1.5　若当$x \to x_0^+$时,函数$f(x)$无限趋近于一个确定的常数A,则称A为函数$f(x)$当 $x \to x_0^+$ 时的右极限,记为$\lim\limits_{x \to x_0^+} f(x) = A$ 或$f(x_0 + 0) = A$.

若当 $x \to x_0^-$ 时,函数$f(x)$无限趋近于一个确定的常数A,则称A为函数$f(x)$当$x \to x_0^-$ 时的左极限,记为$\lim\limits_{x \to x_0^-} f(x) = A$ 或$f(x_0 - 0) = A$.

由函数在一点极限存在的定义容易得到:

$\lim\limits_{x \to x_0} f(x) = A$ 的充要条件是$\lim\limits_{x \to x_0^+} f(x) = \lim\limits_{x \to x_0^-} f(x) = A$.

定义 1.6　当$x > 0$且无限增大时,$y = f(x)$无限趋近于一个确定的常数A,则称A为x趋向于正无穷大时函数$f(x)$的极限,记为$\lim\limits_{x \to +\infty} f(x) = A$.

当$x < 0$且绝对值无限增大时,$y = f(x)$无限趋近于一个确定的常数A,则称A为x趋向于负无穷大时函数$f(x)$的极限,记为$\lim\limits_{x \to -\infty} f(x) = A$.

$\lim\limits_{x \to \infty} f(x) = A$ 的充要条件是$\lim\limits_{x \to +\infty} f(x) = \lim\limits_{x \to -\infty} f(x) = A$

例 3 结合函数的图形,用观察分析的方式求下列极限:

(1) $\lim\limits_{x\to+\infty} e^{x}$; (2) $\lim\limits_{x\to-\infty} e^{x}$; (3) $\lim\limits_{x\to+\infty} e^{-x}$; (4) $\lim\limits_{x\to-\infty} e^{-x}$;

(5) $\lim\limits_{x\to\infty}\sin x$; (6) $\lim\limits_{x\to+\infty}\arctan x$; (7) $\lim\limits_{x\to-\infty}\arctan x$; (8) $\lim\limits_{x\to+\infty}\ln x$.

解 函数 $y=e^{x}$ 和函数 $y=e^{-x}$ 的图形如图 1 - 15 所示.

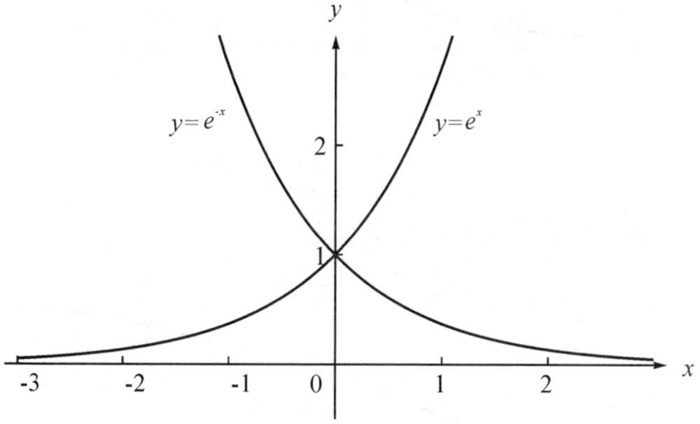

图 1 - 15

由图 1 - 15 可知:

(1) $\lim\limits_{x\to+\infty} e^{x}$ 不存在,(2) $\lim\limits_{x\to-\infty} e^{x}=0$,(3) $\lim\limits_{x\to+\infty} e^{-x}=0$,(4) $\lim\limits_{x\to-\infty} e^{-x}$ 不存在.

更一般地,当 $0<q<1$ 时,$\lim\limits_{x\to+\infty} q^{x}=0$,$\lim\limits_{x\to-\infty} q^{x}$ 不存在;而当 $q>1$ 时,$\lim\limits_{x\to-\infty} q^{x}=0$,$\lim\limits_{x\to+\infty} q^{x}$ 不存在.

(5) 函数 $y=\sin x$ 的图形如图 1 - 16 所示.

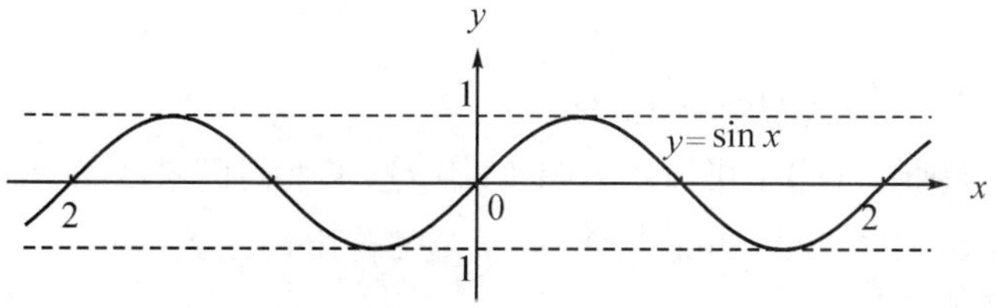

图 1 - 16

由图 1 - 16 可知,$\lim\limits_{x\to\infty}\sin x$ 不存在.

函数 $y=\arctan x$ 的图形如图 1 - 17 所示.

由图 1 - 17 可知:

(6) $\lim\limits_{x\to+\infty}\arctan x=\dfrac{\pi}{2}$,(7) $\lim\limits_{x\to-\infty}\arctan x=-\dfrac{\pi}{2}$.

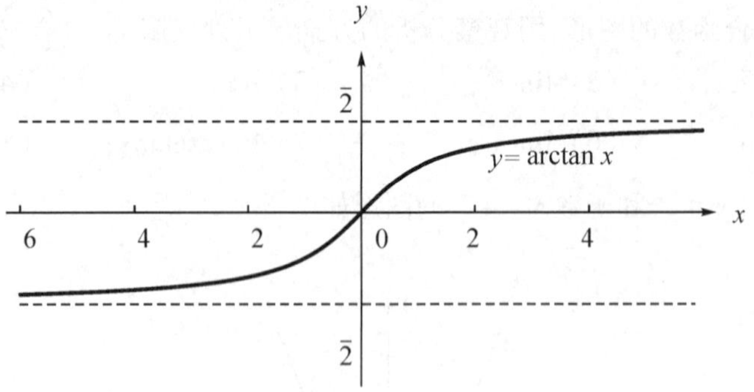

图 1 - 17

(8) 函数 $y = \ln x$ 的图形如图 1 - 18 所示.

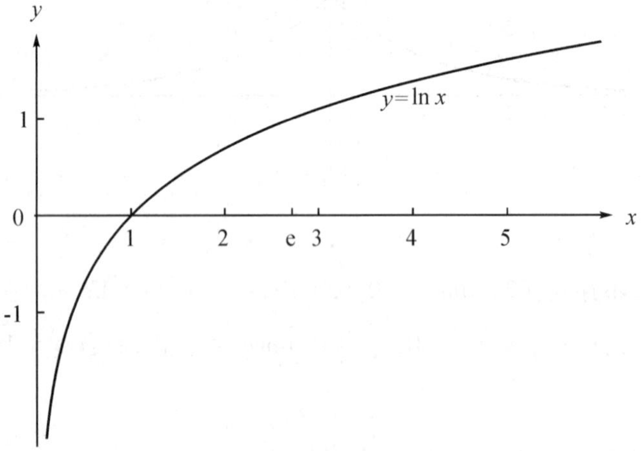

图 1 - 18

由图 1 - 18 可知, $\lim\limits_{x \to +\infty} \ln x$ 不存在.

例 4　结合函数 $f(x)$ 的图形(见图 1 - 19),求下列极限:

(1) $\lim\limits_{x \to -\infty} f(x)$;　(2) $\lim\limits_{x \to -5} f(x)$;　(3) $\lim\limits_{x \to -3} f(x)$;　(4) $\lim\limits_{x \to -1} f(x)$;

(5) $\lim\limits_{x \to 0} f(x)$;　(6) $\lim\limits_{x \to 1} f(x)$;　(7) $\lim\limits_{x \to 3} f(x)$;　(8) $\lim\limits_{x \to +\infty} f(x)$.

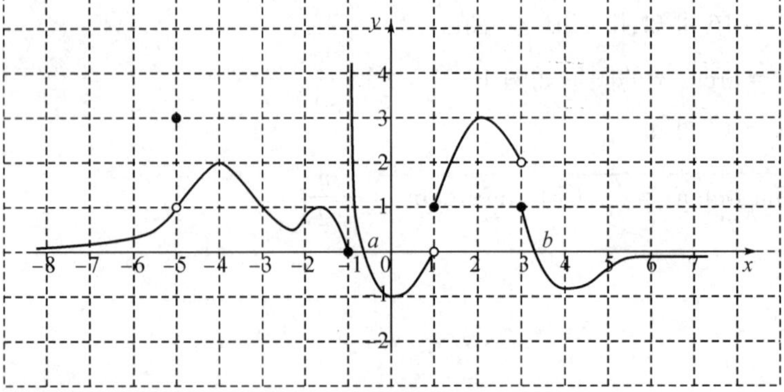

图 1 - 19

解　由图 1 - 19 可知：

(1) $\lim\limits_{x\to-\infty}f(x)=0$；

(2) $\lim\limits_{x\to-5}f(x)=1$；

(3) $\lim\limits_{x\to-3}f(x)=1$；

(4) $\lim\limits_{x\to-1}f(x)$ 不存在，因为 $f(-1-0)=0$，而当 $x\to1^{+}$ 时，函数 $f(x)$ 的极限不存在；

(5) $\lim\limits_{x\to0}f(x)=-1$；

(6) $\lim\limits_{x\to1}f(x)$ 不存在，因为 $f(1-0)=0$，而 $f(1+0)=1$；

(7) $\lim\limits_{x\to3}f(x)$ 不存在，因为 $f(3-0)=2$，而 $f(3+0)=1$；

(8) $\lim\limits_{x\to+\infty}f(x)=0$.

例 5　设 $f(x)=\begin{cases}x, & x\geqslant0\\ x+1, & x<0\end{cases}$，求 $\lim\limits_{x\to0}f(x)$.

解　因为 $\lim\limits_{x\to0^-}f(x)=\lim\limits_{x\to0^-}(x+1)=1$，$\lim\limits_{x\to0^+}f(x)=\lim\limits_{x\to0^+}x=0$.

即有 $\lim\limits_{x\to0^-}f(x)\neq\lim\limits_{x\to0^+}f(x)$，所以 $\lim\limits_{x\to0}f(x)$ 不存在.

例 6　设 $f(x)=\begin{cases}1-x, & x<0\\ x^2+1, & x\geqslant0\end{cases}$，求 $\lim\limits_{x\to0}f(x)$.

解　$x=0$ 是函数的分段点，见图 1 - 20.

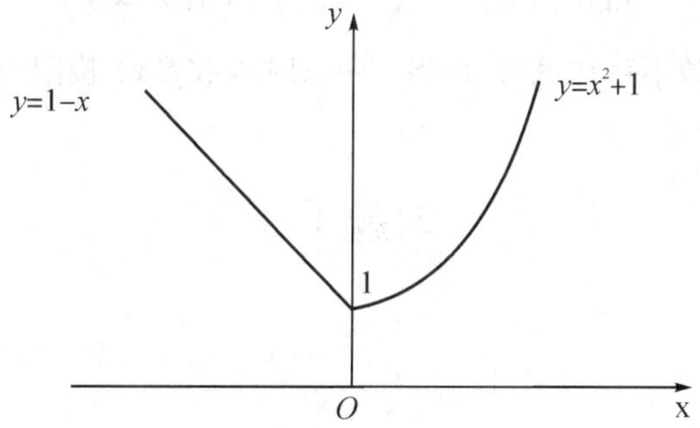

图 1 - 20

两个单侧极限为

$$\lim_{x\to0^-}f(x)=\lim_{x\to0^-}(1-x)=1,\quad \lim_{x\to0^+}f(x)=\lim_{x\to0^+}(x^2+1)=1.$$

左右极限存在且相等，故 $\lim\limits_{x\to0}f(x)=1$.

＊3. 极限的严格定义

在定义 1.4 中，自变量 x 无限趋近于点 x_0，函数 $f(x)$ 与一个确定的常数 A 无限接近，这里的无限趋近或无限接近都是描述性的说法，到底接近到什么程度就可称之为无限接近了呢？无法回答，只能依赖于观察及想象的结果，很不严谨.对于 $\lim\limits_{x\to x_0}f(x)=A$，可以

理解为:当 x 充分接近 x_0 时, $|f(x)-A|$ 可以任意地小.事先给定一个 $f(x)$ 与常数 A 的接近程度,相应地可以确定一个 x 与 x_0 的接近程度.习惯上用 δ 来表示 x 与 x_0 的接近程度,用 ε 来表示 $f(x)$ 与常数 A 的接近程度,我们可以定义函数的极限如下:

设函数 $f(x)$ 在点 x_0 的某空心邻域内有定义,如果存在常数 A,使得对于任意给定的正数 ε,不论它多么小,总存在正数 δ,使得当 $0<|x-x_0|<\delta$ 时,不等式

$$|f(x)-A|<\varepsilon$$

恒成立,则称常数 A 是函数 $f(x)$ 当 $x\to x_0$ 时的极限,记作

$$\lim_{x\to x_0}f(x)=A \quad 或 \quad 当 x\to x_0 时, f(x)\to A$$

如果这样的常数不存在,那么称 $x\to x_0$ 时函数 $f(x)$ 的极限不存在.

这就是由德国数学家魏尔斯特拉斯加工完成的极限"$\varepsilon-\delta$"的定义.定义中正数 ε 可以任意给定是很重要的,因为只有这样,不等式 $|f(x)-A|<\varepsilon$ 才能表达出 $f(x)$ 与 A 无限接近的意思.此外还应注意到:定义中正数 δ 是与任意给定的正数 ε 密切相关的,它随着 ε 的给定而选定, ε 越小,相应地 δ 也越小.

类似地,可给出 $\lim\limits_{x\to\infty}f(x)=A$ 的定义如下:

设函数 $f(x)$ 在 $|x|>M$(M 为某一正数)时有定义,如果存在常数 A,使得对于任意给定的正数 ε,不论它多么小,总存在正数 X,使得对于 $|x|>X$ 的一切 x,不等式

$$|f(x)-A|<\varepsilon$$

恒成立,则称常数 A 是函数 $f(x)$ 当 $x\to\infty$ 时的极限,记作

$$\lim_{x\to\infty}f(x)=A \quad 或 \quad f(x)\to A(x\to\infty)$$

如果这样的常数不存在,那么称当 $x\to\infty$ 时函数 $f(x)$ 极限不存在.

习题 1.3

1. 设 $f(x)=\begin{cases} x^2, & x<1 \\ x+1, & x\geqslant 1 \end{cases}$

(1) 作函数 $y=f(x)$ 的图形.

(2) 观察确定极限 $\lim\limits_{x\to 1^-}f(x)$ 与 $\lim\limits_{x\to 1^+}f(x)$.

(3) 当 $x\to 1$ 时, $f(x)$ 有极限吗?

2. 已知 $f(x)=\dfrac{|x|}{x}$,求 $\lim\limits_{x\to 0^-}f(x)$, $\lim\limits_{x\to 0^+}f(x)$,并判定 $\lim\limits_{x\to 0}f(x)$ 是否存在.

3. 设 $f(x)=\begin{cases} ax+1, & x<1 \\ 2x+4, & x>1 \end{cases}$,如果 $\lim\limits_{x\to 1}f(x)$ 存在,求 a 的值.

4. 求下列极限:

(1) $\lim\limits_{x\to 2}(3x^2-5)$ (2) $\lim\limits_{x\to 1}(\frac{3x^2-3}{2x^2+1})$

(3) $\lim\limits_{x\to 1}(1-\frac{3}{5+x})$ (4) $\lim\limits_{x\to 4}(\frac{\sqrt{2x-1}}{x-3})$

(5) $\lim\limits_{x\to 9}\frac{x-2\sqrt{x}-3}{x-9}$ (6) $\lim\limits_{t\to 1}(x+t)$

§1.4 极限的性质与运算法则

在下面的讨论中,记号"lim"下面没有标明自变量的变化过程,是指对 $x\to x_0$ 和 $x\to\infty$以及单侧极限均成立,且表达式中自变量的变化过程相同.

1. 函数极限的性质

性质 1(**极限的唯一性**):若极限$\lim f(x)$ 存在,则此极限唯一.

性质 2(**有界性**):若极限$\lim\limits_{x\to x_0}f(x)$ 存在,则函数$f(x)$ 在 x_0 的某空心邻域内有界.

性质 3(**保号性**):若$\lim\limits_{x\to x_0}f(x)=A$,且 $A>0$(或$A<0$),则在 x_0 的某空心邻域内恒有$f(x)>0$(或$f(x)<0$).

性质 4:若$\lim\limits_{x\to x_0}f(x)=A$,且在 x_0 的某空心邻域内恒有$f(x)\geqslant 0$(或$f(x)\leqslant 0$),则 $A\geqslant 0$(或$A\leqslant 0$).

推论 1:若$\lim\limits_{x\to x_0}f(x)=A$,$\lim\limits_{x\to x_0}g(x)=B$,且在$x_0$ 的某空心邻域内恒有$f(x)\geqslant g(x)$,则 $A\geqslant B$.

2. 极限的运算法则

在自变量的同一变化趋势下,若 $\lim f(x)=A$,$\lim g(x)=B$,则

(1) $\lim[f(x)\pm g(x)]=\lim f(x)\pm\lim g(x)=A\pm B$;

(2) $\lim[f(x)\cdot g(x)]=\lim f(x)\cdot\lim g(x)=A\cdot B$;

(3) 当 $B\neq 0$ 时,$\lim\frac{f(x)}{g(x)}=\frac{\lim f(x)}{\lim g(x)}=\frac{A}{B}$.

例 1 求$\lim\limits_{x\to 2}(x^2-3x+5)$.

解
$$\begin{aligned}\lim_{x\to 2}(x^2-3x+5)&=\lim_{x\to 2}x^2-\lim_{x\to 2}3x+\lim_{x\to 2}5\\&=(\lim_{x\to 2}x)^2-3\lim_{x\to 2}x+\lim_{x\to 2}5\\&=2^2-3\cdot 2+5=3\end{aligned}$$

注意 设$f(x)=a_0x^n+a_1x^{n-1}+\cdots+a_n$,则有

$$\lim_{x\to x_0} f(x) = a_0 (\lim_{x\to x_0} x)^n + a_1 (\lim_{x\to x_0} x)^{n-1} + \cdots + a_n = a_0 x_0^n + a_1 x_0^{n-1} + \cdots + a_n = f(x_0).$$

例 2　求 $\lim\limits_{x\to 3} \dfrac{2x^2-9}{5x^2-7x-2}$.

解　$\lim\limits_{x\to 3} \dfrac{2x^2-9}{5x^2-7x-2} = \dfrac{\lim\limits_{x\to 3}(2x^2-9)}{\lim\limits_{x\to 3}(5x^2-7x-2)} = \dfrac{2\cdot 3^2-9}{5\cdot 3^2-7\cdot 3-2} = \dfrac{9}{22}.$

注意　设 $f(x) = \dfrac{P(x)}{Q(x)}$，且 $Q(x_0) \neq 0$，则有

$$\lim_{x\to x_0} f(x) = \frac{\lim\limits_{x\to x_0} P(x)}{\lim\limits_{x\to x_0} Q(x)} = \frac{P(x_0)}{Q(x_0)} = f(x_0).$$

当 $Q(x_0) = 0$ 时，则商的法则不能应用.

例 3　求 $\lim\limits_{x\to 1} \dfrac{x^2-1}{x^2+2x-3}$.

解　当 $x\to 1$ 时，分子和分母的极限都是零（$\dfrac{0}{0}$ 型）. 先约去极限为 0 的因子 $x-1$ 后，再求极限.

$$\lim_{x\to 1} \frac{x^2-1}{x^2+2x-3} = \lim_{x\to 1} \frac{(x+1)(x-1)}{(x+3)(x-1)} = \lim_{x\to 1} \frac{x+1}{x+3} = \frac{1}{2}.$$

例 4　求 $\lim\limits_{x\to \infty} \dfrac{2x^3+3x^2+5}{7x^3+4x^2-1}$.

解　当 $x\to\infty$ 时，分子和分母的极限都是无穷大（$\dfrac{\infty}{\infty}$ 型）. 先用 x^3 去除分子分母，再求极限.

$$\lim_{x\to\infty} \frac{2x^3+3x^2+5}{7x^3+4x^2-1} = \lim_{x\to\infty} \frac{2+\dfrac{3}{x}+\dfrac{5}{x^3}}{7+\dfrac{4}{x}-\dfrac{1}{x^3}} = \frac{2}{7}.$$

注意　当 $a_0 \neq 0, b_0 \neq 0, m$ 和 n 为非负整数时，有

$$\lim_{x\to\infty} \frac{a_0 x^m + a_1 x^{m-1} + \cdots + a_m}{b_0 x^n + b_1 x^{n-1} + \cdots + b_n} = \begin{cases} \dfrac{a_0}{b_0}, & \text{当 } n = m \\ 0, & \text{当 } n > m \\ \infty, & \text{当 } n < m \end{cases}.$$

* **例 5**　求 $\lim\limits_{x\to+\infty} (\sqrt{x+1} - \sqrt{x})$.

解　当 $x\to+\infty$ 时，$\sqrt{x+1}$ 与 $\sqrt{x}$ 的极限均不存在，但不能认为它们差的极限不存在. 事实上

$$\lim_{x\to+\infty} (\sqrt{x+1} - \sqrt{x}) = \lim_{x\to+\infty} \frac{1}{\sqrt{x+1}+\sqrt{x}} = 0.$$

3. 两个重要极限

1. $\lim\limits_{x\to 0}\dfrac{\sin x}{x}=1$

2. $\lim\limits_{x\to\infty}\left(1+\dfrac{1}{x}\right)^{x}=e$ 或 $\lim\limits_{x\to 0}(1+x)^{\frac{1}{x}}=e$

例 6 求极限$\lim\limits_{x\to 0}\dfrac{\sin 5x}{x}$

解 $\lim\limits_{x\to 0}\dfrac{\sin 5x}{x}=\lim\limits_{x\to 0}\left(\dfrac{\sin 5x}{5x}\cdot 5\right)=5\cdot\lim\limits_{x\to 0}\dfrac{\sin 5x}{5x}=5$

例 7 求极限$\lim\limits_{x\to 0}\dfrac{1-\cos x}{\dfrac{x^2}{2}}$.

解
$$\lim_{x\to 0}\frac{1-\cos x}{\dfrac{x^2}{2}}=\lim_{x\to 0}\frac{(1-\cos x)(1+\cos x)}{\dfrac{x^2}{2}(1+\cos x)}$$
$$=\lim_{x\to 0}\left(\frac{\sin x}{x}\right)^2\frac{2}{(1+\cos x)}=1$$

例 8 求极限$\lim\limits_{x\to\infty}\left(1+\dfrac{2}{x}\right)^{x}$.

解 $\lim\limits_{x\to\infty}\left(1+\dfrac{2}{x}\right)^{x}=\lim\limits_{x\to\infty}\left[\left(1+\dfrac{1}{\dfrac{x}{2}}\right)^{\frac{x}{2}}\right]^{2}=e^{2}$

例 9 求极限$\lim\limits_{x\to 0}\dfrac{\ln(x+1)}{x}$.

解
$$\lim_{x\to 0}\frac{\ln(x+1)}{x}=\lim_{x\to 0}\frac{1}{x}\ln(x+1)=\lim_{x\to 0}\ln(1+x)^{\frac{1}{x}}$$
$$=\ln\left[\lim_{x\to 0}(1+x)^{\frac{1}{x}}\right]=\ln e=1$$

[**阅读材料**]

金融复利

在自然界中,有许多量是按照形如 $P=P_0a^{kt}$ 的指数增长函数($a>1$)或指数下降函数($0<a<1$)变化,其中 P_0 是初始量,而 k 是连续增长率或下降率.

假设我们存入 10 000 元到一家银行,这家银行每年以 8% 的利率支付利息,到年底账户中有多少钱?这取决于利息如何复合.如果利息每年支付到账户,即在年底支付到账户,那么一年后账户中的余额是 10 800 元.然而,如果利息每年分两次支付,前六个月末支付 4%,年底再支付 4%,这样年底账户余额会是 10 816 元,挣得的钱就会稍微多一点,因为这一年前期所支付的利息在当年剩余时间内还会挣得利息,这种结果叫做复合.

我们通过引入有效年收益率的概念来估计复合的影响.由于以 8% 的半年期复利投资的 10 000 元到一年年底就增加到 10 816 元,所以我们称在这种情形下有效年利率为 8.16%.于是,描述同一个投资我们可以用两种利率:8% 的半年复利率和 8.16% 的有效年收益率.银行称这个 8% 为年度百分率,我们也可称之为名义利率(意味着"有名无实"),有效年收益率才真正反映投资实际上获得了多少利息.

如果年利率为 r 的利息一年复合 n 次,那么一年要加 n 次 r/n 倍的当前余额.因此,如果初始存款为 P,那么 t 年后的余额是 $P\left(1+\frac{r}{n}\right)^{nt}$,其中 r 是名义利率.

例如,假设银行支付 7% 的年利率每月复合,某人存 10 000 元到此银行,t 年后,余额为

$$10\ 000\times\left(1+\frac{0.07}{12}\right)^{12t}=10\ 000\times(1.005\ 833)^{12t}=10\ 000\times1.072\ 3^{t}$$

其有效年收益率大约为 7.23%.

一般来说,利息复合的越频繁,挣得的钱就越多(尽管增加的金额不多).现在,我们考察增加复合频率有多大影响.

我们还是假设银行提供 7% 的年利率,我们来比较一年复合 1 000 次和一年复合 10 000 次的有效年收益率.一年复合 1 000 次,一年后,存款乘以 $\left(1+\frac{0.07}{1\ 000}\right)^{1\ 000}\approx1.072\ 505\ 6$,有效年收益率大约为 7.250 56%;一年复合 10 000 次,一年后,存款乘以 $\left(1+\frac{0.07}{10\ 000}\right)^{10\ 000}\approx1.072\ 507\ 9$,有效年收益率大约为 7.250 79%.两种复合的有效年收益率没有太大区别.如果利息复合得更频繁,例如每分钟或每秒钟,情况会如何? 一般地,对于非常大的数 n,有

$$\left(1+\frac{0.07}{n}\right)^{n}\approx e^{0.07}$$

随着 n 的不断增大,其近似程度越来越好,因为

$$\lim_{n\to\infty}\left(1+\frac{0.07}{n}\right)^{n}=e^{0.07}$$

由此可见,有效年收益率不会无限地增加,而是趋向于一个有限值.当超过这个限度时,增加复合的频率所得到的好处会变的微不足道.当达到这个限度时,余额要用到数 e 来表示,这时我们称每年的利息是连续复合的.

如果以连续复合的 7% 的年利率存入金额 P,那么 t 年后的余额可表示为 $P(e^{0.07})^{t}=Pe^{0.07t}$.

*4. 复合函数的极限运算法则

定理 1.1(复合函数的极限运算法则)　设函数 $y=f[g(x)]$ 是由函数 $y=f(u)$ 与

函数 $u=g(x)$ 复合而成，$f[g(x)]$ 在点 x_0 的某空心邻域内有定义，若 $\lim\limits_{x\to x_0}g(x)=u_0$，$\lim\limits_{u\to u_0}f(u)=A$，且在 x_0 的某空心邻域内 $g(x)\neq u_0$，则

$$\lim_{x\to x_0}f[g(x)]=\lim_{u\to u_0}f(u)=A.$$

注意　把定理中 $\lim\limits_{x\to x_0}g(x)=u_0$ 换成 $\lim\limits_{x\to x_0}g(x)=\infty$ 或 $\lim\limits_{x\to\infty}g(x)=\infty$，而把 $\lim\limits_{u\to u_0}f(u)=A$ 换成 $\lim\limits_{u\to\infty}f(u)=A$，可得类似结果.

定理 1.1 表示，如果函数 $f(u)$ 和 $g(x)$ 满足该定理的条件，那么作代换 $u=g(x)$ 可把求 $\lim\limits_{x\to x_0}f[g(x)]$ 化为求 $\lim\limits_{u\to u_0}f(u)$，这里 $u_0=\lim\limits_{x\to x_0}g(x)$.

例 10　求 $\lim\limits_{x\to 3}\sqrt{\dfrac{x^2-9}{x-3}}$.

解　$y=\sqrt{\dfrac{x^2-9}{x-3}}$ 是由 $y=\sqrt{u}$ 与 $u=\dfrac{x^2-9}{x-3}$ 复合而成的.

因为 $\lim\limits_{x\to 3}\dfrac{x^2-9}{x-3}=6$，所以 $\lim\limits_{x\to 3}\sqrt{\dfrac{x^2-9}{x-3}}=\lim\limits_{u\to 6}\sqrt{u}=\sqrt{6}$.

例 11　求极限 $\lim\limits_{x\to 1}\ln\left[\dfrac{x^2-1}{2(x-1)}\right]$.

解一　令 $u=\dfrac{x^2-1}{2(x-1)}$，则当 $x\to 1$ 时，$u=\dfrac{x^2-1}{2(x-1)}=\dfrac{x+1}{2}\to 1$，故原式 $=\lim\limits_{u\to 1}\ln u=0$.

解二　$\lim\limits_{x\to 1}\ln\left[\dfrac{x^2-1}{2(x-1)}\right]=\ln\left[\lim\limits_{x\to 1}\dfrac{x^2-1}{2(x-1)}\right]=\ln\left[\lim\limits_{x\to 1}\dfrac{x+1}{2}\right]=\ln 1=0.$

习题 1.4

1. 求下列极限：

(1) $\lim\limits_{x\to 2}\dfrac{x^2-5}{x-3}$　　(2) $\lim\limits_{x\to\sqrt{3}}\dfrac{x^2-3}{x^2+2}$

(3) $\lim\limits_{x\to 1}\dfrac{x^2-2x+1}{x-1}$　　(4) $\lim\limits_{x\to 0}\dfrac{4x^3-2x^2+4x}{x^2+2x}$

(5) $\lim\limits_{h\to 0}\dfrac{(x+h)^2-x^2}{h}$　　(6) $\lim\limits_{x\to\infty}(2-\dfrac{1}{x}+\dfrac{1}{x^2})$

(7) $\lim\limits_{x\to\infty}\dfrac{x^2-1}{2x^2-x-3}$　　(8) $\lim\limits_{x\to\infty}\dfrac{x^2+x}{x^4-3x^2+1}$

(9) $\lim\limits_{x\to 4}\dfrac{x^2-6x+8}{x^2-5x+4}$　　(10) $\lim\limits_{x\to\infty}(1+\dfrac{1}{x})(2-\dfrac{1}{x^2})$

2. 应用两个重要极限求下列极限：

(1) $\lim\limits_{x\to 0}\dfrac{\sin x}{2x}$　　(2) $\lim\limits_{x\to 0}\dfrac{\sin 3x}{\sin 2x}$

(3) $\lim\limits_{x\to \infty}(1-\dfrac{3}{x})^{x}$　　(4) $\lim\limits_{x\to 0}(1+2x)^{\frac{1}{x}}$

(5) $\lim\limits_{x\to \infty}(1-\dfrac{2}{x})^{x-3}$　　(6) $\lim\limits_{x\to 0}(1-\sin x)^{\frac{1}{x}}$

(7) $\lim\limits_{x\to \infty}\left(\dfrac{x^2+2}{x^2+1}\right)^{x^2}$　　(8) $\lim\limits_{n\to \infty}\left(1-\dfrac{1}{n^2}\right)^{n}$

§1.5　函数的连续性

客观世界的许多现象和事物不仅是运动变化的，而且其运动变化的过程往往是连续不断的，比如日月行空、岁月流逝、植物生长、物种变化等，这些连续不断发展变化的事物在量的方面的变化具有连续性. 本节将要引入的函数的连续性就是刻画连续变化的数学概念.

连续性概念的形成可以追溯到 17 世纪末. 牛顿、莱布尼茨建立了微积分学，但是他们都没能清楚地论述，也没有严格定义这一基本概念，因此他们曾招致各种批评指责. 为了回答批评者，莱布尼茨于 1687 年提出连续性的哲学原理“在任何假定的向任何终点的过渡中，允许制定一个普遍的推论，使最后的终点也可以包括过去.” 但这不是今天的数学公理.

1748 年欧拉在他的《无穷小分析引论》中给出连续性的定义. 他把连续函数定义为由解析式子所确定的函数. 把那些改变了表达式形式的点定义为不连续点. 他的“连续” 一词，实际上是今天的“解析” 之词.

在整个 19 世纪，连续性的概念是人们研讨的对象. 连续与间断的特性逐渐被揭示出来，其功劳当归于捷克斯洛伐克数学家波尔察诺. 波尔察诺在 1817 年的《下述定理的纯分析证明 —— 在使得函数取相反（符号）值的每两个变量之间，至少存在函数的一个零点》一书中给出了连续性的恰当定义：若在区间内任一点 x 处，只要 ω（的绝对值）充分小，就能使 $f(x+\omega)-f(x)$ 的绝对值任意小，那么就说 $f(x)$ 在该区间上连续. 波尔察诺第一次明确地指出连续概念的基础存在于极限概念之中，他还证明了多项式是连续的.

直观地来讲，一个函数在一个区间上是连续的，指的是它的图形在这个区间中没有断裂、跳跃或者洞.

我们可以借助于极限来定义连续性. 通过要求函数在接近一点的形态和在这一点的形态一致，就可以排除断裂、跳跃或者洞的情况.

如果函数 $y=f(x)$ 在 $x=x_0$ 处有定义且

$$\lim_{x \to x_0} f(x) = f(x_0)$$

则称$f(x)$在$x = x_0$处是连续的.若令$\Delta x = x - x_0$,并记$\Delta y = f(x) - f(x_0)$,则上式也可写成

$$\lim_{\Delta x \to 0} \Delta y = 0$$

这表明,若$y = f(x)$连续,则当自变量x的改变量Δx很小时,函数值的改变量Δy也很小.这正是波尔察诺指出的连续性的定义.

如果函数在区间(a,b)内每一点都连续就称它在区间(a,b)上连续.

要求一个函数在一个区间上连续并不难,例如初等函数在定义区间上都是连续的,由连续函数相加、相乘以及复合所生成的函数也是连续的.

1. 函数的连续性

现在假设函数$y = f(x)$在点x_0的某一个邻域内有定义.当自变量x在这邻域内从x_0变到$x_0 + \Delta x$时,函数y相应地从$f(x_0)$变到$f(x_0 + \Delta x)$,因此函数y的对应增量为

$$\Delta y = f(x_0 + \Delta x) - f(x_0).$$

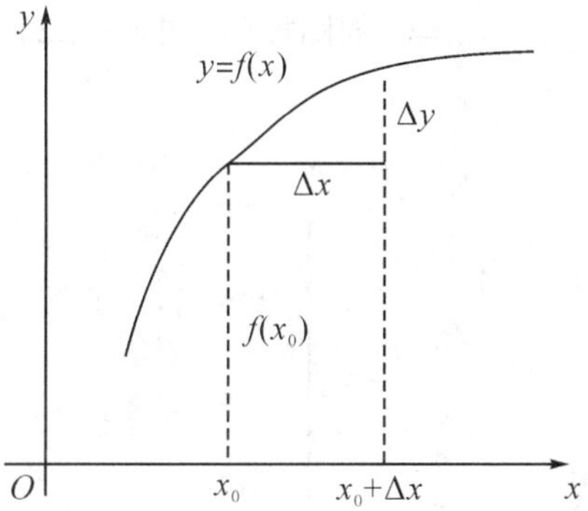

图 1 - 21

如图 1 - 21 所示,假如保持x_0不变而让自变量的增量Δx变动,一般说来,函数y的增量Δy也要随着变动.现在我们对连续性的概念可以这样描述:如果当Δx趋于零时,函数y的对应增量Δy也趋于零,即

$$\lim_{\Delta x \to 0} \Delta y = 0,$$

或

$$\lim_{\Delta x \to 0} [f(x_0 + \Delta x) - f(x_0)] = 0,$$

那么就称函数$y = f(x)$在点x_0处是连续的.

定义 1.7 设函数$y = f(x)$在点x_0的某一邻域内有定义,如果$\lim_{\Delta x \to 0} \Delta y = \lim_{\Delta x \to 0} [f(x_0 + \Delta x) - f(x_0)] = 0$,那么就称函数$y = f(x)$在点$x_0$连续.

从定义 1.7 可以看出,函数在某点连续的实质是函数在该点有定义并且函数值在该点两侧不会发生突变.

例 1 证明函数$y = x^2$在给定点x_0处连续.

证明 当x从x_0处产生一个增量Δx时,函数$y = x^2$的相应增量为

$$\Delta y = (x_0 + \Delta x)^2 - x_0^2 = 2x_0\Delta x + (\Delta x)^2,$$

因为　$\lim\limits_{\Delta x \to 0}\Delta y = \lim\limits_{\Delta x \to 0}[2x_0\Delta x + (\Delta x)^2] = 0$,

所以 $y = x^2$ 在给定点 x_0 处连续.

如果记 $x = x_0 + \Delta x$,则 $\Delta x \to 0$ 就是 $x \to x_0$.由于

$$\Delta y = f(x_0 + \Delta x) - f(x_0) = f(x) - f(x_0),$$

可见 $\Delta y \to 0$ 就是 $f(x) \to f(x_0)$,因此 $\lim\limits_{\Delta x \to 0}\Delta y = 0$ 与 $\lim\limits_{x \to x_0}f(x) = f(x_0)$ 相当.所以,函数 $y = f(x)$ 在点 x_0 处是连续的定义又可以叙述如下:

定义 1.8　如果函数 $y = f(x)$ 满足条件:

(1) 在 x_0 点有定义;

(2) $\lim\limits_{x \to x_0}f(x)$ 存在;

(3) $\lim\limits_{x \to x_0}f(x) = f(x_0)$.

就称函数 $y = f(x)$ 在点 x_0 连续.

观察函数 $f(x) = \begin{cases} x^2, & x < 0 \\ 0, & x = 0 \\ x + 1, & x > 0 \end{cases}$ 的图形(见图 1 - 22).

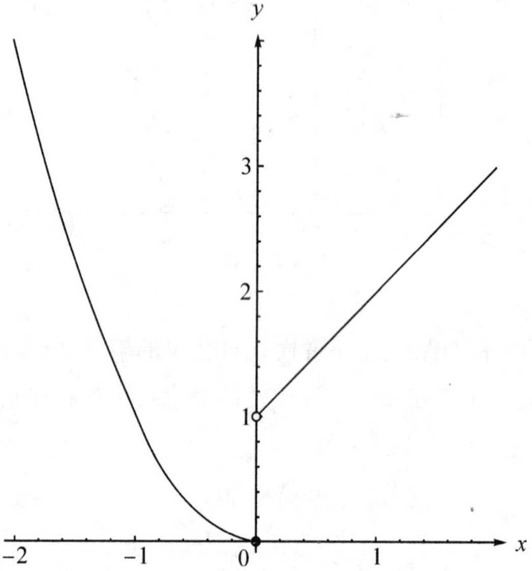

图 1 - 22

由图 1 - 22 可知,$\lim\limits_{x \to 0^-}f(x) = 0 = f(0)$.这种情况,我们称 $f(x)$ 在 $x = 0$ 左连续.一般地,如果 $\lim\limits_{x \to x_0^-}f(x) = f(x_0 - 0)$ 存在且等于 $f(x_0)$,即 $f(x_0 - 0) = f(x_0)$,则称函数 $f(x)$ 在点 x_0 左连续.

再观察函数 $f(x) = \begin{cases} x - 1, & x < 1 \\ 2, & x = 1 \\ x + 1, & x > 1 \end{cases}$ 的图形(见图 1 - 23).

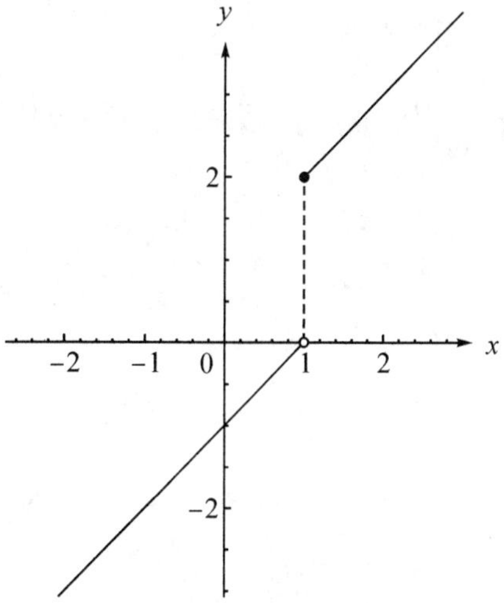

图 1－23

由图 1－23 可知，$\lim\limits_{x\to 1^+}f(x)=2=f(1)$．这种情况，我们称$f(x)$在$x=1$右连续．一般地，如果$\lim\limits_{x\to x_0^+}f(x)=f(x_0+0)$存在且等于$f(x_0)$，即$f(x_0+0)=f(x_0)$，则称函数$f(x)$在点$x_0$右连续．

根据函数在x_0点有极限的充分必要条件和连续的定义，我们有：

定理 1．2　**函数$f(x)$在点x_0连续的充分必要条件是$f(x)$在点x_0既左连续又右连续，即**

$$f(x_0-0)=f(x_0+0)=f(x_0)$$

在区间上每一点都连续的函数，叫做在该区间上的连续函数，或者说函数在该区间上连续．如果区间包括端点，那么函数在右端点连续是指左连续，在左端点连续是指右连续．使函数连续的区间，叫做函数的连续区间．

一般地，如果$f(x)$是多项式，则对于任意实数x_0，都有$\lim\limits_{x\to x_0}f(x)=f(x_0)$，因此多项式在区间$(-\infty,+\infty)$内是连续的．对于有理函数$\dfrac{P(x)}{Q(x)}$，其中$P(x)$和$Q(x)$都是多项式，只要$Q(x_0)\neq 0$，就有$\lim\limits_{x\to x_0}\dfrac{P(x)}{Q(x)}=\dfrac{P(x_0)}{Q(x_0)}$，因此有理函数在其定义域内的每一点都是连续的．

例 2　试证函数$f(x)=\begin{cases}x\sin\dfrac{1}{x}, & x\neq 0\\ 0, & x=0\end{cases}$在$x=0$处连续．

证明　由于$\lim\limits_{x\to 0}x\sin\dfrac{1}{x}=0$，又$f(0)=0$，故$\lim\limits_{x\to 0}f(x)=f(0)$，由定义 1．8 知，函数$f(x)$在$x=0$处连续．

例 3　讨论函数 $f(x)=\begin{cases}1+\dfrac{x}{2}, & x<0\\ 0, & x=0\\ 1+x^2, & 0<x\leqslant 1\\ 4-x, & x>1\end{cases}$ 在 $x=0$ 和 $x=1$ 处的连续性.

解　函数作图如图 1－24 所示：

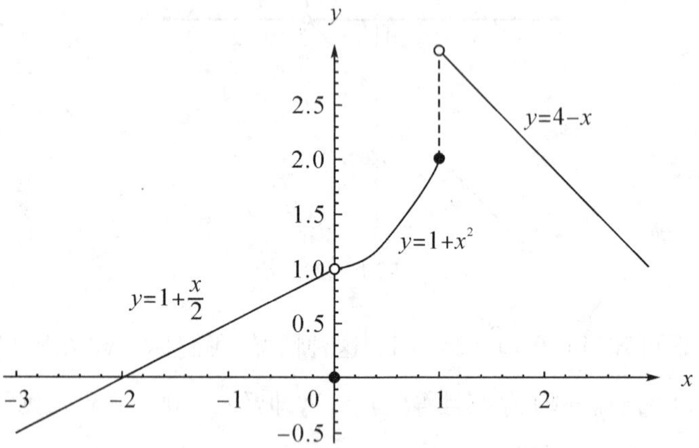

图 1－24

$\lim\limits_{x\to 0^-}f(x)=\lim\limits_{x\to 0^-}\left(1+\dfrac{x}{2}\right)=1$，$\lim\limits_{x\to 0^+}f(x)=\lim\limits_{x\to 0^+}(1+x^2)=1$. 因为 $\lim\limits_{x\to 0^-}f(x)=\lim\limits_{x\to 0^+}f(x)=1$，所以 $\lim\limits_{x\to 0}f(x)=1$，但是 $f(0)=0$，$\lim\limits_{x\to 0}f(x)\neq f(0)$，故 $f(x)$ 在 $x=0$ 处不连续.

在 $x=1$ 处：$\lim\limits_{x\to 1^-}f(x)=\lim\limits_{x\to 1^-}(1+x^2)=2$，$\lim\limits_{x\to 1^+}f(x)=\lim\limits_{x\to 1^+}(4-x)=3$

因为 $\lim\limits_{x\to 1^-}f(x)\neq\lim\limits_{x\to 1^+}f(x)$，所以 $\lim\limits_{x\to 1}f(x)$ 不存在，$f(x)$ 在 $x=1$ 处不连续.

例 4　已知函数 $f(x)=\begin{cases}x^2+1, & x<0\\ 2x-b, & x\geqslant 0\end{cases}$ 在点 $x=0$ 处连续，求 b 的值.

解　$\lim\limits_{x\to 0^-}f(x)=\lim\limits_{x\to 0^-}(x^2+1)=1$，$\lim\limits_{x\to 0^+}f(x)=\lim\limits_{x\to 0^+}(2x-b)=-b$，因为 $f(x)$ 在点 $x=0$ 处连续，则 $\lim\limits_{x\to 0^-}f(x)=\lim\limits_{x\to 0^+}f(x)$，即 $b=-1$.

例 5　证明函数 $y=\sin x$ 在区间 $(-\infty,+\infty)$ 内连续.

证明　对于 $\forall x\in(-\infty,+\infty)$，$\Delta y=\sin(x+\Delta x)-\sin x=2\sin\dfrac{\Delta x}{2}\cdot\cos\left(x+\dfrac{\Delta x}{2}\right)$，

因为　当 $\Delta x\to 0$ 时，$\sin\dfrac{\Delta x}{2}\to 0$，$\cos\left(x+\dfrac{\Delta x}{2}\right)\to\cos x$，

所以　当 $\Delta x\to 0$ 时，$\Delta y\to 0$，即函数 $y=\sin x$ 对任意 $x\in(-\infty,+\infty)$ 都是连续的.

2. 函数的间断点

观察函数 $f(x)=\begin{cases}1+\dfrac{x}{2}, & x<0\\ 1+x^2, & 0<x\leqslant 1\\ 4-x, & 1<x<2\\ 1, & x=2\\ x, & x>2\end{cases}$ 的图形(见图 1 - 25):

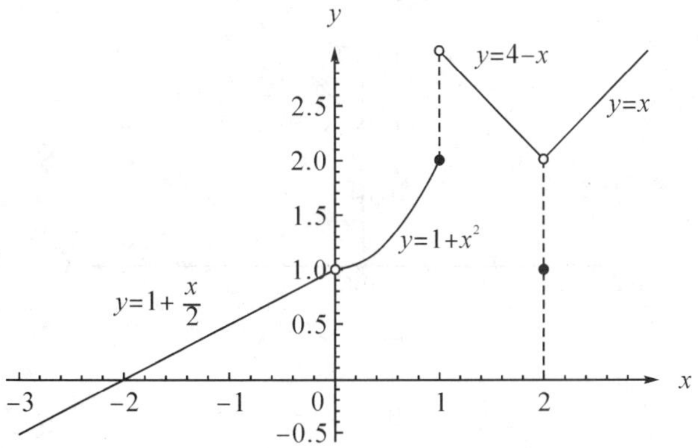

图 1 - 25

从图 1 - 25 可以看出,在 $x=0$ 处,函数没有定义,其图形是断开的(不连续);在 $x=1$ 处,函数有定义,但没有极限,其图形也是断开的;在 $x=2$ 处,函数有定义也有极限,但 $\lim\limits_{x\to 2}f(x)=2\neq f(2)$,其图形仍然是断开的.

我们把使得函数不连续的点叫做**间断点**.如果函数 $f(x)$ 在点 x_0 有下列三种情形之一:

(1) 在 $x=x_0$ 处无定义;

(2) 在 $x=x_0$ 有定义,但 $\lim\limits_{x\to x_0}f(x)$ 不存在;

(3) 在 $x=x_0$ 有定义,$\lim\limits_{x\to x_0}f(x)$ 存在,但 $\lim\limits_{x\to x_0}f(x)\neq f(x_0)$.

则称函数 $f(x)$ 在点 x_0 处**间断**,点 x_0 称为 $f(x)$ 的**间断点或不连续点**.

根据函数在间断点处的极限情况,我们将间断点分为两类.

当 $x\to x_0$ 时,$f(x)$ 的左、右极限都存在的间断点 x_0,称为**第一类间断点**.其中,若左、右极限不相等则称之为**跳跃间断点**,左右极限相等的间断点称之为**可去间断点**.

当 $x\to x_0$ 时,$f(x)$ 的左、右极限至少有一个不存在的点称为**第二类间断点**.其中,若左、右极限中至少有一个为无穷大,则称之为**无穷间断点**.

下面通过例子来说明函数间断点的几种常见情形.

例 6 讨论函数 $f(x)=\begin{cases}-x, & x\leqslant 0\\ 1+x, & x>0\end{cases}$ 在 $x=0$ 处的连续性.

解　$f(0-0)=\lim\limits_{x\to 0^-}f(x)=0,\ f(0+0)=\lim\limits_{x\to 0^+}f(x)=1,$

因为 $f(0-0)\neq f(0+0)$，所以 $x=0$ 为函数的跳跃间断点.

如图 1 - 26 所示，函数 $f(x)$ 的图形在 $x=0$ 处发生了跳跃，所以称这种间断点为跳跃间断点.

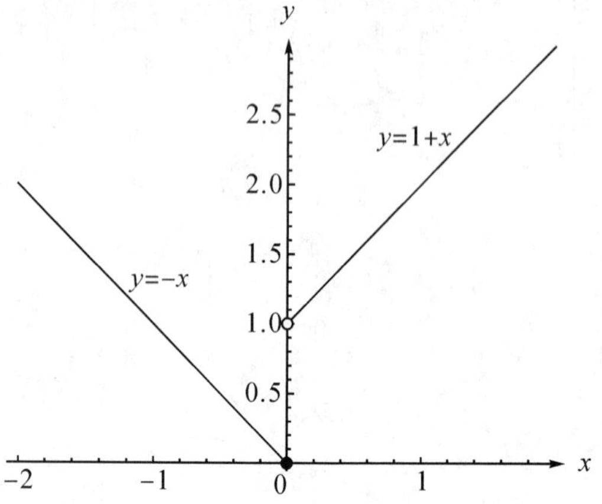

图 1 - 26

例 7　讨论函数 $f(x)=\begin{cases}2\sqrt{x}, & 0\leqslant x<1\\ 1, & x=1\\ 1+x, & x>1\end{cases}$ 在 $x=1$ 处的连续性.

解　函数 $f(x)$ 的图形如图 1 - 27 所示.

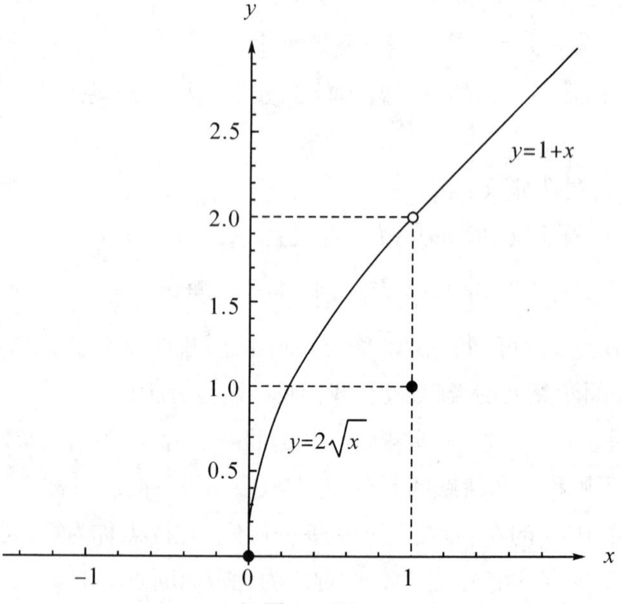

图 1 - 27

由图 1 - 27 可知，$f(1)=1,\ f(1-0)=2,\ f(1+0)=2.\lim\limits_{x\to 1}f(x)=2\neq f(1).$

所以，$x=1$ 为函数的可去间断点. 如果修改或补充函数在可去间断点处的值可使函数在该点连续.

在例 7 中，若修改定义 $f(1)=2$，则 $f(x)=\begin{cases}2\sqrt{x}, & 0 \leqslant x < 1\\ 2, & x=1\\ 1+x, & x>1\end{cases}$ 在 $x=1$ 处连续.

例 8　讨论函数 $f(x)=\begin{cases}\dfrac{1}{x}, & x>0\\ x, & x \leqslant 0\end{cases}$ 在 $x=0$ 处的连续性.

解　函数 $f(x)$ 图形如图 2 - 28 所示.

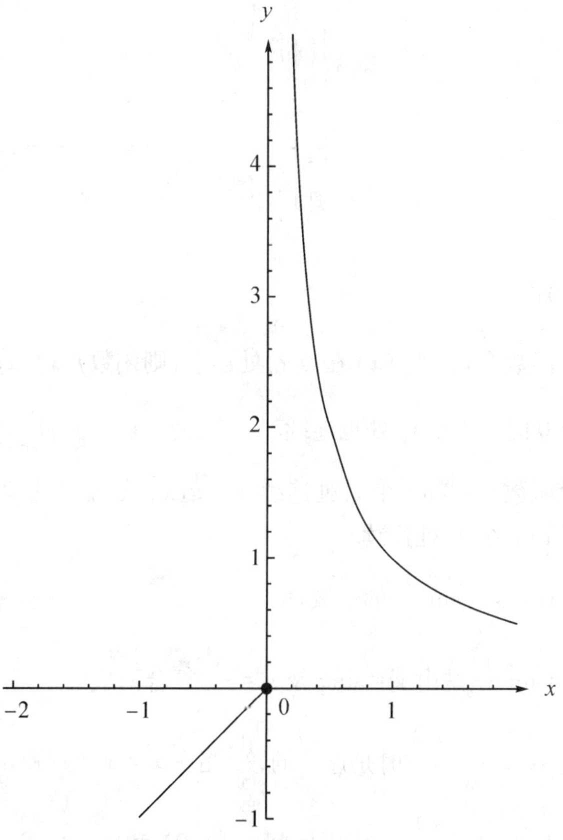

图 1 - 28

由图 1 - 28 知，$f(0-0)=0$，$f(0+0)=+\infty$，所以 $x=0$ 为函数的无穷间断点.

例 9　讨论函数 $f(x)=\sin\dfrac{1}{x}$ 在 $x=0$ 处的连续性.

解　$f(x)=\sin\dfrac{1}{x}$ 在 $x=0$ 处没有定义，其图形如图 1 - 29 所示，当 $x\to 0$ 时，$f(x)=\sin\dfrac{1}{x}$ 函数值在 -1 和 $+1$ 之间变动无限多次，所以 $x=0$ 为第二类间断点. 我们

称这种间断点为 $f(x)$ 的振荡间断点.

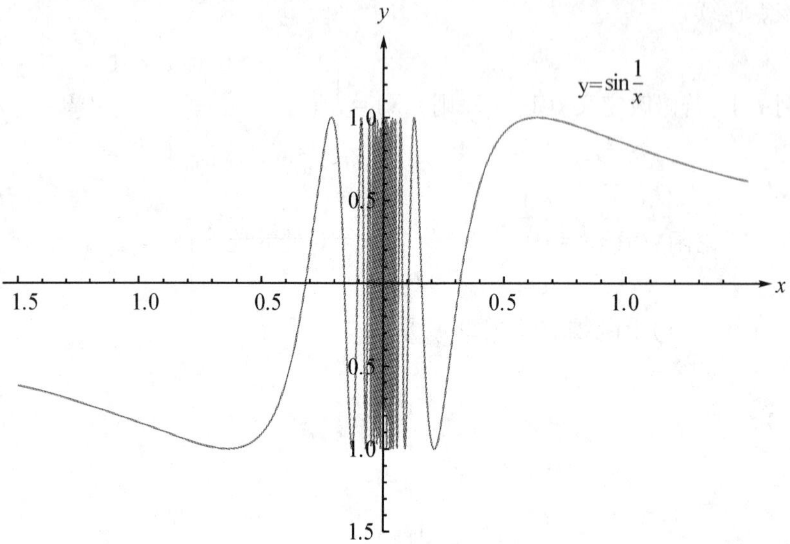

图 1 - 29

3. 连续函数的性质

定理 1.3　设函数 $f(x)$ 和 $g(x)$ 在点 x_0 处连续,则函数 $f(x) \pm g(x)$, $f(x)g(x)$, $\dfrac{f(x)}{g(x)}$(当 $g(x_0) \neq 0$ 时) 在点 x_0 处也连续.

定理 1.4　设函数 $y = f(u)$ 在 u_0 处连续,$u = g(x)$ 在 x_0 处连续,且 $g(x_0) = u_0$,则复合函数 $y = f[g(x)]$ 在 x_0 处连续.

例 10　讨论函数 $y = \sin \dfrac{1}{x}$ 的连续性.

解　函数 $y = \sin \dfrac{1}{x}$ 是由 $y = \sin u$ 及 $u = \dfrac{1}{x}$ 复合而成的.

因为 $\sin u$ 当 $-\infty < u < +\infty$ 时是连续的,$\dfrac{1}{x}$ 当 $-\infty < x < 0$ 和 $0 < x < +\infty$ 时是连续的,根据定理 1.4,函数 $\sin \dfrac{1}{x}$ 在无限区间 $(-\infty, 0)$ 和 $(0, +\infty)$ 内是连续的.

例 11　求 $\lim\limits_{x \to 0} \sin\left(\dfrac{x^2 - x - 6}{x - 3}\right)$.

解　因为在 $x_0 = 0$ 处函数 $g(x) = \dfrac{x^2 - x - 6}{x - 3} = x + 2$ 连续,即

$$\lim_{x \to 0} g(x) = \lim_{x \to 0}(x + 2) = 2$$

而 $f(x) = \sin x$ 在 $x = 2$ 处连续,因此有

$$\lim_{x \to 0} \sin\left(\frac{x^2 - x - 6}{x - 3}\right) = \sin\left(\lim_{x \to 0} \frac{x^2 - x - 6}{x - 3}\right) = \sin 2$$

由于基本初等函数在它们的定义域内都是连续的. 根据初等函数的定义,可知:**一切初等函数在其定义区间内都是连续的.**

所谓定义区间,就是包含在定义域内的区间.

初等函数的连续性在求函数极限中的应用:如果 $f(x)$ 是初等函数,且 x_0 是 $f(x)$ 的定义区间内的点,则 $\lim\limits_{x\to x_0}f(x)=f(x_0)$.

例 12 求 $\lim\limits_{x\to 0}\sqrt{1-x^2}$.

解 初等函数 $f(x)=\sqrt{1-x^2}$ 在点 $x_0=0$ 是有定义的,所以

$$\lim_{x\to 0}\sqrt{1-x^2}=\sqrt{1}=1.$$

例 13 求 $\lim\limits_{x\to\frac{\pi}{2}}\ln\sin x$.

解 初等函数 $f(x)=\ln\sin x$ 在点 $x_0=\frac{\pi}{2}$ 是有定义的,所以

$$\lim_{x\to\frac{\pi}{2}}\ln\sin x=\ln\sin\frac{\pi}{2}=0.$$

例 14 求 $\lim\limits_{x\to 0}\frac{\sqrt{1+x^2}-1}{x}$.

解
$$\lim_{x\to 0}\frac{\sqrt{1+x^2}-1}{x}=\lim_{x\to 0}\frac{(\sqrt{1+x^2}-1)(\sqrt{1+x^2}+1)}{x(\sqrt{1+x^2}+1)}$$
$$=\lim_{x\to 0}\frac{x}{\sqrt{1+x^2}+1}=\frac{0}{2}=0.$$

例 15 求 $\lim\limits_{x\to 0}\frac{\log_a(1+x)}{x}$,$(a>0,a\neq 1)$.

解
$$\lim_{x\to 0}\frac{\log_a(1+x)}{x}=\lim_{x\to 0}\log_a(1+x)^{\frac{1}{x}}=\log_a e=\frac{1}{\ln a}.$$

特别地,在闭区间上的连续函数有以下重要性质:

定理 1.5(最值定理) **设函数 $f(x)$ 在闭区间 $[a,b]$ 上连续,则 $f(x)$ 在闭区间 $[a,b]$ 上必能取到最大值和最小值.**

即在闭区间 $[a,b]$ 上至少有一点 $\xi_1\in[a,b]$,使 $f(\xi_1)$ 是 $f(x)$ 在 $[a,b]$ 上的最大值,又至少有一点 $\xi_2\in[a,b]$,使 $f(\xi_2)$ 是 $f(x)$ 在 $[a,b]$ 上的最小值. 见图 1 - 30.

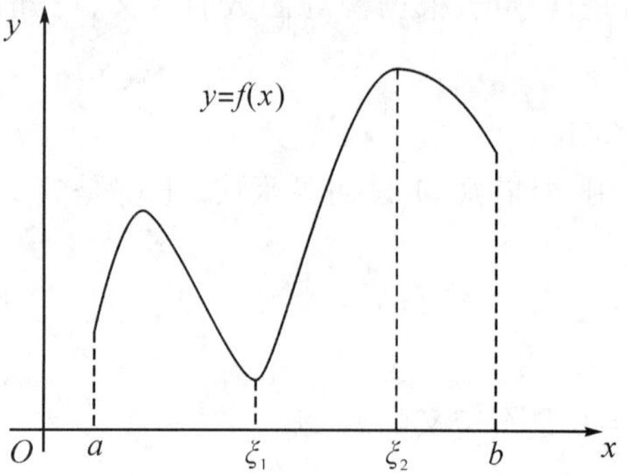

图 1 - 30

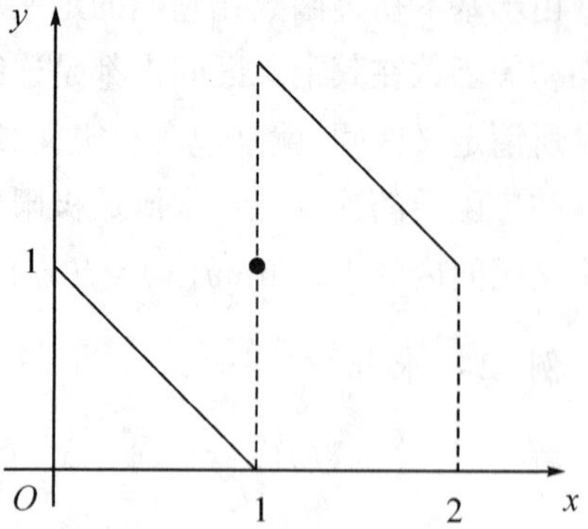

图 1 - 31

注意　如果函数在开区间内连续,或函数在闭区间上有间断点,那么函数在该区间上就不一定有最大值或最小值.例如前面提到的函数 $y = x$ 在开区间 (a,b) 内连续,但在开区间 (a,b) 内既无最大值又无最小值.又如,函数

$$y = f(x) = \begin{cases} -x+1, & 0 \leqslant x < 1 \\ 1, & x = 1 \\ -x+3, & 1 < x \leqslant 2 \end{cases}$$

在闭区间 $[0,2]$ 上有间断点 $x = 1$,它在闭区间 $[0,2]$ 上既无最大值又无最小值.见图 1 - 31.

定理 1.6(**介值定理**)　设函数 $f(x)$ 在闭区间 $[a,b]$ 上连续,且 $f(x)$ 在闭区间 $[a,b]$ 上最大值和最小值分别是 M 和 m,则对于任意满足 $m < C < M$ 的实数 C,至少存在一点 $\xi \in (a,b)$,使得 $f(\xi) = C$.

推论 2(**零值定理**)　设函数 $f(x)$ 在闭区间 $[a,b]$ 上连续,且 $f(a)$ 与 $f(b)$ 异号(即 $f(a) \cdot f(b) < 0$),则至少存在一点 $\xi \in (a,b)$,使得 $f(\xi) = 0$.

从几何上看,推论 2 表示:如果连续曲线段 $y = f(x)$ 的两个端点位于 x 轴的不同侧,那么这段曲线与 x 轴至少有一个交点(见图 1 - 32).

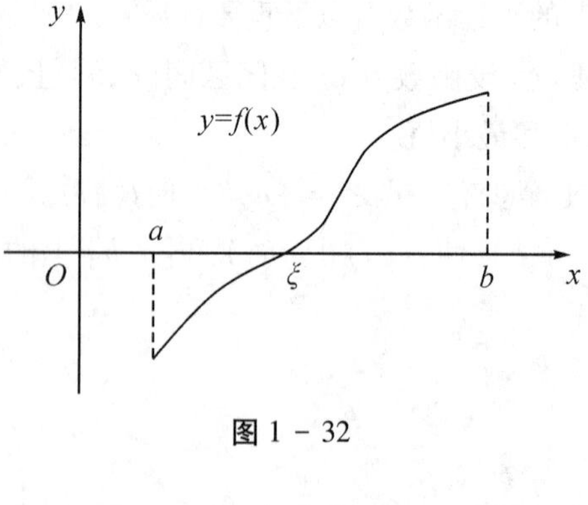

图 1 - 32

例 16　证明方程 $x^3 - 4x^2 + 1 = 0$ 在区间 $(0,1)$ 内至少有一个根.

证明　函数 $f(x) = x^3 - 4x^2 + 1$ 在闭区间 $[0,1]$ 上连续,又 $f(0) = 1 > 0$, $f(1) = -2 < 0$.

根据零值定理,在(0,1)内至少有一点 ξ,使得 $f(\xi)=0$,即

$$\xi^3-4\xi^2+1=0\quad(0<\xi<1)$$

这等式说明方程 $x^3-4x^2+1=0$ 在区间(0,1)内至少有一个根是 ξ.

例 17 设函数 $f(x)$ 在区间 $[a,b]$ 上连续,且

$$f(a)<a,\ f(b)>b,$$

证明:存在 $\xi\in(a,b)$,使得 $f(\xi)=\xi$.

证明 令 $g(x)=f(x)-x$,则 $g(x)$ 在 $[a,b]$ 上连续.

而 $g(a)=f(a)-a<0$, $g(b)=f(b)-b>0$,由零值定理,存在 $\xi\in(a,b)$,使

$$g(\xi)=0,$$

即 $f(\xi)=\xi$.

习题 1.5

1. 画出下列函数的图形,并研究函数的连续性:

(1) $f(x)=\begin{cases}x^2, & 0\leqslant x\leqslant 1\\ 2-x, & 1<x\leqslant 2\end{cases}$　　(2) $f(x)=\begin{cases}x, & -1\leqslant x\leqslant 1\\ 1, & x<-1 \text{ 或 } x>1\end{cases}$

2. 求函数 $f(x)=\dfrac{x^3+3x^2-x-3}{x^2+x-6}$ 的连续区间,并求 $\lim\limits_{x\to 0}f(x)$, $\lim\limits_{x\to -3}f(x)$ 及 $\lim\limits_{x\to 2}f(x)$.

3. 求下列函数的间断点,并指出间断点的类型,若是可去型间断点,则补充或修改定义,使其在该点连续:

(1) $f(x)=\dfrac{x^2-x}{|x|(x^2-1)}$　　(2) $f(x)=\dfrac{1}{\ln(2x-1)}$

(3) $f(x)=\begin{cases}-\dfrac{1}{x}, & x\leqslant -1\\ 2+x, & -1<x\leqslant 0\\ x\sin\dfrac{1}{x}, & 0<x\leqslant 2\end{cases}$　　(4) $f(x)=\sin\dfrac{5}{x}$

4. 讨论下列函数的连续性,并做出函数的图形:

(1) $f(x)=\lim\limits_{n\to\infty}\dfrac{1}{1+x^n}, (x\geqslant 0)$　　(2) $f(x)=\lim\limits_{n\to\infty}\dfrac{1-x^{2n}}{1+x^{2n}}x$

5. 已知 $f(x)=\begin{cases}ax^2+b, & 0<x<1\\ 2, & x=1\\ \ln(bx+1), & 1<x\leqslant 3\end{cases}$,问 a,b 为何值时, $f(x)$ 在 $x=1$ 处连续.

6. 求下列极限:

(1) $\lim\limits_{x\to 0}\sqrt{x^2-2x+5}$　　(2) $\lim\limits_{a\to\frac{\pi}{4}}(\sin 2a)^3$

(3) $\lim\limits_{x\to\frac{\pi}{6}}\ln(2\cos 2x)$　　(4) $\lim\limits_{x\to 0}\frac{\sqrt{x+1}-1}{x}$

(5) $\lim\limits_{x\to 1}\frac{\sqrt{5x-4}-\sqrt{x}}{x-1}$　　(6) $\lim\limits_{x\to a}\frac{\sin x-\sin a}{x-a}$

(7) $\lim\limits_{x\to+\infty}\frac{e^{x}-e^{-x}}{e^{x}+e^{-x}}$　　(8) $\lim\limits_{x\to+\infty}(\sqrt{x^2+x}-\sqrt{x^2-x})$

7. 证明方程 $x^3-3x=1$ 至少有一个根介于 1 和 2 之间.

8. 设 $f(x)$ 在闭区间 $[a,b]$ 上连续, $x_1,x_2,\cdots,x_n$ 是 $[a,b]$ 内的 n 个点,证明:存在 $\xi\in[a,b]$,使得 $f(\xi)=\frac{f(x_1)+f(x_2)+\cdots+f(x_n)}{n}$.

本章总习题

1. 填空题:

(1) $f(x)=\frac{1}{\lg|x-5|}$ 的定义域是__________.

(2) $y=\ln\frac{1+x}{1-x}$ 的定义域是__________.

(3) 已知 $f(3x-2)=\log_2\sqrt{x+15}$,则 $f(1)=$__________.

(4) 设 $f(x)=\frac{1}{x}$,则 $f[f(x)]=$__________.

(5) 若 $\varphi(x)=\begin{cases}1, & |x|\leqslant 1\\ 0, & |x|>1\end{cases}$,则 $\varphi[\varphi(x)]=$__________.

(6) 设 $f(x)=\begin{cases}x, & x\geqslant 0\\ 0, & x<0\end{cases}$, $g(x)=\begin{cases}x+1, & x<1\\ x, & x\geqslant 1\end{cases}$,则 $f(x)+g(x)=$__________.

(7) $\lim\limits_{x\to 1}\frac{\sin(x^2-1)}{x-1}=$__________.

(8) 若 $\lim\limits_{x\to 0}\frac{\sin 3x}{kx}=2$,则 $k=$__________.

(9) 要使 $f(x)=(\cos x)^{\frac{1}{x}}$ 在 $x=0$ 处连续,则应定义 $f(0)=$__________.

(10) $f(x)=\frac{1}{x^2-1}$ 的间断点是__________.

2. 求下列极限:

(1) $\lim\limits_{x\to 2}\frac{x^3-3}{x-3}$　　(2) $\lim\limits_{x\to 1}\frac{x^m-1}{x^n-1}$ (m、n 为自然数)

(3) $\lim\limits_{x\to1}\dfrac{x^3-3x+2}{x^3-1}$

(4) $\lim\limits_{x\to\infty}\dfrac{(4x^2-3)^3(3x-2)^4}{(3x^2+7)^5}$

(5) $\lim\limits_{n\to\infty}\dfrac{2n^2+3n-1}{3n^2-2n+1}$

(6) $\lim\limits_{x\to\infty}\left(\dfrac{1+3x}{2+5x}+\dfrac{3}{x}\right)$

(7) $\lim\limits_{x\to2}\dfrac{\sqrt{x}-\sqrt{2}}{\sqrt{4x+1}-3}$

(8) $\lim\limits_{x\to+\infty}(\sqrt{x^2+x+1}-\sqrt{x^2-x-1})$

(9) $\lim\limits_{x\to0}x^2\sin\dfrac{\pi}{x^2}$

(10) $\lim\limits_{x\to0}(1-2x)^{\frac{1}{x}}$

3. 设$\lim\limits_{x\to2}\dfrac{x^2+ax+6}{x-2}=-1$,求 a 的值.

4. 讨论函数$f(x)=\begin{cases}\dfrac{\sin2x}{x}, & x>0\\ \dfrac{x+1}{a}, & x\leqslant0\end{cases}$的连续性.

5. 设$f(x)=\begin{cases}x\sin\dfrac{1}{x}, & x>0\\ a+x^2, & x\leqslant0\end{cases}$,试确定 a 的值,使$f(x)$在$(-\infty,+\infty)$内连续.

6. 求函数$f(x)=\dfrac{1}{1-e^{\frac{x}{1-x}}}$的连续区间、间断点,并判断间断点的类型.

7. 证明方程 $x\ln x-2=0$ 在$(1,e)$上只有一个实根.

8. 设$f(x)$在$[0,1]$上连续,且$0<f(x)<1$,证明方程$f(x)=x$在$(0,1)$内至少有一个实根.

第 2 章　一元函数微分学及其应用

微积分的主要内容可以分为微分学与积分学两部分.用导数和微分处理问题的内容属于微分学的范畴.微分学建立于 17 世纪,主要是为了解决 17 世纪科学上出现的一些基本问题.这些基本问题可归为三类:第一类问题是已知物体移动的距离可以表示为时间的函数,求物体在任意时刻的速度与加速度;第二类问题是求曲线的切线问题;第三类问题是求函数的极大值与极小值,如寻求能获得最大射程的发射角,求行星离太阳的最远距离与最近距离等.

微分学的建立主要归功于艾萨克·牛顿(Isaac Newton,1643—1727)与戈特弗里德·威廉·莱布尼兹(Gottfried Wilhelm Leibniz,1646—1716).但是在他们达到这光辉的顶点之前,他们的先驱者们如笛卡儿、费马等已积累了有关微积分的大量知识.费马对微分学的贡献很大,著名法国数学家拉格朗日曾说:“我们可以认为费马是这种新运算(指微积分方法)的第一个发明人.”牛顿也曾指出“我从费马的切线作法中得到了这个方法的启示,我推广了它,把它直接地并且反过来应用于抽象的方程上.”总的来看,17 世纪前三分之二的时期内,微积分的工作仅限于其细节的工作上,没能从特殊问题中发掘出普遍性的规律.然而,当时已明显显露出要把各种不同的方法统一起来,以建立一种更有效的、可以应用到较广泛的函数问题上去的方法.这个工作是由英国数学家、科学家牛顿和德国数学家、哲学家莱布尼茨完成的.牛顿与莱布尼茨彼此独立地,从不同的方法论出发,推广、总结了前人的研究成果,建立起一门全新的学科 —— 微积分.

19 世纪 70 年代,经济学发生了一场著名的“边际革命”,成功地运用了数学中的导数概念和微分理论成果,建立了边际分析理论,创建了所谓的“边际效用学派”.1890 年剑桥大学马歇尔(Alfred Marshall)汲取了边际效用学派观点,并以其均衡价格理论为基础,发表了《经济学原理》一书,标志着现代微观经济学的创立.边际是经济学中刻画经济变量变化快慢的量化指标,在数学中的原型就是导数或变化率,也就是我们平常所说的变化速度.所谓“边际”,是指额外的或增加的意思,指的是增加的最后一个单位.如边际成本是指在现有产量的基础上,每增加一个单位的产品所增加的成本.运用这种增量之间的相互关系来衡量和评价经济变量变动的状态,就是边际分析.边际分析对经济活动的决策具有重要的指导意义.

§2.1 导数的概念

1. 引言

从15世纪初文艺复兴时期起,欧洲的工业、农业、航海事业与商业贸易得到大规模的发展,形成了一个新的经济时代.而16世纪的欧洲,正处在资本主义萌芽时期,生产力得到了很大的发展.生产实践的发展对自然科学提出了新的课题,迫切要求力学、天文学等基础科学的发展,而这些学科都是深刻依赖于数学的,因而也推动了数学的发展. 在各类学科对数学提出的种种要求中,下列三类问题导致了微分学的产生:

(1) 求变速运动的瞬时速度;

(2) 求曲线上一点处的切线;

(3) 求最大值和最小值.

这三类实际问题的现实原型在数学上都可归结为函数相对于自变量变化而变化的快慢程度,即所谓函数的变化率问题.牛顿从第一个问题出发,莱布尼茨从第二个问题出发,分别给出了导数的概念.

引例1　直线运动的速度

设某点沿直线运动.在直线上引入原点和单位点(即表示实数1的点),使直线成为数轴.此外,再取定一个时刻作为测量时间的零点.设动点于时刻 t 在直线上的位置的坐标为 s(简称位置 s).这样,运动完全由某个函数

$$s=f(t)$$

所确定.这个函数对运动过程中所出现的 t 值有定义,称为位置函数.在最简单的情形,该动点所经过的路程与所花的时间成正比.也就是说,无论取哪一段时间间隔,比值

$$\frac{\text{经过的路程}}{\text{所花的时间}} \tag{2-1}$$

总是相同的.这个比值就称为该动点的速度,并说该点作匀速运动.如果运动不是匀速的,那么在运动的不同时间间隔内,比值(2-1)式会有不同的值.这样,把比值(2-1)式笼统地称为该动点的速度就不合适了,而需要按不同时刻来考虑.那么,这种非匀速运动的动点在某一时刻(设为 t_0)的速度应如何理解而又如何求得呢?

我们取从时刻 t_0 到 t 这样一个时间间隔,在这段时间内,动点从位置 $s_0=f(t_0)$ 移动到 $s=f(t)$.这时由(2-1)式算得的比值

$$\frac{s-s_0}{t-t_0}=\frac{f(t)-f(t_0)}{t-t_0} \tag{2-2}$$

是动点在这个时间间隔内的平均速度.如果时间间隔选得较短,比值(2-2)式在实

践中也可用来说明动点在时刻 t_0 的速度.但对于动点在时刻 t_0 的速度的精确概念来说,这样做是不够的,而更确切地应当这样:令 $t \to t_0$,取(2 - 2) 式的极限,如果这个极限存在,设为 v,即

$$v = \lim_{t \to t_0} \frac{f(t) - f(t_0)}{t - t_0},$$

这时就把这个极限值 v 称为动点在时刻 t_0 的(瞬时) 速度.

引例 2　切线问题

圆的切线可定义为"与曲线只有一个交点的直线",但是对于其他曲线,用"与曲线只有一个交点的直线" 作为切线的定义就不一定合适.例如,对于抛物线 $y = x^2$,在原点 O 处两个坐标轴都符合上述定义,但实际上只有 x 轴是该抛物线在点 O 处的切线.下面给出切线的定义.

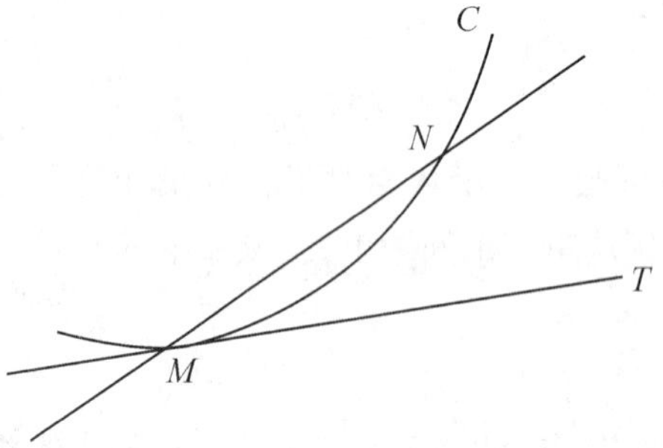

图 2 - 1

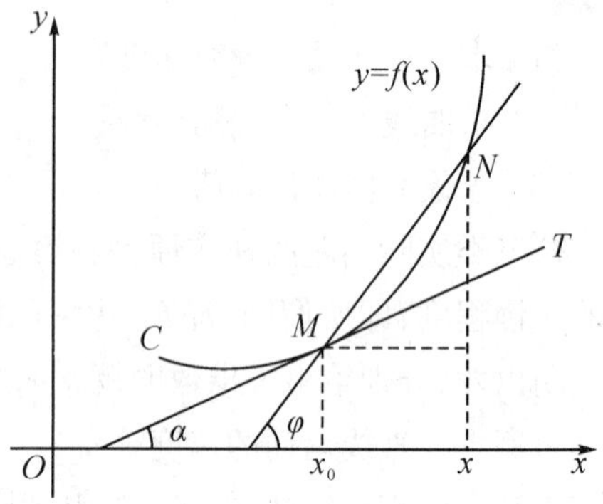

图 2 - 2

设有曲线 C 及 C 上的一点 M(见图 2 - 1),在点 M 外另取 C 上一点 N,作割线 MN.当点 N 沿曲线 C 趋于点 M 时,如果割线 MN 绕点 M 旋转而趋于极限位置 MT,直线 MT 就称为曲线 C 在点 M 处的切线.这里极限位置的含义是:只要弦长 $|MN|$ 趋于零,$\angle NMT$ 也趋于零.

现在就曲线 C 为函数 $y = f(x)$ 的图形(见图 2 - 2) 的情形来讨论切线问题.设 $M(x_0, y_0)$ 是曲线 C 上的一个点,则 $y_0 = f(x_0)$.

根据上述定义要定出曲线 C 在点 M 处的切线,只要定出切线的斜率就行了.为此,在点 M 外另取 C 上的一点 $N(x, y)$,于是割线 MN 的斜率为

$$\tan\varphi = \frac{y - y_0}{x - x_0} = \frac{f(x) - f(x_0)}{x - x_0},$$

其中 φ 为割线 MN 的倾角.当点 N 沿曲线 C 趋于点 M 时,$x \to x_0$.如果当 $x \to x_0$ 时,上式的极限存在,设为 k,即

$$k = \lim_{x \to x_0} \frac{f(x) - f(x_0)}{x - x_0}$$

存在,则此极限 k 是割线斜率的极限,也就是切线的斜率.这里 $k = \tan\alpha$,其中 α 是切线

MT 的倾角. 于是,通过点 $M(x_0, f(x_0))$ 且以 k 为斜率的直线 MT 便是曲线 C 在点 M 处的切线.

引例 3　产品总成本的变化率

设某产品的总成本 C 是产量 q 的函数

$$C = C(q) \quad (q > 0).$$

如果产量 q 由 q_0 改变到 q,总成本取得相应的增量为

$$\Delta C = C(q) - C(q_0),$$

则 $\frac{\Delta C}{\Delta q}$ 表示产量由 q_0 到 q 时,总成本的平均变化率.

如果极限 $\lim\limits_{q \to q_0} \frac{C(q) - C(q_0)}{q - q_0}$ 存在,则称此极限为产量在 q_0 时的变化率,或称为边际成本.

2. 导数的定义

从上面所讨论的三个问题可以看出,非匀速直线运动的速度和切线的斜率以及总成本的变化率都归结为如下形式的极限:

$$\lim_{x \to x_0} \frac{f(x) - f(x_0)}{x - x_0} \tag{2-3}$$

这里 $x - x_0$ 和 $f(x) - f(x_0)$ 分别是函数 $y = f(x)$ 的自变量的增量 Δx 和函数的增量 Δy:

$$\Delta x = x - x_0$$

$$\Delta y = f(x) - f(x_0) = f(x_0 + \Delta x) - f(x_0)$$

因为 $x \to x_0$ 相当于 $\Delta x \to 0$,所以(2 - 3) 式也可以写成

$$\lim_{\Delta x \to 0} \frac{\Delta y}{\Delta x} \text{ 或 } \lim_{\Delta x \to 0} \frac{f(x_0 + \Delta x) - f(x_0)}{\Delta x}$$

在自然科学和工程技术以及经济领域内,还有许多概念,例如电流强度、角速度、线密度、边际收益、边际利润等,都可以归结为形如(2 - 3) 式的数学形式.我们撇开这些量的具体意义,抓住它们在数量关系上的共性,就得出函数的导数的概念.

定义 2.1　设函数 $y = f(x)$ 在点 x_0 的某一邻域内有定义,当 x 从 x_0 变化到 $x_0 + \Delta x$ 时,函数有改变量 $\Delta y = f(x_0 + \Delta x) - f(x_0)$.若极限

$$\lim_{\Delta x \to 0} \frac{f(x_0 + \Delta x) - f(x_0)}{\Delta x}$$

存在,则称 $f(x)$ 在点 x_0 可导,且称此极限值为 $f(x)$ 在点 x_0 处的导数,记作 $f'(x_0)$,或 $y'\big|_{x=x_0}$, $\frac{dy}{dx}\big|_{x=x_0}$, $\frac{df}{dx}\big|_{x=x_0}$,即

$$f'(x_0) = \lim_{\Delta x \to 0} \frac{\Delta y}{\Delta x} = \lim_{\Delta x \to 0} \frac{f(x_0 + \Delta x) - f(x_0)}{\Delta x} \tag{2-4}$$

若上述极限不存在,则称函数 $f(x)$ 在 x_0 点不可导.

(2 - 4) 式也可写出成

$$f'(x_0)=\lim_{x\to x_0}\frac{f(x)-f(x_0)}{x-x_0} \tag{2-5}$$

如果函数 $y=f(x)$ 在定义域中每一点都可导,则称 $f(x)$ 为可导函数.一般地,函数在不同点的导数取不同的值,并且导数本身也是一个函数,称为导函数或导数,记为 $f'(x)$.

* **定义 2.2**　对于函数 $y=f(x)$,它的导数 $f'(x)$ 的导数称作 $f(x)$ 的二阶导数,记为 $f''(x)$,也可以记作 $\frac{d^2y}{dx^2}$,它的意思是 $\frac{d}{dx}(\frac{dy}{dx})$,即 $\frac{dy}{dx}$ 的导数.

一般地,如果函数 $y=f(x)$ 的 $n-1$ 导数 $f^{(n-1)}(x)$ 可导,则 $f^{(n-1)}(x)$ 的导数称为 $f(x)$ 的 n 阶导数,记为 $f^{(n)}(x)$ 或 $\frac{d^ny}{dx^n}$.

二阶及二阶以上的导数统称为高阶导数.

由引例 2 知,函数 $y=f(x)$ 在点 x_0 处的导数 $f'(x_0)$,就是曲线 $y=f(x)$ 在 $M(x_0,y_0)$ 处的切线 MT 的斜率,即 $k=\tan\alpha=f'(x_0)$,这就是导数的几何意义.

由(2 - 4) 式及极限的含义,我们知道,当 Δx 无限趋近于 0 时,$\frac{\Delta y}{\Delta x}$ 无限趋近于 $f'(x_0)$.那么,当 Δx 充分小时,应有

$$\frac{\Delta y}{\Delta x}\approx f'(x_0)$$

即

$$\Delta y\approx f'(x_0)\Delta x \tag{2-6}$$

或写为

$$f(x_0+\Delta x)\approx f(x_0)+f'(x_0)\Delta x \tag{2-7}$$

所以我们可以用一点的导数估计函数在这点附近的函数值.特别地,尤其对于经济变量,如果一个函数的导数在某一点附近不是剧烈地变化的,那么它的导数近似地等于自变量增加一个单位时函数的变化量,即 $\Delta x=1$ 时的情形,此时有

$$f'(x_0)\approx f(x_0+1)-f(x_0) \tag{2-8}$$

下面用定义求一些简单函数的导数.

例 1　求函数 $y=x^3$ 在 $x=1$ 处的导数 $f'(1)$.

解　当 x 由 1 变到 $1+\Delta x$ 时,函数相应的增量为

$\Delta y=(1+\Delta x)^3-1^3=3\cdot\Delta x+3\cdot(\Delta x)^2+(\Delta x)^3$,

$\frac{\Delta y}{\Delta x}=3+3\Delta x+(\Delta x)^2$,

所以

$$f'(1)=\lim_{\Delta x\to 0}\frac{\Delta y}{\Delta x}=\lim_{\Delta x\to 0}(3+3\Delta x+(\Delta x)^2)=3.$$

例 2 求函数 $f(x)=C$(C 为常数)的导数.

解 $f'(x)=\lim\limits_{h\to 0}\dfrac{f(x+h)-f(x)}{h}=\lim\limits_{h\to 0}\dfrac{C-C}{h}=0$,即$(C)'=0$.

例 3 设函数 $f(x)=\sin x$,求$(\sin x)'$及$(\sin x)'|_{x=\frac{\pi}{4}}$.

解 $(\sin x)'=\lim\limits_{h\to 0}\dfrac{\sin(x+h)-\sin x}{h}=\lim\limits_{h\to 0}\cos\left(x+\dfrac{h}{2}\right)\cdot\dfrac{\sin\dfrac{h}{2}}{\dfrac{h}{2}}=\cos x$,即

$$(\sin x)'=\cos x$$

所以 $(\sin x)'|_{x=\frac{\pi}{4}}=\cos x|_{x=\frac{\pi}{4}}=\dfrac{\sqrt{2}}{2}$.

用类似的方法,可求得

$$(\cos x)'=-\sin x$$

例 4 求函数 $y=x^n$(n 为正整数)的导数.

解 $(x^n)'=\lim\limits_{h\to 0}\dfrac{(x+h)^n-x^n}{h}=\lim\limits_{h\to 0}\left[nx^{n-1}+\dfrac{n(n-1)}{2!}x^{n-2}h+\cdots+h^{n-1}\right]=nx^{n-1}$,

即

$$(x^n)'=nx^{n-1}.$$

更一般地,对于幂函数 $y=x^\mu$(μ 为常数),有

$$(x^\mu)'=\mu x^{\mu-1}.$$

例 5 求函数 $y=\log_a x(a>0,a\neq 1)$ 的导数.

解 $y'=\lim\limits_{h\to 0}\dfrac{\log_a(x+h)-\log_a x}{h}=\lim\limits_{h\to 0}\dfrac{\log_a\left(1+\dfrac{h}{x}\right)}{\dfrac{h}{x}}\cdot\dfrac{1}{x}$

$$=\frac{1}{x}\lim_{h\to 0}\log_a\left(1+\frac{h}{x}\right)^{\frac{x}{h}}=\frac{1}{x}\log_a e.$$

即

$$(\log_a x)'=\frac{1}{x}\log_a e,$$

特别地,当 $a=e$ 时,由上式得自然对数函数的导数公式:

$$(\ln x)'=\frac{1}{x}$$

例 6 试用导数定义求下列各极限(假设各极限均存在):

(1) $\lim\limits_{x\to a}\dfrac{f(2x)-f(2a)}{x-a}$;

(2) $\lim\limits_{x\to 0}\dfrac{f(x)}{x}$,其中$f(0)=0$.

解　(1) $\lim\limits_{x\to a}\dfrac{f(2x)-f(2a)}{x-a}=\lim\limits_{2x\to 2a}\dfrac{f(2x)-f(2a)}{\frac{1}{2}\cdot(2x-2a)}$

$$=2\cdot\lim_{2x\to 2a}\frac{f(2x)-f(2a)}{2x-2a}$$

$$=2f'(2a);$$

(2) 因为$f(0)=0$,于是$\lim\limits_{x\to 0}\dfrac{f(x)}{x}=\lim\limits_{x\to 0}\dfrac{f(x)-f(0)}{x-0}=f'(0)$.

3. 单侧导数

如果$\lim\limits_{h\to 0^-}\dfrac{f(x_0+h)-f(x_0)}{h}$存在,我们称它是$f(x)$在$x_0$处的左导数,记为$f'_-(x_0)$,即

$$f'_-(x_0)=\lim_{h\to 0^-}\frac{f(x_0+h)-f(x_0)}{h}=\lim_{x\to x_0^-}\frac{f(x)-f(x_0)}{x-x_0};$$

如果$\lim\limits_{h\to 0^+}\dfrac{f(x_0+h)-f(x_0)}{h}$存在,我们称它是$f(x)$在$x_0$处的右导数,记为$f'_+(x_0)$,即

$$f'_+(x_0)=\lim_{h\to 0^+}\frac{f(x_0+h)-f(x_0)}{h}=\lim_{x\to x_0^+}\frac{f(x)-f(x_0)}{x-x_0}.$$

由极限存在定理知,$\lim\limits_{h\to 0}\dfrac{f(x_0+h)-f(x_0)}{h}$存在的充分必要条件是$\lim\limits_{h\to 0^-}\dfrac{f(x_0+h)-f(x_0)}{h}$及$\lim\limits_{h\to 0^+}\dfrac{f(x_0+h)-f(x_0)}{h}$都存在且相等,故有以下结论:

定理 2.1　**函数$f(x)$在点x_0处可导的充分必要条件是左导数$f'_-(x_0)$和右导数$f'_+(x_0)$都存在且相等.即$f'(x_0)=A\Leftrightarrow f'_-(x_0)=f'_+(x_0)=A$.**

如果函数$f(x)$在开区间(a,b)内可导,且右导数$f'_+(a)$和左导数$f'_-(b)$都存在,就说$f(x)$在闭区间$[a,b]$上可导.

例 7　求函数$f(x)=|x|$在$x=0$点的导数.

解　由$f(x)=|x|=\begin{cases}x, & x\geqslant 0\\ -x, & x<0\end{cases}$得:

$$f'_-(0)=\lim_{x\to 0^-}\frac{-x-0}{x-0}=-1,\ f'_+(0)=\lim_{x\to 0^+}\frac{x-0}{x-0}=1$$

由于$f'_-(0)\neq f'_+(0)$,故$\lim\limits_{x\to x_0}\dfrac{f(x)-f(x_0)}{x-x_0}$不存在,即函数$f(x)=|x|$在$x=0$点不可导.

例 8 求函数$f(x)=\begin{cases}\sin x, & x<0\\ x, & x\geqslant 0\end{cases}$在 $x=0$ 处的导数.

解 当$\Delta x<0$时,$\Delta y=f(0+\Delta x)-f(0)=\sin\Delta x-0=\sin\Delta x$,故

$$f'_-(0)=\lim_{\Delta x\to 0^-}\frac{\Delta y}{\Delta x}=\lim_{\Delta x\to 0^-}\frac{\sin\Delta x}{\Delta x}=1,$$

当$\Delta x>0$时,$\Delta y=f(0+\Delta x)-f(0)=\Delta x-0=\Delta x$,故

$$f'_+(0)=\lim_{\Delta x\to 0^+}\frac{\Delta y}{\Delta x}=\lim_{\Delta x\to 0^+}\frac{\Delta x}{\Delta x}=1,$$

由$f'_-(0)=f'_+(0)=1$,得$f'(0)=\lim\limits_{\Delta x\to 0}\dfrac{\Delta y}{\Delta x}=1$.

4. 函数可导与连续的关系

对一元函数而言,函数可导必连续,反之不然.

定理 2.2 函数 $y=f(x)$ 在点 x 处可导,则该函数在 x 处连续.

由于函数 $y=f(x)$ 在点 x 处可导,即有

$$\lim_{\Delta x\to 0}\frac{\Delta y}{\Delta x}=f'(x)$$

故下式成立

$$\lim_{\Delta x\to 0}\Delta y=\lim_{\Delta x\to 0}\left[\frac{\Delta y}{\Delta x}\cdot\Delta x\right]=\lim_{\Delta x\to 0}\frac{\Delta y}{\Delta x}\cdot\lim_{\Delta x\to 0}\Delta x=f'(x)\cdot 0=0$$

由连续的定义知,函数$y=f(x)$在点x处是连续的.所以,如果函数$y=f(x)$在点x处可导,则函数在该点必连续.

反之,一个函数在某点连续却不一定在该点处可导.比如函数$f(x)=|x|$显然在$x=0$点连续,但由例 7 知$f(x)=|x|$在$x=0$点不可导.

例 9 讨论$f(x)=\begin{cases}x\sin\dfrac{1}{x}, & x\neq 0\\ 0, & x=0\end{cases}$在 $x=0$ 处的连续性与可导性.

解 因为$\sin\dfrac{1}{x}$是有界函数,所以$\lim\limits_{x\to 0}x\sin\dfrac{1}{x}=0$.

因为$f(0)=\lim\limits_{x\to 0}f(x)=0$,所以$f(x)$在$x=0$处连续.

但在$x=0$处有$\dfrac{\Delta y}{\Delta x}=\dfrac{(0+\Delta x)\sin\dfrac{1}{0+\Delta x}}{\Delta x}=\sin\dfrac{1}{\Delta x}$,当$\Delta x\to 0$时,$\dfrac{\Delta y}{\Delta x}$在$-1$和$1$之间振荡而极限不存在,所以$f(x)$在$x=0$处不可导.

习题 2.1

1. 根据定义求下列函数的导数：

(1) $y=\dfrac{1}{x}$　　　　(2) $y=\cos x$

(3) $y=ax+b$（a,b 是常数）　　　　(4) $y=\sqrt{x}$

2. 下列各题中均假定 $f'(x_0)$ 存在，结合导数定义观察下列极限，指出 A 是什么：

(1) $\lim\limits_{\Delta x\to 0}\dfrac{f(x_0-\Delta x)-f(x_0)}{\Delta x}=A.$

(2) $\lim\limits_{x\to 0}\dfrac{f(tx)-f(0)}{x}=A$，其中 $f'(0)$ 存在.

(3) $\lim\limits_{h\to 0}\dfrac{f(x_0+h)-f(x_0-h)}{h}=A.$

(4) $\lim\limits_{h\to 0}\dfrac{f(x_0+\alpha h)-f(x_0-\beta h)}{h}=A.$

3. 求下列函数在指定点处的导数：

(1) $y=\ln x$ 在 $x=2$ 处.

(2) $y=\cos x$ 在 $x=\dfrac{\pi}{4}$ 处.

4. 求曲线 $y=x^2$ 在点 $(-1,1)$ 处的切线方程和法线方程.

5. 设函数 $f(x)=\begin{cases}x^2, & x\leqslant 1\\ ax+b, & x<1\end{cases}$，为使函数 $f(x)$ 在 $x=1$ 处连续且可导，a,b 应取什么值?

6. 已知 $f(x)=\begin{cases}x^2, & x\geqslant 0\\ -x, & x<0\end{cases}$，求 $f'_+(0)$ 及 $f'_-(0)$，又 $f'(0)$ 是否存在?

7. 已知 $f(x)=\begin{cases}\sin x, & x<0\\ x, & x\geqslant 0\end{cases}$，求 $f'(x)$.

§2.2　导数的运算法则

1. 基本导数公式

现将基本初等函数的导数公式列于下面，这些公式在初等函数求导中起着重要作用，必须熟练掌握，这些公式可以直接用导数的定义求出，或由下面的求导法则推导出来.

(1) $(C)' = 0$(C 为常数)；　(2) $(x^{\alpha})' = \alpha x^{\alpha-1}$($\alpha$ 为任意实数)；

(3) $(a^x)' = a^x \ln a (a > 0, a \neq 1)$；　(4) $(e^x)' = e^x$；

(5) $(\log_a x)' = \dfrac{1}{x\ln a}(a > 0, a \neq 1)$；　(6) $(\ln x)' = \dfrac{1}{x}$；

(7) $(\sin x)' = \cos x$；　(8) $(\cos x)' = -\sin x$；

(9) $(\tan x)' = \sec^2 x$；　(10) $(\cot x)' = -\csc^2 x$；

(11) $(\sec x)' = \sec x \tan x$；　(12) $(\csc x)' = -\csc x \cot x$；

(13) $(\arcsin x)' = \dfrac{1}{\sqrt{1-x^2}}$；　(14) $(\arccos x)' = \dfrac{-1}{\sqrt{1-x^2}}$；

(15) $(\arctan x)' = \dfrac{1}{1+x^2}$；　(16) $(\text{arccot}\, x)' = \dfrac{-1}{1+x^2}$

2. 导数的四则运算法则

定理2.3　设函数 $u(x)$，$v(x)$ 在点 x 处可导，则 $u(x)\pm v(x)$，$u(x)v(x)$，$\dfrac{u(x)}{v(x)}$ 在点 x 处皆可导，且有：

(1) $[u(x) \pm v(x)]' = u'(x) \pm v'(x)$；

(2) $[u(x)v(x)]' = u'(x)v(x) + u(x)v'(x)$；

(3) $\left[\dfrac{u(x)}{v(x)}\right]' = \dfrac{u'(x)v(x) - u(x)v'(x)}{v^2(x)}$.

3. 反函数的求导法则

定理2.4　如果函数 $x = \varphi(y)$ 在某区间 I_y 内单调、可导，且 $\varphi'(y) \neq 0$，那么它的反函数 $y = f(x)$ 在对应区间 I_x 内也可导，且有 $f'(x) = \dfrac{1}{\varphi'(y)}$.

4. 复合函数的求导法则

定理2.5　设函数 $u = \varphi(x)$ 在 x 处可导，$y = f(u)$ 在对应点 u 处可导，则复合函数 $y = f[\varphi(x)]$ 在 x 处也可导，且 $\dfrac{dy}{dx} = \dfrac{dy}{du} \cdot \dfrac{du}{dx}$，也可写为 $(f[\varphi(x)])'_x = f'_u(u) \cdot \varphi'(x)$.

此法则可推广到多个中间变量的情形，例如，若 $y = f(u)$，$u = g(v)$，$v = h(x)$，它们都可导，则 $\dfrac{dy}{dx} = \dfrac{dy}{du} \cdot \dfrac{du}{dv} \cdot \dfrac{dv}{dx}$.

例1　求 $y = x^3 - 2x^2 + \sin x$ 的导数.

解　$y' = (x^3)' - (2x^2)' + (\sin x)' = 3x^2 - 4x + \cos x$.

例2　求 $y = 2\sqrt{x}\sin x$ 的导数.

解　$y' = (2\sqrt{x}\sin x)' = 2(\sqrt{x}\sin x)'$

$$= 2[(\sqrt{x})'\sin x + \sqrt{x}(\sin x)']$$

$$= 2\left(\frac{1}{2\sqrt{x}}\sin x + \sqrt{x}\cos x\right) = \frac{1}{\sqrt{x}}\sin x + 2\sqrt{x}\cos x.$$

例 3　求 $y = \tan x$ 的导数.

解　$y' = (\tan x)' = \left(\frac{\sin x}{\cos x}\right)' = \frac{(\sin x)'\cos x - \sin x(\cos x)'}{\cos^2 x}$

$$= \frac{\cos^2 x + \sin^2 x}{\cos^2 x} = \frac{1}{\cos^2 x} = \sec^2 x,$$

即 $(\tan x)' = \sec^2 x$.

同理可得:$(\cot x)' = -\csc^2 x$.

例 4　求 $y = \sec x$ 的导数.

解　$y' = (\sec x)' = \left(\frac{1}{\cos x}\right)' = \frac{-(\cos x)'}{\cos^2 x} = \frac{\sin x}{\cos^2 x} = \sec x\tan x.$

同理可得:$(\csc x)' = -\csc x\cot x$.

例 5　已知 $y = \sqrt{x}(x^3 - 4\cos x - \sin 1)$,求(1)$y'$;(2)$[y(1)]'$;(3)$y'(1)$.

解　(1) 用乘积法则:$y' = \frac{1}{2\sqrt{x}}(x^3 - 4\cos x - \sin 1) + \sqrt{x}(3x^2 + 4\sin x)$;

(2) $y(1) = 1 - 4\cos 1 - \sin 1$ 是常数,故 $[y(1)]' = 0$;

(3) $y'(1) = y'|_{x=1} = \frac{7}{2} - 2\cos 1 + \frac{7}{2}\sin 1$.

例 6　求函数 $y = \arcsin x$ 的导数.

解　因为 $x = \sin y$ 在 $I_y = \left(-\frac{\pi}{2}, \frac{\pi}{2}\right)$ 内单调、可导,且 $(\sin y)' = \cos y > 0$,所以在对应区间 $I_x = (-1, 1)$ 内有

$$(\arcsin x)' = \frac{1}{(\sin y)'} = \frac{1}{\cos y} = \frac{1}{\sqrt{1 - \sin^2 y}} = \frac{1}{\sqrt{1 - x^2}}$$

同理可得

$$(\arccos x)' = -\frac{1}{\sqrt{1 - x^2}}, (\arctan x)' = \frac{1}{1 + x^2}, (\operatorname{arccot} x)' = -\frac{1}{1 + x^2}$$

例 7　求函数 $y = a^x (a > 0, a \neq 1)$ 的导数.

解　因为 $x = \log_a y$ 在 $I_y = (0, +\infty)$ 内单调、可导,且 $(\log_a y)' = \frac{1}{y\ln a} \neq 0$,所以在对应区间 $I_x = (0, +\infty)$ 内有

$$(a^x)' = \frac{1}{(\log_a y)'} = y\ln a = a^x \ln a$$

特别地

$$(e^x)' = e^x$$

例 8 求函数 $y = \ln\sin x$ 的导数.

解 设 $y = \ln u, u = \sin x$. 则

$$\frac{dy}{dx} = \frac{dy}{du} \cdot \frac{du}{dx} = \frac{1}{u} \cdot \cos x = \frac{\cos x}{\sin x} = \cot x.$$

例 9 求函数 $y = (x^2 + 1)^{10}$ 的导数.

解 设 $y = u^{10}, u = x^2 + 1$. 则

$$\frac{dy}{dx} = \frac{dy}{du} \cdot \frac{du}{dx} = 10u^9 \cdot 2x = 10(x^2 + 1)^9 \cdot 2x = 20x(x^2 + 1)^9.$$

例 10 求函数 $y = (x + \sin^2 x)^3$ 的导数.

解
$$\begin{aligned} y' &= [(x + \sin^2 x)^3]' = 3(x + \sin^2 x)^2 (x + \sin^2 x)' \\ &= 3(x + \sin^2 x)^2 [1 + 2\sin x \cdot (\sin x)'] \\ &= 3(x + \sin^2 x)^2 (1 + \sin 2x). \end{aligned}$$

例 11 设 $f(x) = \begin{cases} x, & x < 0 \\ \ln(1 + x), & x \geq 0 \end{cases}$,求 $f'(x)$.

解 求分段函数的导数时,在每一段内的导数可按一般求导法则进行计算,但在分段点处的导数要用定义分别计算左右导数进行处理.

当 $x < 0$ 时, $f'(x) = 1$;

当 $x > 0$ 时, $f'(x) = [\ln(1 + x)]' = \dfrac{1}{1 + x} \cdot (1 + x)' = \dfrac{1}{1 + x}$;

当 $x = 0$ 时, $f'_-(0) = \lim\limits_{h \to 0^-} \dfrac{0 + h - \ln(1 + 0)}{h} = 1$,

$$f'_+(0) = \lim_{h \to 0^+} \frac{\ln[1 + (0 + h)] - \ln(1 + 0)}{h} = 1,$$

即 $f'(0) = 1$.

所以 $f'(x) = \begin{cases} 1, & x \leq 0 \\ \dfrac{1}{1 + x}, & x > 0 \end{cases}$.

例 12 求函数 $f(x) = \begin{cases} 2x, & 0 < x \leq 1 \\ x^2 + 2, & 1 < x < 2 \end{cases}$ 的导数.

解 当 $0 < x < 1$ 时, $f'(x) = (2x)' = 2$,

当 $1 < x < 2$ 时; $f'(x) = (x^2 + 1)' = 2x$,

当 $x = 1$ 时,

$$f'_-(1) = \lim_{x \to 1^-} \frac{f(x) - f(1)}{x - 1} = \lim_{x \to 1^-} \frac{2x - 2}{x - 1} = 2,$$

$$f'_+(1) = \lim_{x \to 1^+} \frac{f(x) - f(1)}{x - 1} = \lim_{x \to 1^+} \frac{x^2 + 2 - 2}{x - 1} = \lim_{x \to 1^+} \frac{x^2}{x - 1} = +\infty,$$

由于$f'_+(1)$ 不存在,所以$f'(1)$ 不存在.所以

$$f'(x)=\begin{cases}2, & 0<x<1\\ 2x, & 1<x<2\end{cases}.$$

习题 2. 2

1. 求下列函数的导数:

(1)$y=4x^3-2x^2+5$　　(2)$y=2^x\ln x$

(3)$y=2x^3\sin x$　　(4)$y=3\tan x-4$

(5)$y=(3+2x)(2-3x)$　　(6)$y=\dfrac{\ln x}{x}+\dfrac{1}{\ln x}$

(7)$y=\dfrac{e^x}{x^2}+\dfrac{2}{x}$　　(8)$y=\dfrac{1+\cos t}{1-\sin t}$

(9)$y=\dfrac{4}{x^5}+\dfrac{7}{x^4}-\dfrac{2}{x}+12$　　(10)$y=5x^3-2^x+3e^x$

(11)$y=2\tan x+\sec x-1$　　(12)$y=x^2\ln x$

(13)$y=e^x\cos x$　　(14)$y=\dfrac{1}{1+x+x^2}$

(15)$y=\dfrac{5x^2-3x+4}{x^2-1}$　　(16)$y=\dfrac{1-2\ln x}{1+3\ln x}$

2. 求下列函数在给定点处的导数:

(1)$y=\sin x-\cos x$,求 $y'\big|_{x=\frac{\pi}{6}}$和 $y'\big|_{x=\frac{\pi}{4}}$.

(2)$\rho=\varphi\sin\varphi+\dfrac{1}{2}\cos\varphi$,求$\left.\dfrac{d\rho}{d\varphi}\right|_{\varphi=\frac{\pi}{4}}$.

(3)$f(x)=\dfrac{3}{5-x}+\dfrac{x^2}{5}$,求$f'(0)$ 和$f'(2)$.

3. 求下列函数的导数:

(1)$y=\sqrt{3-2x^2}$　　(2)$y=e^{2x^3}$

(3)$y=\arcsin\sqrt{x}$　　(4)$y=\ln(x+\sqrt{a^2+x^2})$

(5)$y=\ln\cos e^{-x^2}$　　(6)$y=\arctan\dfrac{1}{x}$

(7)$y=\arcsin(1-2x)$　　(8)$y=e^{-\frac{x}{2}}\cos 3x$

(9)$y=\arccos\dfrac{1}{x}$　　(10)$y=\ln(\sec x+\tan x)$

4. 设$f(x)=\begin{cases}\ln(1+x), & x>0\\ 0, & x=0\\ \dfrac{\sin^2 x}{x}, & x<0\end{cases}$,求$f'(x)$.

5. 求下列函数的二阶导数:

(1)$y=x\cos x$　　(2)$y=\sqrt{a^2-x^2}$

(3)$y=e^{\sqrt{x}}$　　(4)$y=\tan x$

§2.3　函数的单调性与极值

我们已经会用初等数学的方法研究一些函数的单调性和极值问题,但这些方法使用范围狭小,并且有时需要借助某些特殊的技巧,因而不具有一般性.更为一般的方法是以导数为工具,来判断函数单调性和求函数的极值与最值.

1. 函数单调性的判断

从几何解释上来看,函数$f(x)$在某一点的导数表示的是函数图形上该点的切线的斜率.函数的导数$f'(x)>0$的区间,$f(x)$的图形的切线向上倾斜,相应地,$f(x)$是单调增加的;$f'(x)<0$的区间,$f(x)$的图形的切线向下倾斜,$f(x)$是单调减少的.如果$f'(x)=0$处处成立,那么切线处处是水平的,从而$f(x)$是常函数,如图 2 - 3 所示.

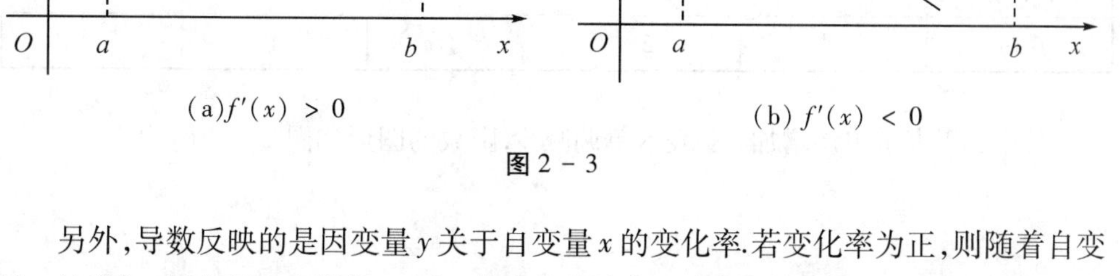

(a)$f'(x)>0$　　(b)$f'(x)<0$

图 2 - 3

另外,导数反映的是因变量y关于自变量x的变化率.若变化率为正,则随着自变量x的增加,因变量y也增加;反之,若变化率为负,则随着自变量x的增加,因变量y反而减少.所以,由函数$f(x)$的导数$f'(x)$的符号可以判断在什么情况下函数$f(x)$是递增的或者递减的.我们有以下结论:

定理 2.6　设函数 $y=f(x)$ 在 $[a,b]$ 上连续，在 (a,b) 内可导，那么

(1) 若 $f'(x)>0, x\in(a,b)$，则函数在 $[a,b]$ 内单调增加；

(2) 若 $f'(x)<0, x\in(a,b)$，则函数在 $[a,b]$ 内单调减少；

(3) 若 $f'(x)=0, x\in(a,b)$，则函数在 $[a,b]$ 内恒为常数，即 $f(x)=C$（C 为常数）.

导数值的大小即 $f(x)$ 变化率的大小. 如果 $f'(x)$ 大，那么函数值 $f(x)$ 的变化就比较快，反映在图形上就是急剧上下变化的；如果 $f'(x)$ 小，那么函数值 $f(x)$ 的变化就比较慢，反映在图形上就是缓慢倾斜的.

例 1　讨论函数 $y=e^x-x-1$ 的单调性.

解　易知 $D=(-\infty,+\infty)$，且 $y'=e^x-1$.

在 $(-\infty,0)$ 内，$y'<0$，所以函数单调减少；

在 $(0,+\infty)$ 内，$y'>0$，所以函数单调增加.

例 2　讨论函数 $y=\sqrt[3]{x^2}$ 的单调性.

解　因为 $D=(-\infty,+\infty)$. $y'=\dfrac{2}{3\sqrt[3]{x}}\ (x\neq 0)$，当 $x=0$ 时，导数不存在.

当 $-\infty<x<0$ 时，$y'<0$，所以在 $(-\infty,0]$ 上单调减少；

当 $0<x<+\infty$ 时，$y'>0$，所以在 $[0,+\infty)$ 上单调增加.

例 3　求函数 $y=f(x)=2x^3-9x^2+12x-3$ 的单调区间.

解　由于

$$y'=f'(x)=6(x^2-3x+2)=6(x-1)(x-2)$$

令 $y'=0$，解得 $x_1=1, x_2=2$.

这两个点把函数的定义域分成三个区间：$(-\infty,1)$，$(1,2)$，$(2,+\infty)$. 分别讨论这三个区间上 $f'(x)$ 的符号，得到函数的单调区间如表 2 - 1 所示：

表 2 - 1

x	$(-\infty,1)$	1	$(1,2)$	2	$(2,+\infty)$
$f'(x)$	+	0	−	0	+
$f(x)$	↗	2	↘	1	↗

其中：↗ 表示单调增加，↘ 表示单调减少. 函数的图形如图 2 - 4 所示.

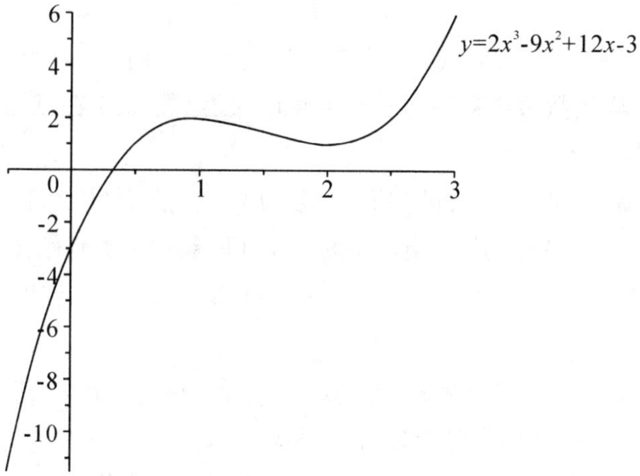

图 2 - 4

2. 极大值与极小值

本节例3中,一阶导数为0的点比较特殊,它可能成为函数单调区间的分界点.我们称一阶导数为0的点为函数的驻点(或稳定点).

从图 2 - 4 上可以看出,在 $x_1 = 1$ 的两侧,函数 $f(x)$ 随着 x 的增加先递增然后递减,在 $x_1 = 1$ 处,函数达到了一个局部上的最大值;在 $x_2 = 2$ 的两侧,函数 $f(x)$ 随着 x 的增加先递减然后递增,在 $x_2 = 2$ 处,函数达到了一个局部上的最小值.我们通常称这样的局部最大值点和局部最小值点为极大值点或极小值点.

定义 2.3 设函数 $f(x)$ 在 x_0 的某邻域有定义,且对此邻域内任意一点 $x(x \neq x_0)$,都有 $f(x) < f(x_0)$,则称 $f(x_0)$ 是函数 $f(x)$ 的一个极大值;如果对此邻域内任一点 $x(x \neq x_0)$,都有 $f(x) > f(x_0)$,则称 $f(x_0)$ 是函数 $f(x)$ 的一个极小值.

函数的极大值与极小值统称为极值.取得极值的点 x_0 称为函数的极值点.

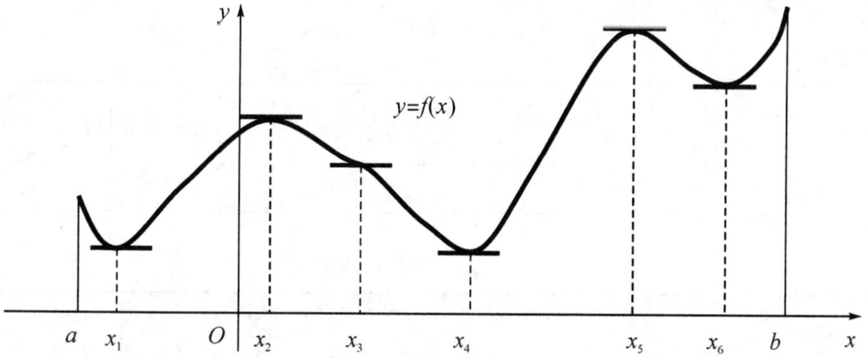

图 2 - 5

例如,在图 2 - 5 中,函数 $f(x)$ 分别在 x_1, x_4, x_6 处取极小值,在 x_2, x_5 处取极大值,而点 x_3 既不是极大值点也不是极小值点.显然,极值是一个局部概念,仅是针对极值点的一个小邻域而言.

究竟一个函数有没有极值点？有多少个极值点？我们有如下结论.

定理 2.7(可导函数极值存在的必要条件)　设函数 $f(x)$ 在点 x_0 处导数存在,且在 x_0 处取得极值,则 $f'(x_0)=0$.

上述定理说明：可导函数的极值点必为驻点. 然而驻点却未必是极值点,如图 2－5 中的点 x_3. 另外,连续函数的极值还可能在导数不存在的点取得. 例如 $f(x)=|x|$,在 $x=0$ 不存在导数,但 $f(x)$ 在 $x=0$ 取得极小值,这里 $(0,0)$ 是曲线的尖点.

定理 2.8(函数极值存在的第一充分条件)　若函数 $y=f(x)$ 在 x_0 连续,在 x_0 的两侧附近可导,当 x 从 x_0 的左侧经过 x_0 到达 x_0 右侧时：

(1) 若 $f'(x)$ 的符号由负变正,则 $f(x)$ 在点 x_0 取极小值；

(2) 若 $f'(x)$ 的符号由正变负,则 $f(x)$ 在点 x_0 取极大值；

(3) 若 $f'(x)$ 的符号不变,则 $f(x)$ 在点 x_0 处不取极值.

当函数的二阶导数也存在并且不为零时,还有以下结论.

* **定理 2.9(函数局部极值存在的第二充分条件)**　若函数 $f(x)$ 在 x_0 两侧附近存在二阶导数 $f''(x)$,且 $f'(x_0)=0$,则

(1) 若 $f''(x_0)<0$,则 $f(x)$ 在 x_0 取极大值；

(2) 若 $f''(x_0)>0$,则 $f(x)$ 在 x_0 取极小值.

例 4　求函数 $y=f(x)=x^4-2x^3$ 的单调区间和极值.

解　函数的定义域是 $(-\infty,+\infty)$.

$$f'(x)=4x^3-6x^2=4x^2\left(x-\frac{3}{2}\right)$$

令 $f'(x)=0$,解得驻点 $x_1=0,x_2=\dfrac{3}{2}$.

函数的单调区间与取极值的情形如表 2－2 所示.

表 2－2

x	$(-\infty,0)$	0	$(1,\frac{3}{2})$	$\frac{3}{2}$	$\left(\frac{3}{2},+\infty\right)$
$f'(x)$	−	0	−	0	+
$f(x)$	↘	0	↘	$-\frac{27}{16}$	↗

由表 2－2 可知,$f(x)$ 在 $x_1=0$ 处不取极值,在 $x_2=\dfrac{3}{2}$ 处取极小值 $f\left(\dfrac{3}{2}\right)=-\dfrac{27}{16}$.

函数 $f(x)=x^4-2x^3$ 的图形如图 2－6 所示.

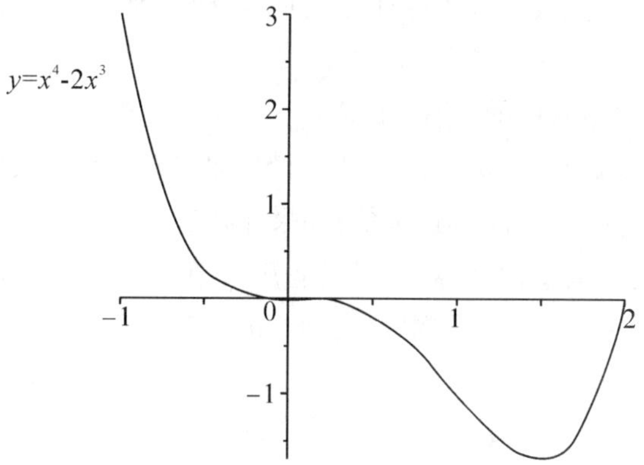

图 2 - 6

3. 最大值与最小值

极值反映的是一个函数在局部上的最大或者最小性质,有时需要考虑整体上(即整个定义区间上)的最大或者最小性质.最大值与最小值统称为**最值**.求整体最值的方法形成了最优化理论,在工程科学及经济管理等各领域经常用到.

假设某个实际问题抽象后的函数为$f(x)$,我们要确定函数$f(x)$的最值,首先,应该判定函数在定义区间上是否有最值;其次,需要给出函数在定义区间的什么地方取得最值;最后,确定函数最值是多少.

例 5 某家星级宾馆有 150 间客房,经过一段时间的经营实践,该宾馆经理得到一些数据:如果每间客房定价 160 元,住房率为 55%;定价为 140 元,住房率为 65%;定价为 120 元,住房率为 75%;定价为 100 元,住房率为 85%.欲使每天收入最高,问每间客房的定价应是多少?

我们可以把问题抽象,给出以下模型假设:

假设 1:每间客房的定价最高为 160 元;

假设 2:根据题目提供的数据,设随着房价的下降,住房率呈线性增长;

假设 3:宾馆每间客房定价相同.

然后,建立如下的模型:

设y表示宾馆一天的总收入,与 160 元相比,每间客房降低的房价为x元.由上述模型假设 2 可得,每降低 1 元房价,住房率就增加 0.005. 因此

$$y = 150(160 - x)(0.55 + 0.005x)$$

由$0.55 + 0.005x \leqslant 1$,可知$0 \leqslant x \leqslant 90$.

于是,问题转化为求当$0 \leqslant x \leqslant 90$时,$y$的最大值是多少?

通过前面对函数极值点的讨论可以发现,极值点一定是区间内部的点,不可能在端点取到.然而,函数的最值点,却没有这个限制,可以在区间内部取到,也可以在区间端点取到.而且,闭区间上的连续函数一定有最大值与最小值.

因此,要求连续函数在$[a,b]$上的最值,可以求出函数在左、右两端点的函数值

以及可能的极值点(驻点及导数不存在点)的函数值,则其最大者为最大值,最小者为最小值.

下面三种情况是很有用的,值得注意:

(1) 如果连续函数在(a,b)内为单峰函数,即仅有一个极大值,而无极小值,则此极大值就是$f(x)$在$[a,b]$上的最大值;如果连续函数在(a,b)内为单谷函数,即只有一个极小值,而无极大值,则此极小值就是$f(x)$在$[a,b]$上最小值.

(2) 如果$f(x)$在$[a,b]$上单调增加,则$f(a)$、$f(b)$分别为$f(x)$在$[a,b]$上最小值和最大值;如果$f(x)$在$[a,b]$上单调减少,则$f(a)$、$f(b)$分别为$f(x)$在$[a,b]$上的最大值和最小值.

(3) 在实际问题中,可以根据问题实际意义,判断出可导函数$f(x)$在定义区间内必有最大值(或最小值),而函数在定义区间内只有一个驻点,则不必讨论,就可断定在该点处函数取得最大值(或最小值).

现在我们来求解上述宾馆定价问题模型.问题已经转化为求函数

$$y = 150(160 - x)(0.55 + 0.005x)$$

在区间$[0,90]$上的最大值问题.

解　先求出可能的极值点

令$y' = 37.5 - 1.5x = 0$得唯一驻点$x = 25$,然后比较驻点及区间端点的函数值

$$f(0) = 13\,200,\ f(25) = 13\,668.75,\ f(90) = 10\,500$$

可见,$x = 25$时函数y取最大值,即最大收入对应的住房定价为135元,相应的住房率为67.5%,最大收入为13 668.75元.

此例中,由实际背景可以确定它一定有一个最大值存在,而且此函数又有唯一的驻点,所以可以不用讨论,此唯一的驻点就是最大值点.

例6　如图2-7所示,铁路AB段长100千米,工厂C距A处20千米,AB与AC垂直,欲在AB上选一点D,向工厂C修一条公路,已知铁路上每千米运费与公路上每千米运费之比为3∶5. 要使货物从供应站B运到工厂C的运费最少,问D选在距A多远处?

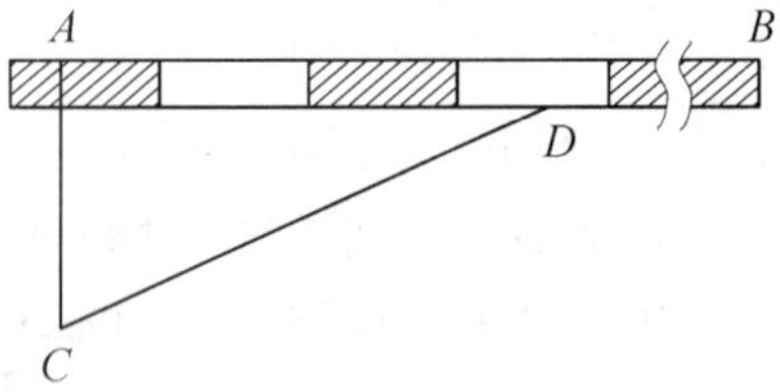

图2-7

解　设$AD = x$千米,则$BD = 100 - x$千米,$CD = \sqrt{400 + x^2}$千米,设铁路每千米运费为$3k$,公路每千米运费为$5k$,货物从B运到C的总运费为$y = f(x)$,则

$$y = f(x) = 5k\sqrt{400 + x^2} + 3k(100 - x)\quad(0 \leqslant x \leqslant 100)$$

求导得

$$y' = k\left(\frac{5x}{\sqrt{400 + x^2}} - 3\right)$$

令 $y' = 0$,解得 $x = 15$.由于函数 $f(x)$ 在区间 $(0,100)$ 内只有唯一驻点 $x = 15$,由问题的实际意义,$f(x)$ 必有最小值,且必在 $(0,100)$ 内部取得,故 $x = 15$ 时,取 D 点可使 $f(x)$ 在 $[0,100]$ 取得最小值,即运费最少.

例 7 某房地产公司有 50 套公寓要出租,当租金定为每月 180 元时,公寓会全部租出去.当租金每月增加 10 元时,就有一套公寓租不出去,而租出去的房子每月需花费 20 元的整修维护费.试问房租定为多少可获得最大收入?

解 设房租为每月 x 元,则租出去的房子有 $50 - \left(\frac{x - 180}{10}\right)$ 套,每月总收入为

$$R(x) = (x - 20)\left(50 - \frac{x - 180}{10}\right) = (x - 20)\left(68 - \frac{x}{10}\right),$$

$$R'(x) = \left(68 - \frac{x}{10}\right) + (x - 20)\left(-\frac{1}{10}\right) = 70 - \frac{x}{5}$$

由 $R'(x) = 0$,得 $x = 350$(唯一驻点).

故每月每套租金为 350 元时收入最高.最大收入为 $R(350) = 10\ 890$(元).

习题 2.3

1. 确定下列函数的单调区间:

(1) $f(x) = (1 + x^2)e^{-x^2}$　　(2) $f(x) = x\sqrt{6 - x}$

(3) $f(x) = \frac{x^2}{1 + x^2}$　　(4) $f(x) = \begin{cases}(x + 3)^2, & x \leqslant -1 \\ 3x + 3, & x > -1\end{cases}$

(5) $f(x) = 2x^3 - 6x^2 - 18x - 7$　　(6) $f(x) = 2x + \frac{8}{x}(x > 0)$

2. 求下列函数的极值:

(1) $y = x^3 - 3x^2 + 7$　　(2) $y = (x - 3)^2(x - 2)$

(3) $y = x - \ln(1 + x)$　　(4) $y = \sqrt{2 + x - x^2}$

(5) $y = \frac{1 + 3x}{\sqrt{4 + 5x^2}}$　　(6) $y = \frac{3x^2 + 4x + 4}{x^2 + x + 1}$

3. 求下列函数在所给区间上的最值:

(1) $y = x^4 - 4x^3 + 8, [-1,1]$　　(2) $y = \frac{x^2}{1 + x^2}, \left[-\frac{1}{2},1\right]$

4. 某农夫要用 120 米长的篱笆沿河岸围一矩形篱笆地块.其矩形的尺寸是多少

将使其面积最大？其最大面积是多少？（注意，农夫不必沿河岸做篱笆.）

5. 生产一种商品，每件成本 200 元，如果每件以 250 元出售，则每月可卖出 3 600 件；如果每件加价 1 元，则每月少卖出 240 件；如果每件少卖 1 元，则每月可多卖出 240 件，超过 1 元也以此类推.问每件售多少元时可使每月获利最大？最大利润是多少？

§ 2.4　导数在经济学中的应用

边际和弹性是经济学中的两个重要概念.由于许多经济变量不仅可以看成是连续变化的，而且还是可导的，因此，我们可用导数的概念来研究经济变量的边际和弹性，相应地称之为边际分析与弹性分析.

1. 边际分析

在经济分析中，通常用到"边际"这个概念."边际"表示在自变量 x 的某一个值的"边际"上因变量 y 的变化情况，即自变量在一个定值上发生微小变化时，因变量 y 的变化情况.

一般地，假设总成本函数 $C = C(Q)$ 是可导的，总成本函数的边际成本表示生产最后增加的那个单位产品所花费的成本.在数值上，就是当产量为 Q 时，每增加或减少一个单位产品而使总成本变动的数值.边际成本记为 MC(*Marginal Cost*).当产量为 Q 时，由(2 - 8) 式，有

$$MC = \Delta C = C(Q + 1) - C(Q) \approx C'(Q)$$

因此，经济学上，总成本函数的导数称为边际成本.类似地，收入函数的导数称为边际收入，利润函数的导数称为边际利润."边际"就是导数的经济学解释.

例 1　设总成本函数为 $C = C(Q) = 2Q^3 - 12Q^2 + 30Q$.求 $Q = 2$ 与 $Q = 5$ 时的边际成本，并解释其意义.

解　边际成本函数为：

$$MC = C'(Q) = 6Q^2 - 24Q + 30$$

它是 Q 的函数，说明在不同的产量基础上，每增加单位产品，总成本的增加额是不同的.

当 $Q = 2$ 时，$MC = 6$，说明在产量为 2 个单位的基础上，若再生产一个单位产量时，总成本将增加 6 个单位.

当 $Q = 5$ 时，$MC = 60$，说明在产量为 5 个单位的基础上，若再生产一个单位产量时，总成本将增加 60 个单位.

例 2　已知某产品产量为 Q 件时，总成本函数为 $C(Q) = 2Q^3 - 12Q^2 + 30Q$，求最小平均成本和最小边际成本.

解　平均成本函数为：$AC = \dfrac{C(Q)}{Q} = 2Q^2 - 12Q + 30.$

$M(AC)=4Q-12$，令 $M(AC)=0$，解得唯一驻点 $Q=3$，故最小平均成本 $AC|_{Q=3}=12$.

边际成本函数为：$MC=C'(Q)=6Q^2-24Q+30$，$(MC)'=12Q-24$.

令 $(MC)'=0$，得唯一驻点 $Q=2$，故最小边际成本 $MC|_{Q=2}=6$.

例3 向一家公司订购某种批发小商品，如果订购量不超过 40 000 件，则每千件价格为 240 元；如果订购量超过 40 000 件，则每超过 1 000 件价格可下浮 1.25%. 问订单多大时，该公司销售收入最大？

解 设订单为 Q 千件，则

当 $Q\leqslant 40$ 时，销售收入为 $R(Q)=240Q$ 元；

当 $Q>40$ 时，销售收入为

$$R(Q)=240\times[1-1.25\%\times(Q-40)]\times Q=[240-3(Q-40)]Q=-3Q^2+360Q\text{ 元}$$

即

$$R(Q)=\begin{cases}240Q, & 0\leqslant Q\leqslant 40\\ -3Q^2+360Q, & Q>40\end{cases}$$

当 $Q>40$ 时，$R'(Q)=-6Q+360$，令 $R'(Q)=0$，解得 $Q=60$. 由于 $R''=-6<0$，所以 $Q=60$ 为极大值点. 不难判断，$Q=60$ 也是最大值点，即当订货量为 60 000 件时，公司销售收入最大.

如果用 $R(x)$ 表示收益函数，$C(x)$ 表示成本函数，则利润函数 $L(x)=R(x)-C(x)$.

为了求得最大利润，令 $L'(x)=R'(x)-C'(x)=0$，可得 $R'(x)=C'(x)$. 为确保 $L(x)$ 在此条件下达到最大，当然希望还有 $L''(x)=R''(x)-C''(x)<0$. 所以，$R'(x)=C'(x)$ 且 $R''(x)<C''(x)$ 就是**利润最大原则**.

例4 某产品的需求函数为 $P=10-\dfrac{x}{5}$，成本函数为 $C(x)=50+2x$. 问产量 x 为多少时利润最大？

解 因为 $P=10-\dfrac{x}{5}$，所以 $R(x)=xP(x)=10x-\dfrac{x^2}{5}$.

利润函数 $L(x)=R(x)-C(x)=8x-\dfrac{x^2}{5}-50$，且有 $L'(x)=8-\dfrac{2}{5}x$，$L''(x)=-\dfrac{2}{5}$.

令 $L'(x)=0$，解得 $x=20$，且 $L''(20)<0$，所以当 $x=20$ 时，总利润 $L(x)$ 最大.

不难验证，此时有 $R'(20)=C'(20)$；$R''(20)=-\dfrac{2}{5}<C''(20)=0$. 符合最大利润原则.

例5 某种商品价格 $P=21-0.6Q$（万元/吨），成本函数 $C(Q)=9Q+3$（万元），Q 为销售量. 若每销售一吨商品要纳税 t（万元），问：商家获得最大利润时的销售量和价格各是多少？t 为多少时，纳税总额最大？

解 商家的税后利润为 $L(Q)=R(Q)-C(Q)-T(Q)$

$$
\begin{aligned}
&= PQ - (9Q + 3) - tQ \\
&= (21 - 0.6Q)Q - 9Q - 3 - tQ \\
&= -0.6Q^2 + (12 - t)Q - 3
\end{aligned}
$$

$$L'(Q) = -1.2Q + 12 - t$$

令 $L'(Q)=0$，解得唯一驻点 $Q=\frac{5}{6}(12-t)$. 故商家获得最大利润时销售量为 $Q=\frac{5}{6}(12-t)$（吨）. 价格应定为 $P=21-0.6\times\frac{5}{6}(12-t)=15-\frac{1}{2}t$（万元／吨）.

在以商家的最大利润为原则定价后，纳税总额

$$T = tQ = \frac{5}{6}(12-t)t = -\frac{5}{6}t^2 + 10t$$

令 $T' = -\frac{5}{3}t + 10 = 0$，得 $t = 6$，即每吨商品征税 6 万元时，税收总额最大.

2. 弹性

弹性是用来描述一个经济变量对另一个经济变量变化时，它所做出反应的强弱程度. 通俗来讲，弹性就是用来描述当一个量变化了百分之一，另一个量变化了百分之多少的一个量，即相对变化率的比值.

若函数 $y=f(x)$ 在点 $x_0(x_0\neq 0)$ 的某邻域内有定义，且 $f(x_0)\neq 0$，则称 Δx 和 Δy 分别是 x 和函数 y 在点 x_0 处的绝对增量，并称 $\frac{\Delta x}{x_0}$ 与 $\frac{\Delta y}{y_0}=\frac{f(x_0+\Delta x)-f(x_0)}{f(x_0)}$ 分别为自变量 x 与函数 y 在点 x_0 处的相对增量（或相对变化率）.

定义 2.4　设 $y=f(x)$，当 $\Delta x\to 0$ 时，极限 $\lim\limits_{\Delta x\to 0}\dfrac{\frac{\Delta y}{y_0}}{\frac{\Delta x}{x_0}}$ 存在，则称此极限值为函数 $f(x)$ 在点 x_0 处的弹性，记为 $\varepsilon(x_0)$，即

$$\varepsilon(x_0) = \lim_{\Delta x\to 0}\frac{\frac{\Delta y}{y_0}}{\frac{\Delta x}{x_0}} = \frac{x_0}{y_0}\lim_{\Delta x\to 0}\frac{\Delta y}{\Delta x} \tag{2-9}$$

由定义 2.4 可知：

（1）若 $y=f(x)$ 在 x_0 处可导，则它在点 x_0 处的弹性为

$$\varepsilon(x_0) = x_0\cdot\frac{f'(x_0)}{f(x_0)} \tag{2-10}$$

（2）$\varepsilon(x_0)$ 的经济意义是：在 x_0 处，当 x 产生 1% 的改变时，$f(x)$ 就会产生 $\varepsilon(x_0)$% 的改变；当 $\varepsilon(x_0)>0(<0)$ 时，x 与 y 的变化方向相同（相反）. 这是因为由（2－9）式知，当 Δx 很小时，有

$$\varepsilon(x_0) \approx \frac{\frac{\Delta y}{y_0}}{\frac{\Delta x}{x_0}}$$

即

$$\frac{\Delta y}{y_0} \approx \varepsilon(x_0)\frac{\Delta x}{x_0}.$$

在经济学中，需求函数 $Q = Q(p)$ 关于价格 p 的弹性，称为需求弹性（或需求价格弹性），记为 $\varepsilon(p)$. 由（2 - 10）式，有

$$\varepsilon(p) = p \cdot \frac{Q'(p)}{Q(p)} = \frac{p}{Q} \cdot \frac{dQ}{dp} \tag{2 - 11}$$

例 6 设需求函数 $Q = 100(6 - p)\ (0 < p < 6)$. 求价格 $p = 1.5, 3, 4$ 时的需求价格弹性，并说明在这几种情况下应如何调整商品的价格使总收入增加.

解 $Q'(p) = -100, \varepsilon(p) = \frac{p}{Q}Q'(p) = \frac{p}{p-6}$.

当 $p = 1.5$ 时，$\varepsilon(1.5) = \frac{1.5}{1.5-6} \approx -0.33$，说明此时价格上涨 1%，需求量只减少 0.33%. 一般地，当 $|\varepsilon(p)| < 1$ 时，需求变动的幅度小于价格变动的幅度，我们称之为低弹性. 此时，降价使总收益减少，提价使总收入增加.

当 $p = 3$ 时，$\varepsilon(3) = \frac{3}{3-6} = -1$，此时提价 1%，需求量也减少 1%. 当 $|\varepsilon(p)| = 1$ 时，需求变动的幅度等于价格变动的幅度，我们称之为单位弹性，这时提价或者降价对总收入没有影响.

当 $p = 4$ 时，$\varepsilon(4) = \frac{4}{4-6} = -2$，此时提价 1%，需求量将减少 2%. 当 $|\varepsilon(p)| > 1$ 时，需求变动的幅度大于价格变动的幅度，我们称之为高弹性. 此时，降价将使总收益增加，提价将使总收益减少.

例 7 根据统计资料表明，某类商品的需求量为 2 660 单位，需求价格弹性为 − 1.4. 若该商品价格计划上涨 8%（假设其他条件不变），问该商品的需求量会降低多少？

解 设某商品的需求量为 Q，其在价格上涨时的改变量为 ΔQ，则有

$$\Delta Q \approx \varepsilon_p \cdot \frac{\Delta p}{p} \cdot Q = -1.4 \times 8\% \times 2\,660 = -298 \text{（单位）}$$

因此，估计涨价后的需求量会减少 298 单位.

当然，我们也可用类似的方法，对供给函数、成本函数等常用经济函数进行弹性分析，以预测市场的饱和状态及商品的价格变动等.

3. 函数最值在经济中的应用

在经济管理中，需要寻求企业的最小生产成本或制定获得最大利润的一系列价

格策略等,这些问题,都可归结为求函数的最值.下面举例说明函数最值在经济上的应用.

(1) 平均成本最小

例 8　某工厂生产产量为 x(件) 时,生产成本函数(元) 为

$$C(x)=9\,000+40x+0.001x^2$$

求该厂生产多少件产品时,平均成本达到最小? 并求出其最小平均成本和相应的边际成本.

解　平均成本函数是

$$\bar{C}(x)=\frac{C(x)}{x}=\frac{9\,000}{x}+40+0.001x$$

求导得

$$\bar{C}'(x)=-\frac{9\,000}{x^2}+0.001$$

令 $\bar{C}'(x)=0$,得驻点 $x=3\,000$.

因为 $\bar{C}''(3\,000)=\dfrac{18\,000}{3\,000^3}>0$,且驻点唯一,极小值即最小值.

所以,当产量 $x=3\,000$ 件时,平均成本达到最小,且最小平均成本为

$$\bar{C}(3\,000)=\frac{9\,000}{3\,000}+40+0.001\times3\,000=46(\text{元/件}).$$

又因为边际成本函数为

$$C'(x)=40+0.002x$$

所以,$x=3\,000$,相应的边际成本值为

$$C'(3\,000)=40+0.002\times3\,000=46\ (\text{元/件}).$$

可见,最小平均成本等于其相应的边际成本.

(2) 最大利润

设成本函数为 $C(x)$,收益函数为 $R(x)$,其中 x 为产量,则在假设产量和销量一致的情况下,利润函数

$$L(x)=R(x)-C(x)$$

假设产量为 x_0 时,利润达到最大,则由极值的必要条件和极值的第二充分条件,$L(x)$ 必定满足:

$$L'(x)\big|_{x=x_0}=R'(x_0)-C'(x_0)=0$$
$$L''(x)\big|_{x=x_0}=R''(x_0)-C''(x_0)<0$$

因此,只要函数 $L(x)$ 在 $x=x_0$ 处满足上面两个条件,它在 $x=x_0$ 处就必定会达到最大.

例 9　某商家销售某种商品的价格满足关系 $p=7-0.2x$(万元/吨),且 x 为销售量(单位:吨)、商品的成本函数为 $C(x)=3x+1$(万元).

(1) 若每销售一吨商品,政府要征税 t(万元),求该商家获最大利润时的销售量;

(2) t 为何值时,政府税收总额最大.

解 (1) 设该商品的销售量为 x,销售收入为 $R(x)$,政府的税收总额为 T,商家的利润总额为 $L(x)$,则有

$$R(x)=p\cdot x=7x-0.02x^2,T=t\cdot x.$$

于是,得

$$L(x)=R(x)-T-C(x)=-0.2x^2+(4-t)x-1.$$

令 $L'(x)=-0.4x+4-t=0$,则得驻点为 $x=\frac{5}{2}(4-t)$.

又因为 $L''(x)=-0.4<0$,且驻点 $x=\frac{5}{2}(4-t)$ 唯一,所以 $L(x)$ 在 $x=\frac{5}{2}(4-t)$ 时取得最大值,即 $x=\frac{5}{2}(4-t)$ 是使商家获得最大利润的销售量.

(2) 由(1) 的结果知,政府税收总额为

$$T=t\cdot x=\frac{5}{2}(4-t)t=10-\frac{5}{2}(t-2)^2$$

从上式不难看出,当 $t=2$ 时,政府税收总额最大.

必须指出的是:为了使商家在纳税的情况下仍能获得最大利润,就应使 $x=\frac{5}{2}(4-t)>0$,即 t 满足限制 $0<t<4$.显然 $t=2$ 并未超出 t 的限制范围.

(3) 最佳存款利息

例 10 某家银行,准备新设某种定期存款业务.假设存款量与利率成正比,经预测贷款投资的收益率为 16%,那么存款利息定为多少时,才能收到最大的贷款纯收益?

解 设存款利率为 x,存款总额为 M,则由 M 与 x 成正比,得

$$M=kx \quad (k\text{ 是正常数})$$

若贷款总额为 M,则银行的贷款收益为 $0.16M=0.16kx$.

因为,这笔贷款 M 要付给存户的利息为 $xM=kx^2$,所以,银行的贷款纯收益为 $f(x)=0.16kx-kx^2$.

令 $f'(x)=0.16k-2kx=0$,则得驻点 $x=0.08$.

由 $f''(x)=-2k<0$ 和驻点唯一知,$x=0.08$ 是 $f(x)$ 的最大值点.

因此,当存款利率为 8% 时,可创最高贷款纯收入.

(4) 最佳批量和批数

例 11 某厂年需某种零件 8 000 个,需分期分批外购,然后均匀投入使用(此时平均库存量为批量的一半).若每次订货的手续费为 40 元,每个零件一年的库存费为 4 元.试求最经济的订货批量和进货批数.

解 设每年的库存费和订货的手续费之和为 $C(x)$,进货的批数为 x,则批量为 $\frac{8\,000}{x}$ 个,且

$$C(x)=\frac{8\ 000}{x}\times\frac{1}{2}\times 4+40x=\frac{1\ 600}{x}+40x.$$

令 $C'(x)=-\frac{1\ 600}{x^2}+40=0$,则得唯一驻点 $x=20$.

于是,由 $C'(x)=\frac{3\ 200}{x^3}>0$ 知,驻点为极小值点.

因此,当进货的批数为 20 批,订货批量为 400 个时,每年的库存费和订货的手续费最少 —— 最经济.

企业在正常生产的经营活动中,库存是必要的,但库存太多会使资金积压、商品陈旧变质造成浪费.因此,确定最优(最适当)的库存量是很重要的.

例 12　某人利用原材料每天要制作 5 个贮藏橱.假设外来木材的运送成本为 6 000 元,而贮存每个单位材料的成本为 8 元.为使他在两次运送期间的制作周期内平均每天的成本最小,每次他应该订多少原材料以及多长时间订一次货?

解　设每 x 天订一次货,那么在运送周期内必须订 $5x$ 单位材料.而平均贮存量大约为运送数量的一半,即$\frac{5x}{2}$.因此

$$\text{每个周期的成本}=\text{运送成本}+\text{贮存成本}=6\ 000+\frac{5x}{2}\cdot x\cdot 8$$

$$\text{平均成本}\ \bar{C}(x)=\frac{\text{每个周期的成本}}{x}=\frac{6\ 000}{x}+20x,(x>0)$$

由 $\bar{C}'(x)=-\frac{6\ 000}{x^2}+20$,解方程 $\bar{C}'(x)=0$,得驻点

$$x_1=10\sqrt{3}\approx 17.32,x_2=-10\sqrt{3}\approx -17.32(\text{舍去}).$$

因 $\bar{C}''(x)=\frac{12\ 000}{x^3}$,则 $\bar{C}''(x_1)>0$,所以在 $x_1=10\sqrt{3}\approx 17.32$ 天处取得最小值.

贮藏橱制作者应该安排每隔 17 天运送外来木材 $5\times 17=85$ 单位材料.

习题 2.4

1. 设某产品的价格 p 与需求量 Q 的关系为 $p=10-\frac{Q}{5}$.

(1) 求需求量为 20 及 30 时的收益 R、平均收益 $\bar{R}$ 及边际收益 R';

(2) 当 Q 为多少时,收益最大?

2. 某厂生产某种产品,总成本函数为 $C(x)=200+4x+0.05x^2$ 元.

(1) 指出固定成本、可变成本.

(2) 求边际成本函数及产量 $x=200$ 时的边际成本.

(3) 说明其经济意义.

3. 已知某商品的成本函数为 $C(Q)=1\ 000+\frac{Q^2}{10}$,其中 Q 为产量.

(1) 求当 $Q=120$ 时的总成本、平均成本及边际成本.

(2) 当日产量 Q 为多少时平均成本最小,并求最小平均成本.

4. 求函数 $y=120e^{4x}$ 的弹性函数.

5. 设某商品的需求函数为其价格 p 的函数 $Q=e^{-\frac{p}{3}}$,求:

(1) 需求弹性函数.

(2) 在 $p=3$,$p=6$ 处的弹性,并说明其经济意义.

6. 设某商品的需求量 Q 对价格 p 的函数为 $Q=50\ 000e^{-2p}$.

(1) 求需求弹性.

(2) 当商品的价格 $p=10$ 元时,再增加1%,求商品需求量的变化情况.

7. 已知某企业某种产品的需求弹性在1.3至2.1之间,如果该企业准备明年将价格降低10%,问这种商品的销售量预期会增加多少?收入会增加多少?

8. 某食品加工厂生产某类食品的成本 C(元)是日产量 x(千克)的函数

$$C(x)=1\ 600+4.5x+0.01x^2$$

问该产品每天生产多少千克时,才能使平均成本达到最小值?

9. 某化肥厂生产某类化肥,其成本函数为 $C(x)=1\ 000+60x-0.3x^2+0.001x^3$(元).需求函数为 $x=800-\frac{20}{3}p$(吨).问销售量为多少时,可获最大利润,此时的价格为多少?

10. 某公司正在生产一新款冰箱.它确定,为了卖出 x 台冰箱,每台价格应为 $p=280-0.4x$.同时还确定,生产 x 台冰箱的总成本可表示成 $C(x)=5\ 000+0.6x^2$.为最大化利润,公司应生产并销售多少台冰箱?最大利润是多少?为获得这个最大利润,其冰箱单价应定为多少?

§2.5 微分

先分析一个具体问题.一块正方形金属薄片受到温度变化的影响,其边长由 x_0 变到 $x_0+\Delta x$(见图2-8),问此薄片的面积改变了多少?

设此薄片的边长为 x,面积为 A,则 A 为 x 的函数:$A=x^2$.薄片受温度变化的影响时面积的改变量,可以看成当自变量 x 自 x_0 取得增量 Δx 时,面积 A 相应的增量 ΔA,即

$$\Delta A=(x_0+\Delta x)^2-x_0{}^2=2x_0\Delta x+(\Delta x)^2.$$

从上述薄片面积的改变量可以看出,ΔA 分成两部分,第一部分 $2x_0\Delta x$ 是 Δx 的线性函数,即图2-8中阴影部分的两个矩形面积之和,而第二部分 $(\Delta x)^2$ 是图2-8中

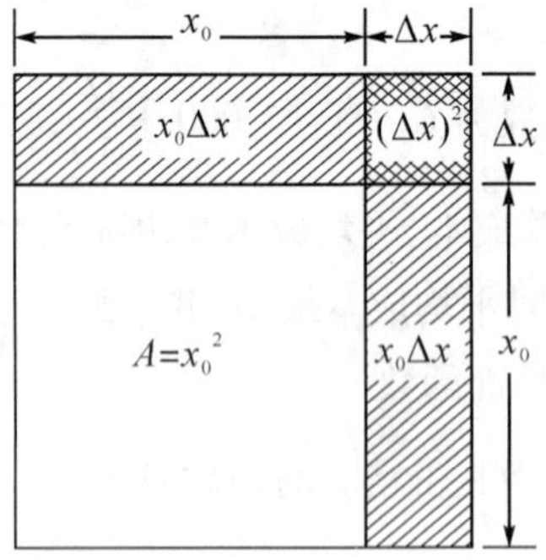

图 2 - 8

阴影部分的小正方形的面积, 当 $\Delta x \to 0$ 时, 第二部分 $(\Delta x)^2$ 与 Δx 比值的极限 $\lim\limits_{\Delta x\to 0}\dfrac{(\Delta x)^2}{\Delta x}=\lim\limits_{\Delta x\to 0}\Delta x=0$,我们称 $(\Delta x)^2$ 是比 Δx 高阶的无穷小,记为 $(\Delta x)^2=o(\Delta x)$.由此可见,如果边长改变微小,即当 $|\Delta x|$ 很小时,面积的改变量 ΔA 可以近似地用第一部分来代替.

注意　极限为零的变量称为无穷小量,简称无穷小.无穷小量是相对于自变量的某一变化过程而言的.例如 $\dfrac{1}{x}$,当 $x\to\infty$ 时是无穷小量;当 $x\to 1$ 时就不是无穷小量了.

在理论研究和实际应用中,常常会遇到这样的问题:当自变量 x_0 有微小变化 Δx 时,求函数 $y=f(x)$ 的微小改变量

$$\Delta y=f(x_0+\Delta x)-f(x_0).$$

这个问题初看起来似乎只要做减法运算就可以了, 然而, 对于较复杂的函数 $f(x)$,差值 $f(x_0+\Delta x)-f(x_0)$ 却是一个更复杂的表达式,不易求出其值.一个想法是:我们设法将 Δy 表示成 Δx 的线性函数,即线性化,从而把复杂问题化为简单问题.微分就是实现这种线性化的一种数学模型.

1. 微分的定义

定义 2.5　设函数 $y=f(x)$ 在某区间内有定义,x_0 及 $x_0+\Delta x$ 在这区间内,如果函数的增量

$$\Delta y=f(x_0+\Delta x)-f(x_0)$$

可表示为

$$\Delta y=A\Delta x+o(\Delta x),$$

其中 A 是不依赖于 Δx 的常数,而 $o(\Delta x)$ 是比 Δx 高阶的无穷小,那么称函数 $y=f(x)$ 在点 x_0 是可微分的,而 $A\Delta x$ 叫做函数 $y=f(x)$ 在点 x_0 相应于自变量增量 Δx 的微分,记作 dy,即 $dy=A\Delta x$.

显然,微分 dy 是 Δx 的线性函数,且 $\Delta y\approx dy$.

那么,函数 $y=f(x)$ 满足什么条件才可微分呢?如何求出一个函数的微分?对这些问题,我们有以下结论.

定理 2.10 函数 $f(x)$ 在点 x 处可微分的充分必要条件是函数 $f(x)$ 在点 x 处可导,且

$$dy=f'(x)\Delta x$$

由于 $(x)'=1$,所以自变量 x 的微分 $dx=(x)'\Delta x=\Delta x$.于是函数 $y=f(x)$ 的微分又可记作

$$dy=f'(x)dx$$

从而有

$$\frac{dy}{dx}=f'(x)$$

例 1 求函数 $y=x^2$ 当 x 由 1 改变到 1.01 的微分.

解 因为 $dy=(x^2)'dx=2xdx$,由题设条件知 $x=1,dx=1.01-1=0.01$,

所以 $dy=2\times1\times0.01=0.02$.

例 2 求函数 $y=x^3$ 在 $x=2$ 处的微分.

解 由于

$$dy=y'dx=3x^2dx$$

当 $x=2$ 时,有

$$dy\big|_{x=2}=(3x^2)\big|_{x=2}dx=12dx$$

2. 微分的几何意义

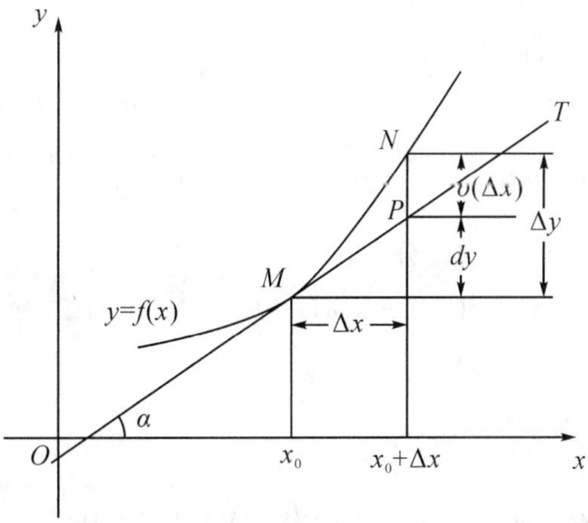

图 2-9

在直角坐标系中,函数 $y=f(x)$ 的图形是一条曲线.对于某一固定的 x_0,曲线上有一个确定的点 $M(x_0,y_0)$,当自变量 x 有微小增量 Δx 时,就得到曲线上另一点 $N(x_0+\Delta x,y_0+\Delta y)$.过点 M 作曲线的切线 MT.由图 2-9 可知,当 Δy 是曲线的纵坐

标增量时，dy 就是切线纵坐标增量. 当 $|\Delta x|$ 很小时，在点 M 的附近，切线段 MP 可近似代替曲线段 MN.

3. 基本微分公式

从函数微分的表达式

$$dy=f'(x)dx$$

可以看出，要计算函数的微分，只要计算函数的导数，再乘以自变量的微分. 因此，可得到如下基本微分公式：

(1) $dC=0$,　　(2) $d(x^{\mu})=\mu x^{\mu-1}dx$,

(3) $d(\sin x)=\cos x dx$,　　(4) $d(\cos x)=-\sin x dx$,

(5) $d(\tan x)=\sec^2 x dx$,　　(6) $d(\cot x)=-\csc^2 x dx$,

(7) $d(\sec x)=\sec x\tan x dx$,　　(8) $d(\csc x)=-\csc x\cot x dx$,

(9) $d(a^x)=a^x\ln a dx$,　　(10) $d(e^x)=e^x dx$,

(11) $d(\log_a x)=\dfrac{1}{x\ln a}dx=\dfrac{1}{x}\log_a e dx$,　　(12) $d(\ln x)=\dfrac{1}{x}dx$,

(13) $d(\arcsin x)=\dfrac{1}{\sqrt{1-x^2}}dx$,　　(14) $d(\arccos x)=-\dfrac{1}{\sqrt{1-x^2}}dx$,

(15) $d(\arctan x)=\dfrac{1}{1+x^2}dx$,　　(16) $d(\text{arccot}\, x)=-\dfrac{1}{1+x^2}dx$.

4. 微分四则运算法则

根据微分的定义，结合函数和、差、积、商的求导法则，可推得相应的微分法则（设 $u=u(x)$，$v=v(x)$ 都可导）：

(1) $d(u\pm v)=du\pm dv$,　　(2) $d(Cu)=Cdu$（C 是常数），

(3) $d(uv)=vdu+udv$,　　(4) $d\left(\dfrac{u}{v}\right)=\dfrac{vdu-udv}{v^2}$ $(v\neq 0)$.

例 3　求函数 $y=x^3e^{2x}$ 的微分.

解　$dy=d(x^3e^{2x})=e^{2x}d(x^3)+x^3d(e^{2x})=3x^2e^{2x}dx+2x^3e^{2x}dx$

$=x^2e^{2x}(3+2x)dx$

例 4　求函数 $y=\dfrac{\sin x}{x}$ 的微分.

解　$dy=d\left(\dfrac{\sin x}{x}\right)=\dfrac{xd(\sin x)-\sin x dx}{x^2}=\dfrac{x\cos x-\sin x}{x^2}dx$

习题 2.5

1. 求下列函数的微分:

(1) $y = 5x^2 + 3x + 1$

(2) $y = (x^2 + 2x)(x - 4)$

(3) $y = x^2 e^{2x}$

(4) $y = e^x \sin^2 x$

(5) $y = \arctan\sqrt{x}$

(6) $y = \ln\sqrt{1 - x^2}$

2. 将适当的函数填入下列括号内,使等式成立:

(1) $d(\quad) = 2dx$

(2) $d(\quad) = 3xdx$

(3) $d(\quad) = \cos tdt$

(4) $d(\quad) = \sin\omega xdx$

(5) $d(\quad) = \frac{1}{1+x}dx$

(6) $d(\quad) = e^{-2x}dx$

3. 若函数 $y = x^2 + 1$,在 $x = 1$ 处,$\Delta x = 0.01$,试计算 dy,Δy 及 $\Delta y - dy$.

4. 设 $y = x^2\ln x^2 + \cos x$,求 $dy\big|_{x=1}$.

本章总习题

1. 单项选择题:

(1) 设 $f(x)$ 在 x_0 处可导,则 $\lim\limits_{\Delta x\to 0}\frac{f(x_0 - \Delta x) - f(x_0)}{\Delta x} = (\quad)$.

(A) $-f'(x_0)$

(B) $f'(-x_0)$

(C) $f'(x_0)$

(D) $2f'(x_0)$

(2) 设 $f(x)$ 在 x_0 处不连续,则 $f(x)$ 在 x_0 处(　　).

(A) 必不可导

(B) 一定可导

(C) 可能可导

(D) 无极限

(3) 若 $f'(x_0) = -3$,则 $\lim\limits_{h\to 0}\frac{f(x_0 + h) - f(x_0 - 3h)}{h} = (\quad)$.

(A) -3

(B) -6

(C) -9

(D) -12

(4) 下列求导运算中正确的是(　　).

(A) $\left(\frac{1}{x}\right)' = -\frac{1}{x^2}$

(B) $(3^x)' = x3^{x-1}$

(C) $\left(\sin\frac{\pi}{2}\right)' = \cos\frac{\pi}{2}$

(D) $\left(\cos\frac{\pi}{5}\right)' = -\sin\frac{\pi}{5}$

(5) 曲线 $y = x^2 + x - 2$ 在点(1,0) 处的切线方程为(　　).

(A) $y = 2(x - 1)$　　(B) $y = 4(x - 1)$

(C) $y = 4x - 1$　　(D) $y = 3(x - 1)$

(6) $f(x) = \begin{cases} \ln(1 + x), & -1 < x \leqslant 0 \\ \sqrt{1 + 2x} - 1, & x > 0 \end{cases}$ 在 $x = 0$ 处(　　).

(A) 不可导　　(B) 可导且 $f'(0) = 2$

(C) 可导且 $f'(0) = -1$　　(D) 可导且 $f'(0) = 1$

(7) 当 $|\Delta x|$ 充分小, $f'(x_0) \neq 0$ 时,函数的改变量 Δy 与微分 $dy = f'(x_0)\Delta x$ 的关系是(　　).

(A) $\Delta y = dy$　　(B) $\Delta y < dy$

(C) $\Delta y > dy$　　(D) $\Delta y \approx dy$

(8) 函数 $y = f(x)$ 在点 x 处有增量 $\Delta x = 0.2$,对应函数增量的主部等于 0.8,则 $f'(x) =$ (　　).

(A) 0.4　　(B) 0.16

(C) 4　　(D) 1.6

(9) 函数 $y = x - e^x$ 的单调递增区间为(　　).

(A) $(-\infty, 0)$　　(B) $(0, +\infty)$

(C) $(-\infty, +\infty)$　　(D) 以上答案都不对

(10) 关于函数的极值下列说法正确的是(　　).

(A) 极小值就是函数的最小值

(B) 极大值就是函数的最大值

(C) 函数的极大值一定大于它的极小值

(D) 函数的极大值可能小于它的极小值

(11) 函数 $y = \dfrac{x^2}{1 + x}$ 在 $\left[-\dfrac{1}{2}, 1\right]$ 上的最小值是(　　).

(A) 0　　(B) $\dfrac{1}{6}$

(C) $\dfrac{1}{2}$　　(D) 1

(12) 如果函数 $y = f(x)$ 在区间 (a,b) 内连续且单调递减,则 $y = f(x)$ 在区间 $[a,b]$ 上的最大值为(　　).

(A) $f(a)$

(B) $f(b)$

(C) 介于 $f(a)$ 和 $f(b)$ 之间的某一数值

(D) 以上答案都不对

2. 已知 $f'(x_0) = -1$,求 $\lim\limits_{x \to 0} \dfrac{x}{f(x_0 - 2x) - f(x_0 - x)}$.

3. 设 $y=\dfrac{1-x}{1+x}$,求 y''.

4. 求函数 $f(x)=\dfrac{1}{3}x^3-x^2-3x+2$ 的单调区间和极值.

5. 求函数 $f(x)=\dfrac{1-x+x^2}{1+x-x^2}$ 在区间[0,1]上的最大值和最小值.

6. 职工的月生产率 M(以生产的产品数计)是可以用其供职的年数 t 的函数来表示的.对某个产品,其生产率函数可表示为

$$M(t)=-2t^2+100t+180.$$

(1) 分别求职工供职5年、10年、25年和45年后的生产率.

(2) 求边际生产率.

(3) 分别求 $t=5$、$t=10$、$t=25$ 和 $t=45$ 处的边际生产率.

7. 已知某商品的价格函数为 $p=150-\dfrac{q}{2}$ 时才能使生产出来的商品刚好卖完.成本函数为 $C=500+40q$,这里 p 为价格,q 为产量,求当 $q=100$ 时的边际利润,并说明经济意义.

8. 设某商品的需求函数为 $Q=250-25p$.

(1) 求需求弹性函数.

(2) 求在 $p=3$,$p=5$ 及 $p=8$ 处的弹性,并说明其经济意义.

9. 某工厂生产某产品,年产量为 $100x$ 台,总成本为100 000元,其中固定成本为20 000元,每生产100台成本增加10 000元,市场上每年可销售此种商品400台,其销售总收入 $R(x)$ 是 x 的函数:

$$R(x)=\begin{cases}4x-\dfrac{1}{2}x^2, & 0\leqslant x\leqslant 4\\ 8, & x>4\end{cases}.$$

问每年生产多少台时总利润最大?

10. 生产 x 件某种产品的总成本函数可表示成 $C(x)=8x+20+\dfrac{x^3}{100}$.

(1) 求边际成本 $C'(x)$.

(2) 求平均成本 $\bar{C}(x)$.

(3) 求边际平均成本 $\bar{C}'(x)$.

(4) 求 $\bar{C}(x)$ 的最小值和取最小值时的值 x_0,求 x_0 处的边际成本.

(5) 比较 $\bar{C}'(x_0)$ 和 $C'(x_0)$.

第 3 章　一元函数积分学及其应用

积分学与微分学同时建立于 17 世纪，当时主要是为了解决两类问题：一类是已知物体的加速度表示为时间的函数，求速度和距离；另一类是求曲线的长度、曲线所围成的面积、曲面围成的体积、物体的重心等问题.此类问题的研究具有久远的历史，例如，古希腊人曾用穷竭法求出了某些图形的面积和体积，我国南北朝时期的祖冲之、祖恒也曾推导出某些图形的面积和体积，而在欧洲，对此类问题的研究兴起于 17 世纪，先是穷竭法被逐渐修改，后来由于微积分的创立彻底改变了解决此类问题的方法.

另外，在经济学中，也经常需要考虑，知道一个经济变量的变化率要求一段时间内的经济总量.总量是经济系统中变量在某个周期或阶段内持续运行的积累.对于均匀变化的变量的积累，通过累加也就是普通的加法或乘法就可以求出总量.但在大多数情况下，变量的变化有快有慢、有急有缓，并不是均匀的，数学中以微元分析为核心技术的积分正好提供了寻求非均匀变量积累的模型.

§3.1　不定积分的概念与性质

在数学中，一种运算的出现通常都伴随着它的逆运算.例如，加法与减法、乘法与除法、乘方与开方等.导数也不例外，那么，求导数的逆运算又是什么呢？例如，给定一个函数 $f(x)=x^2$，我们知道 $f'(x)=(x^2)'=2x$，现在反过来考虑，哪个函数求导后是 $2x$ 呢？这个函数又怎样来称呼？为此我们要引入一个新的概念.

1. 不定积分的概念

定义 3.1　设 $f(x)$ 是定义在区间 (a,b) 内的已知函数，如果存在函数 $F(x)$，使得对于任意的 $x\in(a,b)$，都有 $F'(x)=f(x)$，则称 $F(x)$ 为 $f(x)$ 在 (a,b) 内的一个原函数.

例如，在 $(-\infty,+\infty)$ 内，有 $(x^2)'=2x$，所以 x^2 是 $2x$ 的一个原函数；不仅如此，我们很容易验证 x^2+1，x^2+17，甚至对于任意常数 C，x^2+C 的导数也都是 $2x$，所以都是 $2x$ 的原函数.而且，可以证明，$2x$ 的所有原函数都具有形式 x^2+C.

对于区间上的函数 $f(x)$，一旦我们知道它的一个原函数 $F(x)$，那么 $f(x)$ 的其他任意原函数可以表示成 $F(x)+C$ 的形式.

定义 3.2 函数 $f(x)$ 的所有原函数 $F(x)+C$ 称为 $f(x)$ 的不定积分,记作 $\int f(x)dx$,即

$$\int f(x)dx = F(x)+C$$

其中 C 是任意常数,称为积分常数.

由上述定义可知,一个函数的不定积分等于它的一个原函数加上一个任意常数 C.一个函数具备什么条件,能保证它的原函数一定存在呢?一般来说,连续函数一定有原函数.

例 1 求下列不定积分:

(1) $\int 2xdx$;　　(2) $\int \sin xdx$.

解 (1) 因为 $(x^2)'=2x$,即 x^2 是 $2x$ 的一个原函数,故 $\int 2xdx = x^2+C$;

(2) 因为 $(-\cos x)'=\sin x$,即 $-\cos x$ 是 $\sin x$ 的一个原函数,故 $\int \sin xdx = -\cos x + C$.

类似地,$\int \cos xdx = \sin x + C$.

2. 不定积分的性质

性质 1 求不定积分与求导互为逆运算.

(1) $[\int f(x)dx]' = f(x)$ 或 $d[\int f(x)dx] = f(x)dx$.

(2) $\int F'(x)dx = F(x)+C$ 或 $\int dF(x) = F(x)+C$.

由此可见,微分运算(以记号 d 表示)与求不定积分运算(简称为积分运算,以记号 $\int$ 表示)是互逆的.当记号 $\int$ 与记号 d 连在一起时,或者抵消,或者抵消后相差一个常数.

性质 2 常数因子可提到积分号之前.

$$\int af(x)dx = a\int f(x)dx.$$

性质 3 函数和(或差)的不定积分等于不定积分之和(或差).

$$\int [f(x) \pm g(x)]dx = \int f(x)dx \pm \int g(x)dx.$$

性质 4 设 $a_1, a_2, \cdots, a_n$ 是不全为零的常数,$f_1(x), f_2(x), \cdots, f_n(x)$ 可积分,则有

$$\int [a_1f_1(x)+a_2f_2(x)+\cdots+a_nf_n(x)]dx = a_1\int f_1(x)dx + a_2\int f_2(x)dx + \cdots + a_n\int f_n(x)dx$$

3. 基本积分表

根据前面导数的基本公式不难得到不定积分的基本公式如下：

(1) $\int k dx = kx + C$ (k 为常数)；

(2) $\int x^{\alpha} dx = \frac{1}{\alpha + 1}x^{\alpha+1} + C$ ($\alpha \neq -1$)；

(3) $\int \frac{1}{x}dx = \ln|x| + C$；

(4) $\int a^x dx = \frac{a^x}{\ln a} + C$；

(5) $\int e^x dx = e^x + C$；

(6) $\int \sin x dx = -\cos x + C$；

(7) $\int \cos x dx = \sin x + C$；

(8) $\int \tan x dx = -\ln|\cos x| + C$；

(9) $\int \cot x dx = \ln|\sin x| + C$；

(10) $\int \sec x dx = \ln|\sec x + \tan x| + C$；

(11) $\int \csc x dx = \ln|\csc x - \cot x| + C$；

(12) $\int \sec^2 x dx = \tan x + C$；

(13) $\int \csc^2 x dx = -\cot x + C$；

(14) $\int \sec x \tan x dx = \sec x + C$；

(15) $\int \csc x \cot x dx = -\csc x + C$；

(16) $\int \frac{1}{\sqrt{1 - x^2}}dx = \arcsin x + C$；

(17) $\int \frac{1}{\sqrt{a - x^2}}dx = \arcsin \frac{x}{a} + C$；

(18) $\int \frac{1}{1 + x^2}dx = \arctan x + C$；

(19) $\int \frac{1}{a^2 + x^2}dx = \frac{1}{a}\arctan \frac{x}{a} + C$.

利用不定积分的基本积分公式及性质求积分的方法称为**直接积分法**.

例 2　求不定积分$\int (3x^2 + 4x)\, dx$.

解

$$\begin{aligned}\int (3x^2 + 4x) dx &= \int 3x^2 dx + \int 4x dx \\ &= 3\int x^2 dx + 4\int x dx \\ &= 3\left(\frac{x^3}{3} + C_1\right) + 4\left(\frac{x^2}{2} + C_2\right) \\ &= x^3 + 2x^2 + (3C_1 + 4C_2) \\ &= x^3 + 2x^2 + C\end{aligned}$$

以上运算中，C_1，C_2 都是任意常数，最后的结果 $C = 3C_1 + 4C_2$ 仍是一个任意常数.以后，在运算过程中的任意常数不用写出，往往只在最后的不定积分号消去时，写一个任意常数 C 即可.

例 3 求下列不定积分：

(1) $\int(2x^2-\frac{3}{x}+\frac{1}{x\sqrt{x}})dx$；　　(2) $\int\frac{x^4}{1+x^2}dx$；

(3) $\int\tan^2xdx$；　　(4) $\int\frac{\sin2x}{\sin^3x\cos^3x}dx$.

解 由积分公式及性质可得：

(1) $\int(2x^2-\frac{3}{x}+\frac{1}{x\sqrt{x}})dx=\int2x^2dx-\int3x^{-1}dx+\int x^{-\frac{3}{2}}dx$

$$=\frac{2}{3}x^3+3\ln|x|-2x^{-\frac{1}{2}}+C;$$

(2) $\int\frac{x^4}{1+x^2}dx=\int\frac{x^4-1+1}{1+x^2}dx=\int\frac{(x^2+1)(x^2-1)+1}{1+x^2}dx$

$$=\int(x^2-1+\frac{1}{1+x^2})dx=\int x^2dx-\int dx+\int\frac{1}{1+x^2}dx$$

$$=\frac{1}{3}x^3-x+\arctan x+C;$$

(3) $\int\tan^2xdx=\int(\sec^2x-1)dx=\int\sec^2xdx-\int dx=\tan x-x+C$;

(4) $\int\frac{\sin2x}{\sin^3x\cos^3x}dx=\int\frac{2\sin x\cos x}{\sin^3x\cos^3x}dx=2\int\frac{\sin^2x+\cos^2x}{\sin^2x\cdot\cos^2x}dx$

$$=2\int(\frac{1}{\sin^2x}+\frac{1}{\cos^2x})dx=2(\int\frac{dx}{\sin^2x}+\int\frac{dx}{\cos^2x})$$

$$=2(\tan x-\cot x)+C.$$

习题 3.1

1. 验证在$(-\infty,+\infty)$内，$\sin^2x$，$-\frac{1}{2}\cos2x$，$-\cos^2x$都是同一函数的原函数.

2. 验证在$(-\infty,+\infty)$内，$(e^x+e^{-x})^2$，$(e^x-e^{-x})^2$都是$2(e^{2x}+e^{-2x})$的原函数.

3. 已知一个函数的导数是$\frac{1}{\sqrt{1-x^2}}$，且当$x=1$时，该函数值是$\frac{3}{2}\pi$，求此函数.

4. 设$\sin\frac{1}{x}$是$f(x)$的原函数.求$f'(x)$.

5. 求下列不定积分：

(1) $\int(2x+\sqrt[3]{x}-1)dx$　　(2) $\int\frac{1}{x\sqrt{x}}dx$

(3) $\int(\sqrt{x}+1)(\frac{1}{\sqrt{x}}-1)dx$　　(4) $\int\frac{(x-2)^2}{x^3}dx$

(5) $\int\frac{x^2}{x^2+1}dx$　　(6) $\int\frac{3x^4+3x^2+1}{x^2+1}dx$

(7) $\int e^x(1-3^x)dx$　　(8) $\int\frac{6^x-2^x}{3^x}dx$

(9) $\int\cos^2\frac{x}{2}dx$　　(10) $\int\frac{\cos 2x}{\sin x+\cos x}dx$

(11) $\int\sqrt[m]{x^n}\,dx$　　(12) $\int(2e^x+\frac{3}{x})dx$

(13) $\int(\frac{3}{1+x^2}-\frac{2}{\sqrt{1-x^2}})dx$　　(14) $\int e^x(1-\frac{e^{-x}}{\sqrt{x}})dx$

(15) $\int\frac{1}{1+\cos 2x}dx$　　(16) $\int\frac{\cos 2x}{\cos^2 x\sin^2 x}dx$

6. 已知某产品的边际成本为 5 元/件，生产该产品的固定成本为 200 元，边际收入 $R'=10-0.02x$ 元/件，求生产该产品 x 件时的利润函数.

§3.2　定积分的概念

定积分起源于求图形的面积和体积等实际问题. 古希腊的阿基米德用“穷竭法”，我国的刘徽用“割圆术”，都曾计算过一些几何体的面积和体积，这些均为定积分的雏形. 直到 17 世纪中叶，牛顿和莱布尼茨先后提出了定积分的概念，并发现了积分与微分之间的内在联系，给出了计算定积分的一般方法，从而使定积分成为解决有关实际问题的有力工具，并使各自独立的微分学与积分学联系在一起，构成完整的理论体系 —— 微积分学.

1. 引例

引例 1　曲边梯形的面积.

考虑求由连续曲线 $y=f(x)$ 和直线 $x=a$、$x=b$ 及 $y=0$（x 轴）所围成的曲边梯形 $AabB$ 的面积，如图 3-1 所示.

这不是一个规则的图形，其面积没有现成的计算公式，怎么办呢？我们可以将此曲边梯形分成很多小块，每一小块都可以近似地看作一个小矩形，见图 3-1. 而曲边梯形的面积也就可以近似地看作若干个矩形的面积之和. 或者说，这些小矩形的面积之和就是所要求的曲边梯形面积的近似值. 可以想象，如果每个小矩形底边长度越小，则近似程度就越好. 要得到精确值，就必须利用极限这一工具.

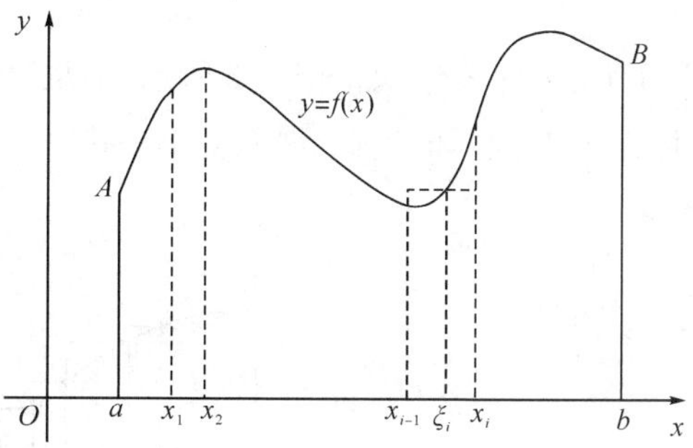

图 3 - 1

下面看一个具体的例子.计算由曲线 $y=1-x^2$,x 轴,y 轴围成的阴影区域 R(如图 3 - 2 所示)的面积.

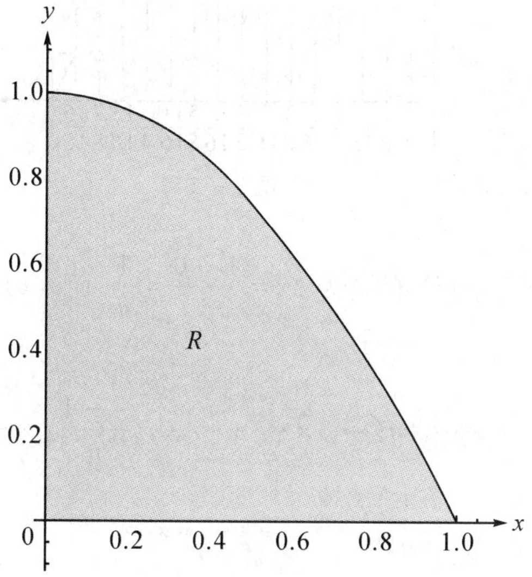

图 3 - 2

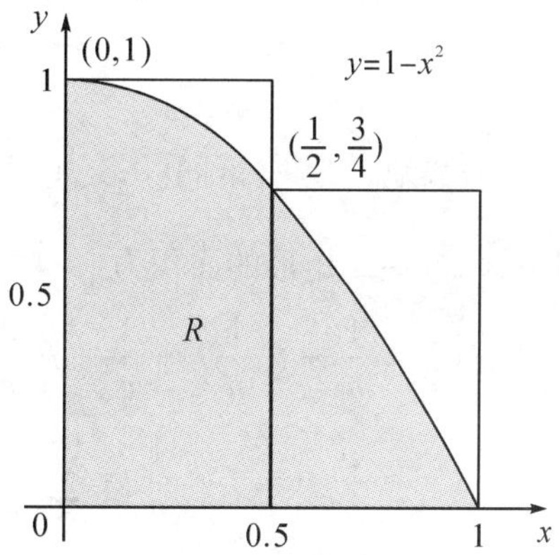

图 3 - 3

若将 x 轴上区间[0,1]二等分,如图 3 3 所示,以了区间左端点的函数值 $f(x)$ 为高,得到的两个矩形共同包含区域 R.这时每个矩形的宽度为 $\frac{1}{2}$,它们的高度为 1 和 $\frac{3}{4}$,它们的面积和为区域 R 的面积 S 的近似,即

$$S\approx 1\times\frac{1}{2}+\frac{3}{4}\times\frac{1}{2}=\frac{7}{8}=0.875.$$

这两个矩形的面积之和大于区域 R 的实际面积 S,且误差较大.

若将区间[0,1]四等分,如图 3 - 4 所示,这 4 个矩形的面积和为

$$1\times\frac{1}{4}+\frac{15}{16}\times\frac{1}{4}+\frac{3}{4}\times\frac{1}{4}+\frac{7}{16}\times\frac{1}{4}=\frac{25}{32}=0.781\ 25$$

由于这 4 个矩形包含 R,其面积和仍然大于 S,但用它作为 S 的近似,误差相比于

二等分时要小一些.

同样地,若将区间[0,1]十六等分,如图 3 - 5 所示,不难算得它们的面积之和为 0.697 265 625.用这个值作为 R 面积的近似,误差更小一些.

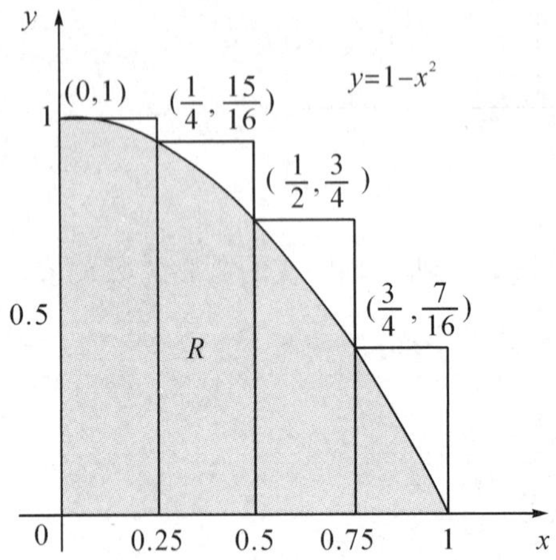

图 3 - 4

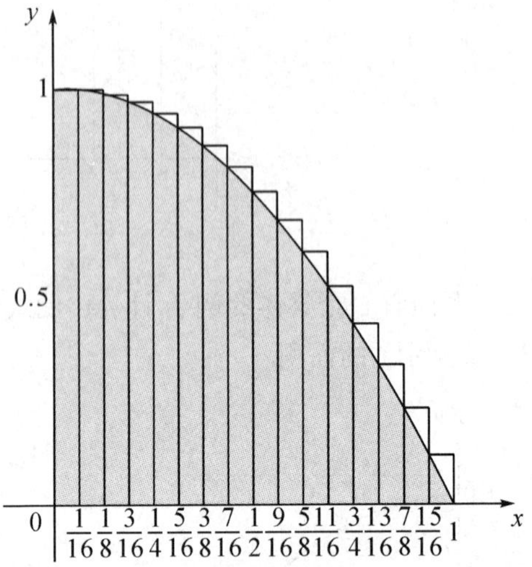

图 3 - 5

一般地,如果将区间[0,1] n 等分,则每个矩形的宽为 $\Delta x = \dfrac{1-0}{n} = \dfrac{1}{n}$,而 $f(x) = 1 - x^2$,这些小矩形的面积为:

$$f(0)\times\frac{1}{n}+f\left(\frac{1}{n}\right)\times\frac{1}{n}+f\left(\frac{2}{n}\right)\times\frac{1}{n}+\cdots+f\left(\frac{k}{n}\right)\times\frac{1}{n}+\cdots+f\left(\frac{n-1}{n}\right)\times\frac{1}{n}$$

$$=\sum_{k=0}^{n-1}f\left(\frac{k}{n}\right)\times\frac{1}{n}=\sum_{k=0}^{n-1}\left(1-\left(\frac{k}{n}\right)^2\right)\times\frac{1}{n}$$

$$=\sum_{k=0}^{n-1}\left(\frac{1}{n}-\frac{k^2}{n^3}\right)=\sum_{k=0}^{n-1}\frac{1}{n}-\sum_{k=0}^{n-1}\frac{k^2}{n^3}$$

$$=n\times\frac{1}{n}-\frac{1}{n^3}\sum_{k=1}^{n-1}k^2$$

$$=1-\frac{1}{n^3}\times\frac{(n-1)n(2n-1)}{6}$$

当 $n\to\infty$ 时,即[0,1]上子区间数目无限增大,相应地每个子区间长度趋近于零时,这些小矩形的面积和的极限为:

$$\lim_{n\to\infty}\left[1-\frac{1}{n^3}\times\frac{(n-1)n(2n-1)}{6}\right]=1-\frac{2}{6}=\frac{2}{3}$$

不难想到,这个极限值正是所求阴影区域 R 的面积 S,即 $S=\dfrac{2}{3}$.

上述例子中,为了计算方便,总是用若干个等宽的矩形面积之和作为区域 R 面积的近似.事实上,由于 $y = 1 - x^2$ 在区间[0,1]上是连续的,它在任意一个长度很小的区间上变化都是非常微小的，因此，我们可以把区间[0,1]任意分割成若干个小区间，在每个小区间上任取一点，并以该点的函数值为高作小矩形，那么，所求区域R的面积就近似地等于这些小矩形的面积之和.当每个小矩形的底边长度趋近于零时，这些小矩形的面积之和的极限值就是区域R的面积.

对于图3－1所示平面图形$AabB$的面积，其计算步骤可总结如下：

(1) **分割**：先用分点$a=x_0<x_1<x_2<\cdots<x_{n-1}<x_n=b$把区间$[a,b]$分成$n$个小区间$[x_{i-1},x_i]$，并记$\Delta x_i=x_i-x_{i-1}$，$\Delta x=\max\limits_{1\leq i\leq n}\{\Delta x_i\}$.若以这些小区间为底边，则将整个曲边梯形分成$n$个小的曲边梯形.

(2) **近似**：在第i个小区间$[x_{i-1},x_i]$上任取一点ξ_i，以$f(\xi_i)$为高、以$[x_{i-1},x_i]$为底作小矩形，则由$f(x)$的连续性可知，当Δx_i足够小时，第i个小矩形的面积$f(\xi_i)\Delta x_i$就是第i个小曲边梯形的面积ΔS_i的近似值，即

$$\Delta S_i\approx f(\xi_i)\Delta x_i,(i=1,2,\cdots,n).$$

(3) **求和**：把n个小矩形的面积相加，就得到曲边梯形$AabB$的面积S的近似值S_n，即

$$S_n\approx\sum_{i=1}^{n}\Delta S_i=\sum_{i=1}^{n}f(\xi_i)\Delta x_i$$

(4) **取极限**：当$\Delta x\to 0$时，则每个小区间的长度都趋于零，上式中和式的极限就是曲边梯形的面积，即

$$S=\lim_{\Delta x\to 0}\sum_{i=1}^{n}f(\xi_i)\Delta x_i$$

引例2　某大型企业集团的收益是随时(连续)流入的.收入流在t时刻的单位时间收入$A(t)$(单位：元/年)称为收入率.若年利率为r，以连续复利计息.若计算从现在到T年后的总收入，可依照引例1同样的步骤进行：

(1) **分割**：任取分点$0=t_0<t_1<t_2<\cdots<t_n=T$，把区间$[0,T]$分成$n$个小区间，其中第$i$个小区间的长度记为$\Delta t_i=t_i-t_{i-1}$，$(i=1,2,\cdots,n)$.

(2) **近似**：可以认为收入率$A(t)$在$[t_{i-1},t_i]$上变化不大，任取$\xi_i\in[t_{i-1},t_i]$，于是，这小段时间内的收入$\approx A(\xi_i)\Delta t_i$.从现在$t_0=0$开始，这笔收入是在第$\xi_i$年取得的，需要把它折成现值，故在这小段时间内收入的现值$\Delta R_i\approx A(\xi_i)e^{-r\xi_i}\Delta t_i$.

(3) **求和**：把n个时间小段上的收入的现值ΔR_i相加，就得到总收入现值R的近似值，即

$$R\approx\sum_{i=1}^{n}A(\xi_i)e^{-r\xi_i}\Delta t_i.$$

(4) **取极限**：当$\lambda=\max\limits_{1\leq i\leq n}\{\Delta t_i\}\to 0$时，上式的极限就是总收入的现值，即

$$R=\lim_{\lambda\to 0}\sum_{i=1}^{n}A(\xi_i)e^{-r\xi_i}\Delta t_i.$$

以上两个引例的实际背景虽然不同，但概括一下，都是在处理一种非均匀分布量的求和问题.引例1中，与一般规则梯形相比，曲边梯形的高度是不断变化的.我们

在求其面积时先是通过分割,把整个曲边梯形划分为很多小的曲边梯形,再近似把每个小曲边梯形看作是高度不变的小矩形,求出所有这种小矩形的面积的和,就得到整个曲边梯形面积的一个近似值,最后通过取极限的方式把误差变为零,得到曲边梯形面积的精确值.引例 2 也是如此,先是对时间段进行划分,在每个时间小段中近似认为收入率是不变的,然后,求出每个时间小段上的收入加起来就得到总收入的一个近似值,最后还是通过取极限的方式消除误差.由此可以看出,对于这种非均匀分布量的求和问题都可类似地按照上述分割—近似—求和—取极限的过程来处理,最后结果都可以转化为求某种特定和式的极限.

抛开这些问题的具体意义,对解决这些问题的方法进行概括,可以抽象出如下的定积分的概念.

2. 定积分的定义

定义 3.3　设函数 $f(x)$ 在区间 $[a,b]$ 上有界,在 $[a,b]$ 上任意插入分点 $x_0,x_1,x_2,\cdots,x_{n-1},x_n$,使得

$$a=x_0<x_1<x_2<\cdots<x_{n-1}<x_n=b,$$

记 $\Delta x_i=x_i-x_{i-1}(i=1,2,\cdots,n)$,$\lambda=max\{\Delta x_1,\Delta x_2,\cdots,\Delta x_n\}$.在每个小区间 $[x_{i-1},x_i]$ 上任取一点 $\xi_i(x_{i-1}\leqslant\xi_i\leqslant x_i)$,作乘积 $f(\xi_i)\Delta x_i$,再作和式 $\sum\limits_{i=1}^{n}f(\xi_i)\Delta x_i$.如果 $\lim\limits_{\lambda\to0}\sum\limits_{i=1}^{n}f(\xi_i)\Delta x_i$ 存在,则称 $f(x)$ 在 $[a,b]$ 上可积分(简称可积),称此极限值为函数 $f(x)$ 在 $[a,b]$ 上的定积分,记为 $\int_a^b f(x)dx$,即

$$\int_a^b f(x)dx=\lim_{\lambda\to0}\sum_{i=1}^{n}f(\xi_i)\Delta x_i$$

如果 $\lim\limits_{\lambda\to0}\sum\limits_{i=1}^{n}f(\xi_i)\Delta x_i$ 不存在,则称 $f(x)$ 在 $[a,b]$ 上不可积.

在定积分的记号 $\int_a^b f(x)dx$ 中,$f(x)$ 称为被积函数,$f(x)dx$ 称为被积表达式,x 称为积分变量,a 称为积分下限,b 称为积分上限,$[a,b]$ 称为积分区间.

由该定义,前面两个引例中的问题都可以用定积分表示:

曲边梯形的面积:$\int_0^1(1-x^2)dx$;　总收入的现值:$R=\int_0^T A(t)e^{-rt}dt$.

注意理解 $\int_a^b f(x)dx$ 和 $\int f(x)dx$ 的区别是很重要的.$\int_a^b f(x)dx$ 表示的是一个和式的极限,是一个常数,而 $\int f(x)dx$ 表示的是 $f(x)$ 的原函数全体.但是以后术语"积分"经常既用于定积分的求解过程,也用于不定积分的求解过程.因为这两者之间有着紧密的联系.

对于定积分的概念,还应注意以下几点:

(1) 若定积分$\int_a^b f(x)dx$存在，则它的值是一个确定的常数，它只与被积函数$f(x)$和积分区间$[a,b]$有关，而与积分变量用什么字母表示无关.即有

$$\int_a^b f(x)dx = \int_a^b f(t)dt = \int_a^b f(u)du.$$

(2) 在定义中假设了$a < b$，现补充规定：

当$a = b$时，$\int_a^b f(x)dx = 0$；

当$a > b$时，$\int_a^b f(x)dx = -\int_b^a f(x)dx$.

(3) 定积分的存在性：若$f(x)$在$[a,b]$上连续或只有有限个第一类间断点(左右极限都存在的间断点)，则$f(x)$在$[a,b]$上的定积分存在，也称$f(x)$在$[a,b]$上可积.

例1　利用定积分的定义计算定积分$\int_0^b x^2dx(b > 0)$.

解　因为函数$f(x) = x^2$在$[0,b]$上连续，所以可积.从而定积分的值与对区间$[0,b]$的分法及ξ_i的取法无关.为便于计算，将区间$[0,b]$分成n等分，则$\lambda = \Delta x_i = \dfrac{b}{n}$ $(i = 1,2,\cdots,n)$，取每个小区间的右端点作为ξ_i，则$\xi_i = \dfrac{ib}{n}$ $(i = 1,2,\cdots,n)$，故

$$\begin{aligned}\int_0^b x^2dx &= \lim_{\lambda\to 0}\sum_{i=1}^{n} f(\xi_i)\Delta x_i = \lim_{\lambda\to 0}\sum_{i=1}^{n}\xi_i^2\Delta x_i = \lim_{n\to\infty}\sum_{i=1}^{n}\left(\frac{ib}{n}\right)^2\cdot\frac{b}{n} = \lim_{n\to\infty}\frac{b^3}{n^3}\sum_{i=1}^{n} i^2\\ &= \lim_{n\to\infty}\frac{b^3}{n^3}(1^2 + 2^2 + 3^2 + \cdots + n^2) = \lim_{n\to\infty}\frac{b^3}{n^3}\cdot\frac{n(n+1)(2n+1)}{6}\\ &= \lim_{n\to\infty}\frac{b^3}{6}\left(1 + \frac{1}{n}\right)\left(2 + \frac{1}{n}\right) = \frac{b^3}{3}.\end{aligned}$$

3. 定积分的几何意义

由引例1，我们发现，定积分的值在几何上与被积函数、坐标轴及边界所围成区域的面积相关.

(1) 当$f(x) \geqslant 0$时，曲线$y = f(x)$在x轴上方，积分值为正，即$\int_a^b f(x)dx = S$，S为曲线$y = f(x)$与直线$x = a$、$x = b$及x轴所围成的曲边梯形的面积.

(2) 当$f(x) < 0$时，曲线$y = f(x)$在x轴下方，积分值为负，即$\int_a^b f(x)dx = -S$，S为曲线$y = f(x)$与直线$x = a$、$x = b$及x轴所围成的曲边梯形面积.

(3) 当$f(x)$在$[a,b]$上有正有负时，定积分$\int_a^b f(x)dx$的值就等于曲线$y = f(x)$在x轴上方部分与下方部分面积的代数和，即$\int_a^b f(x)dx = S_1 - S_2 + S_3$，见图3－6.

由定积分的几何意义，可以得出以下结论：

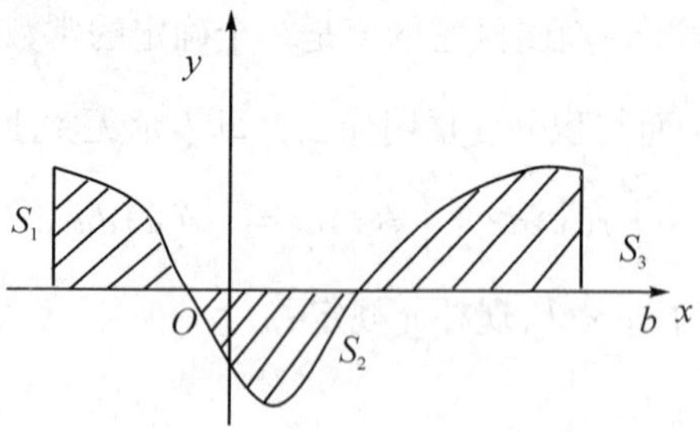

图 3 - 6

$$\int_{-a}^{a} f(x)\,dx = \begin{cases} 0, & f(x) \text{ 为奇函数} \\ 2\int_{0}^{a} f(x)\,dx, & f(x) \text{ 为偶函数} \end{cases}$$

例 2　利用定积分的几何意义计算下列定积分：

(1) $\int_{1}^{2}(2x-1)\,dx$；　(2) $\int_{a}^{b} dx$；　(3) $\int_{0}^{2}\sqrt{4-x^2}\,dx$.

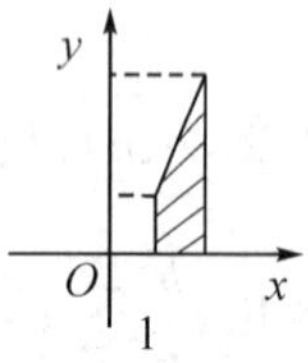

图 3 - 7

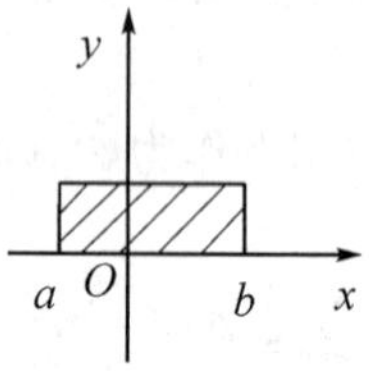

图 3 - 8

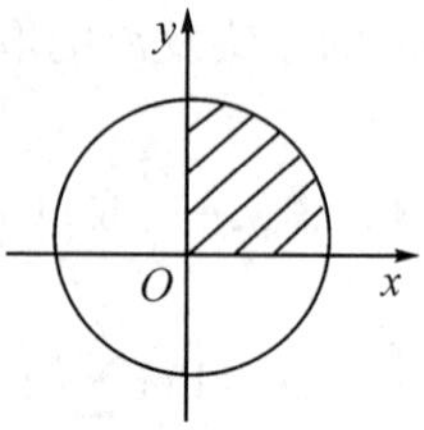

图 3 - 9

解　(1) 如图 3 - 7 所示，$\int_{1}^{2}(2x-1)\,dx = S_{梯形} = \frac{1}{2}(1+3)\times 1 = 2$.

(2) 如图 3 - 8 所示，$\int_{a}^{b} dx = S_{矩形} = b - a$.

(3) 如图 3 - 9 所示，$\int_{0}^{2}\sqrt{4-x^2}\,dx = \frac{1}{4}S_{圆} = \frac{1}{4}\pi\times 2^2 = \pi$.

4. 定积分的性质

假设下列性质中出现的定积分都存在.

性质 1　被积函数中的常数因子可以提到积分号外面.

$$\int_{a}^{b} kf(x)\,dx = k\int_{a}^{b} f(x)\,dx \quad (k \text{ 为常数}).$$

性质 2　函数的代数和的积分等于积分的代数和.

$$\int_{a}^{b}[f(x) \pm g(x)]\,dx = \int_{a}^{b} f(x)\,dx \pm \int_{a}^{b} g(x)\,dx.$$

性质 3（积分区间的可加性）　对任意的点 c，有

$$\int_{a}^{b} f(x)\,dx = \int_{a}^{c} f(x)\,dx + \int_{c}^{b} f(x)\,dx.$$

性质 4（积分的单调性） 在$[a,b]$上，若$f(x) \geqslant g(x)$，则

$$\int_a^b f(x)dx \geqslant \int_a^b g(x)dx.$$

性质 5（积分估值定理） 设 M 和 m 分别是$f(x)$ 在$[a,b]$ 上的最大值和最小值，则

$$m(b-a) \leqslant \int_a^b f(x)dx \leqslant M(b-a).$$

性质 6（积分中值定理）

如果$f(x)$ 在$[a,b]$ 上连续，则至少存在一点 $\xi \in [a,b]$，使得

$$\int_a^b f(x)dx = f(\xi)(b-a).$$

证明 将定积分性质 5 中不等式除以 $b-a$，得

$$m \leqslant \frac{1}{b-a}\int_a^b f(x)dx \leqslant M.$$

上式说明，$\frac{1}{b-a}\int_a^b f(x)dx$ 是介于$f(x)$ 的最小值 m 和最大值 M 之间的一个数，从图 3 - 10 中可以看出（注：可以用连续函数的介值定理进行证明），至少存在一点 $\xi \in [a,b]$，使得$f(\xi) = \frac{1}{b-a}\int_a^b f(x)dx$，即

$$\int_a^b f(x)dx = f(\xi)(b-a).$$

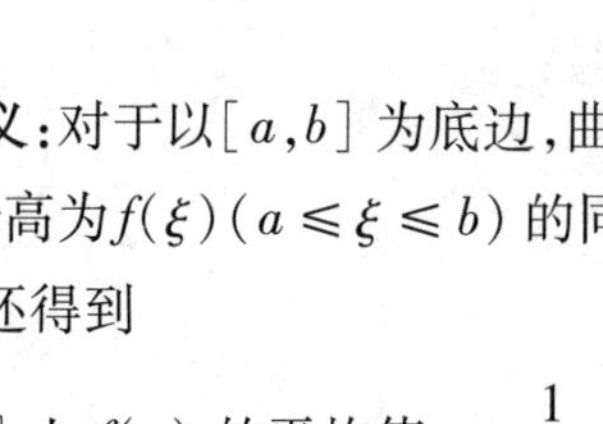

图 3 - 10

积分中值定理的几何意义：对于以$[a,b]$ 为底边，曲线 $y=f(x)$ $(f(x) \geqslant 0)$ 为曲边的曲边梯形，至少存在一个高为$f(\xi)$ $(a \leqslant \xi \leqslant b)$ 的同底的矩形，和它的面积相等.

另外，利用此定理，我们还得到

$$区间[a,b]上f(x)的平均值 = \frac{1}{b-a}\int_a^b f(x)dx$$

例 3 假设$C(t)$ 表示每天的住房供暖费用，单位为元/天，这里 t 以天计，$t=0$ 对应的时间是某年 1 月 1 日，解释$\frac{1}{90-0}\int_0^{90} C(t)dt$.

解 定积分$\int_0^{90} C(t)dt$ 表示的是某年最初的 90 天内，住房供暖的总费用.表达式

$\frac{1}{90-0}\int_0^{90} C(t)dt$ 表示的是某年最初 90 天内的每天平均供暖费用.

例 4　比较下列定积分的大小.

$$\int_0^1 e^x dx \text{ 与 } \int_0^1 e^{x^2} dx$$

解　因为在[0,1]上有：$x \geqslant x^2$，而且函数 $y = e^t$ 是单调递增函数，所以在[0,1]上有：$e^x \geqslant e^{x^2}$. 由定积分性质 4 得到

$$\int_0^1 e^x dx > \int_0^1 e^{x^2} dx$$

例 5　估计定积分 $\int_{-1}^1 e^{x^2} dx$ 的值.

解　先求 e^{x^2} 在[−1,1]上的最大值与最小值.

设 $f(x) = e^{x^2}$，则 $f'(x) = (e^{x^2})' = 2xe^{x^2}$，令 $f'(x) = 0$，解得驻点 $x = 0$.

比较 $f(x)$ 在驻点及区间端点处的函数值，$f(0) = e^0 = 1$，$f(-1) = f(1) = e$，故最大值 $M = e$，最小值 $m = 1$.

由估值定理得，$2 \leqslant \int_{-1}^1 e^{x^2} dx \leqslant 2e$.

习题 3.2

1. 利用定积分的定义，计算 $\int_0^1 (x+2)dx$.

2. 利用定积分的几何意义，说明下列等式：

(1) $\int_0^1 \sqrt{1-x^2}\,dx = \frac{\pi}{4}$　　(2) $\int_{-\frac{\pi}{2}}^{\frac{3\pi}{2}} \cos x dx = 0$

(3) $\int_{-\frac{\pi}{2}}^{\frac{\pi}{2}} \sin x dx = 0$　　(4) $\int_{-\frac{\pi}{2}}^{\frac{\pi}{2}} \cos x dx = 2\int_0^{\frac{\pi}{2}} \cos x dx$

3. 确定下列定积分的符号：

(1) $\int_1^2 x\ln x dx$　　(2) $\int_0^{\frac{\pi}{4}} \frac{1-\cos^4 x}{2} dx$

(3) $\int_0^1 \frac{\sin x - x\cos x}{\cos x + x\sin x} dx$　　(4) $\int_{-1}^1 |x| dx$

4. 不计算定积分，比较下列各组积分值的大小：

(1) $\int_0^1 x^2 dx$ 与 $\int_0^1 x^3 dx$　　(2) $\int_1^3 x^2 dx$ 与 $\int_1^3 x^3 dx$

(3) $\int_1^2 \ln x dx$ 与 $\int_1^2 \ln^2 x dx$　　(4) $\int_3^4 \ln x dx$ 与 $\int_3^4 \ln^2 x dx$

5. 不计算定积分，估计下列定积分的取值范围：

(1) $\int_{1}^{4}(x^2+1)dx$　　(2) $\int_{\frac{\pi}{4}}^{\frac{5\pi}{4}}(1+\sin^2 x)dx$

(3) $\int_{\frac{\sqrt{3}}{3}}^{\sqrt{3}} x\arctan x dx$　　(4) $\int_{2}^{0} e^{x^2-x}dx$

§3.3　微积分基本定理

用定积分的定义只能求出一些简单函数的积分值，对于比较复杂的函数，用定义计算定积分，将是十分困难的.

由定积分的定义可以看出，定积分可以用一个量的变化率来表示总变化量.我们知道一个量 $F(t)$ 的变化率就是导数 $F'(t)$.

为了计算总变化量，我们在区间$[a,b]$中插入 $n-1$ 个分点 $t_1,t_2,\cdots,t_{n-1}$，把$[a,b]$分成 n 个相等的小区间. 令 $t_0=a,t_n=b$，用 Δt 表示每个小区间的长度，$\Delta t=\dfrac{b-a}{n}$.

在第一个小区间上，F 的变化率可用 $F'(t_1)$ 近似，因此，F 的变化量 ΔF_1 可近似为

$$\Delta F_1 = \text{变化率} \times \text{时间} \approx F'(t_1)\Delta t$$

在第二个小区间上，F 的变化率可用 $F'(t_2)$ 近似，因此，F 的变化量 ΔF_2 可近似为

$$\Delta F_2 = \text{变化率} \times \text{时间} \approx F'(t_2)\Delta t$$

类似地，每个小区间上都做同样的近似，则区间$[a,b]$上 F 的总变化量 ΔF 可以用下面的和式近似

$$\Delta F=\Delta F_1+\Delta F_2+\cdots+\Delta F_n \approx \sum_{i=1}^{n}F'(t_i)\Delta t$$

随着 n 的增大，近似越来越准确. 取极限 $n\to\infty$，则有 $\Delta t\to 0$，上面的和变成了积分

$$\Delta F=\lim_{n\to\infty}\sum_{i=1}^{n}F'(t_i)\Delta t=\int_a^b F'(t)dt$$

另外，F 在 a,b 之间的总变化量 $\Delta F=F(b)-F(a)$，故有

$$\int_a^b F'(t)dt=F(b)-F(a)$$

更一般地，我们有如下结果：

定理 3.1　设 $f(x)$ 在区间$[a,b]$上连续，且 $F(x)$ 是 $f(x)$ 在$[a,b]$上的任意一个原函数，则

$$\int_a^b f(x)dx = F(b) - F(a) \tag{3-1}$$

(3 - 1) 式称为牛顿 - 莱布尼兹公式，也称为微积分基本定理. 该公式揭示了定积分与原函数(或不定积分) 之间的联系，为定积分的计算找到了一条捷径，是整个微积分学最重要的公式.

我们要计算定积分，首先需要找出被积函数的一个原函数，原函数在积分上、下限处的函数值之差即为定积分的值.

(3 - 1) 式也常记为

$$\int_a^b f(x)dx = F(x)\Big|_a^b = [F(x)]_a^b = F(b) - F(a)$$

例 1　求下列定积分的值：(1) $\int_{-\frac{\pi}{2}}^{\frac{\pi}{2}}\cos x dx$；　(2) $\int_1^3 3x^2 dx$.

解　(1) 由于 $(\sin x)' = \cos x$，故由(3 - 1) 式得

$$\int_{-\frac{\pi}{2}}^{\frac{\pi}{2}}\cos x dx = \sin x\Big|_{-\frac{\pi}{2}}^{\frac{\pi}{2}} = \sin\frac{\pi}{2} - \sin\left(-\frac{\pi}{2}\right) = 2.$$

(2) 由于 $(x^3)' = 3x^2$，故

$$\int_1^2 3x^2 dx = x^3\Big|_1^2 = 2^3 - 1^3 = 7.$$

例 2　求下列定积分：

(1) $\int_1^2\left(x + \frac{1}{x}\right)^2 dx$；　　(2) $\int_0^{\frac{\pi}{2}}\sin^2\frac{x}{2}dx$；　　(3) $\int_{-1}^2 |1 - 2x| dx$.

解　(1)

$$\int_1^2\left(x + \frac{1}{x}\right)^2 dx = \int_1^2\left(x^2 + 2 + \frac{1}{x^2}\right)dx = \left(\frac{x^3}{3} + 2x - \frac{1}{x}\right)\Big|_1^2$$

$$= \left(\frac{2^3}{3} + 2\times 2 - \frac{1}{2}\right) - \left(\frac{1^3}{3} + 2 - \frac{1}{1}\right) = \frac{29}{6};$$

(2)

$$\int_0^{\frac{\pi}{2}}\sin^2\frac{x}{2}dx = \int_0^{\frac{\pi}{2}}\frac{1 - \cos x}{2}dx = \frac{1}{2}(x - \sin x)\Big|_0^{\frac{\pi}{2}}$$

$$= \frac{1}{2}\left[\left(\frac{\pi}{2} - \sin\frac{\pi}{2}\right) - (0 - \sin 0)\right] = \frac{1}{2}\left(\frac{\pi}{2} - 1\right);$$

(3) 由于 $|1 - 2x| = \begin{cases} 1 - 2x, 当 -1 \leqslant x \leqslant \frac{1}{2} \\ 2x - 1, 当 \frac{1}{2} \leqslant x \leqslant 2 \end{cases}$

所以

$$\int_{-1}^2 |1 - 2x| dx = \int_{-1}^{\frac{1}{2}}(1 - 2x)dx + \int_{\frac{1}{2}}^2(2x - 1)dx$$

$$= (x - x^2) \Big|_{-1}^{\frac{1}{2}} + (x^2 - x) \Big|_{\frac{1}{2}}^{2}$$

$$= (\frac{1}{2} - \frac{1}{4}) - (-1 - 1) + (4 - 2) - (\frac{1}{4} - \frac{1}{2}) = \frac{9}{2}.$$

例 3　计算由曲线 $y = \sin x$ 在 $x = 0, x = \pi$ 之间及 x 轴所围成的图形的面积.

解　图形的面积见图 3 - 11 .

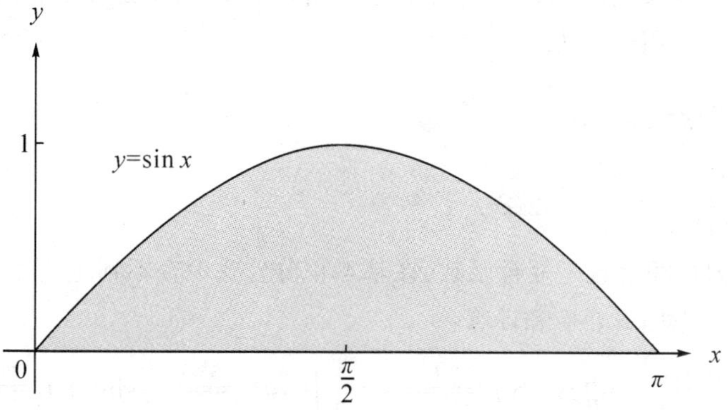

图 3 - 11

根据定积分的几何意义，设所求面积为 S,则

$$S = \int_0^{\pi} \sin x dx = -\cos x \Big|_0^{\pi} = -\cos\pi - (-\cos 0) = 2.$$

习题 3. 3

1. 计算下列定积分:

(1) $\int_1^2 dx$　　(2) $\int_0^1 (2x - e^x)\, dx$

(3) $\int_1^2 \frac{(x-1)(x+1)}{x} dx$　　(4) $\int_1^4 \sqrt{x}(\sqrt{x} - 1)\, dx$

(5) $\int_{-\frac{1}{2}}^{\frac{1}{2}} \frac{dx}{\sqrt{1-x^2}}$　　(6) $\int_{\frac{1}{\sqrt{3}}}^{\sqrt{3}} \frac{dx}{1+x^2}$

(7) $\int_0^5 |x^2 - 3x + 2| dx$　　(8) $\int_1^2 (x^2 + \frac{4}{x} + t) dx$

2. 设 $f(x) = \begin{cases} x + 1, & x \leqslant 1 \\ \frac{1}{2}x^2, & x > 1 \end{cases}$,求 $\int_0^2 f(x)\, dx$.

3. 设 $f(x)$ 是连续函数,且 $f(x) = 4x - \int_0^1 f(t)\, dt$,求 $f(x)$.

§3.4　基本积分方法

用直接积分法，所能求出的不定积分是非常有限的.为了能求出更多函数的积分，我们必须寻求其他的积分方法.下面主要介绍换元积分法与分部积分法，它们是最常用、最基本的积分方法.

1. 第一类换元积分法

例1　求不定积分$\int\cos 2x dx$.

解　因为被积函数是复合函数，在基本积分公式中查不到.但是我们知道：$2dx = d(2x)$.于是，可作如下变换和计算：

$$\int\cos 2x dx \xlongequal{\text{凑微分}} \frac{1}{2}\int\cos 2x d(2x) \xlongequal{\text{令} t=2x} \frac{1}{2}\int\cos t dt \xlongequal{\text{积分}} \frac{1}{2}\sin t + C \xlongequal{\text{回代}} \frac{1}{2}\sin 2x + C$$

一般地，有

$$\int f[\varphi(x)]\varphi'(x)dx \xlongequal{\text{凑微分}} \int f[\varphi(x)]d\varphi(x) \xlongequal{\text{令} \varphi(x)=t} \int f(t)dt$$

$$\xlongequal{\text{积分}} F(t) + C \xlongequal{\text{回代}} F[\varphi(x)] + C.$$

以上这种先"凑"成微分式，再作变量代换的积分方法，叫做第一类换元积分法，又称凑微分法.运用凑微分法的难点在于我们应该把被积式中的一部分凑成$d\varphi(x)$，下面是一些常用的凑微分等式，熟记这些等式对解题极有帮助.

(1) $dx = \frac{1}{a}d(ax+b)$；　　(2) $xdx = \frac{1}{2}d(x^2)$；

(3) $\frac{dx}{\sqrt{x}} = 2d(\sqrt{x})$；　　(4) $e^x dx = d(e^x)$；

(5) $\frac{dx}{x} = d(\ln|x|)$；　　(6) $\frac{dx}{x^2} = -d(\frac{1}{x})$；

(7) $-\sin x dx = d(\cos x)$　　(8) $\cos x dx = d(\sin x)$

(9) $\frac{1}{1+x^2}dx = d(\arctan x)$

例2　求不定积分$\int\frac{\sin\sqrt{x}}{\sqrt{x}}dx$.

解　$$\int\frac{\sin\sqrt{x}}{\sqrt{x}}dx \xlongequal{\text{凑微分}} 2\int\sin\sqrt{x}\,d(\sqrt{x}) \xlongequal{\text{令} t=\sqrt{x}} 2\int\sin t dt$$

$$\xlongequal{\text{积分}} -2\cos t + C \xlongequal{\text{回代}} -2\cos\sqrt{x} + C$$

凑微分法运用熟练以后，可以省略换元步骤，直接写结果.

例3 求下列不定积分：

(1) $\int (3x+2)^9 dx$； (2) $\int \frac{1}{x}\ln x dx$；

(3) $\int x\sqrt{x^2+1}dx$； (4) $\int \tan x dx$.

解 (1) $\int (3x+2)^9 dx = \frac{1}{3}\int (3x+2)^9 d(3x+2)$

$$= \frac{1}{3} \times \frac{1}{10}(3x+2)^{10} + C$$

$$= \frac{1}{30}(3x+2)^{10} + C;$$

(2) $\int \frac{1}{x}\ln x dx = \int \ln x d\ln x = \frac{1}{2}\ln^2 x + C$；

(3) $\int x\sqrt{x^2+1}dx = \frac{1}{2}\int \sqrt{x^2+1}d(x^2+1)$

$$= \frac{1}{2} \times \frac{2}{3}(x^2+1)^{\frac{3}{2}} + C = \frac{1}{3}(x^2+1)^{\frac{3}{2}} + C;$$

(4) $\int \tan x dx = \int \frac{\sin x}{\cos x}dx = -\int \frac{1}{\cos x}d\cos x = -\ln|\cos x| + C.$

例4 求下列定积分：

(1) $\int_{-2}^{3}(x-1)^3 dx$ (2) $\int_0^3 e^{\frac{x}{3}}dx$

(3) $\int_1^2 \frac{e^{\frac{1}{x}}}{x^2}dx$ (4) $\int_0^{\frac{\pi}{2}} \frac{\cos x}{1+\sin^2 x}dx.$

解 (1) $\int_{-2}^{3}(x-1)^3 dx = \frac{1}{4}(x-1)^4 \Big|_{-2}^{3} = -\frac{65}{4}$；

(2) $\int_0^3 e^{\frac{x}{3}}dx = 3\int_0^3 e^{\frac{x}{3}}d\left(\frac{x}{3}\right) = 3e^{\frac{x}{3}}\Big|_0^3 = 3e - 3.$

(3) $\int_1^2 \frac{e^{\frac{1}{x}}}{x^2}dx = \int_1^2 e^{\frac{1}{x}}d\left(-\frac{1}{x}\right) = -e^{\frac{1}{x}}\Big|_1^2 = e - e^{\frac{1}{2}}$；

(4) 令 $t=\sin x$，则 $x=0$ 时 $t=0$，$x=\frac{\pi}{2}$ 时 $t=1$

$$\int_0^{\frac{\pi}{2}} \frac{\cos x}{1+\sin^2 x}dx = \int_0^{\frac{\pi}{2}} \frac{1}{1+\sin^2 x}d\sin x = \int_0^1 \frac{1}{1+t^2}dt$$

$$= \arctan t\Big|_0^1 = \arctan 1 - \arctan 0 = \frac{\pi}{4}.$$

*2. 第二类换元积分法

例 5　求$\int\sqrt{a^2-x^2}dx\ (a>0)$.

解　求这个积分的困难在于有根式$\sqrt{a^2-x^2}$，可以通过适当的变换来消去根式.这里可以利用三角公式

$$\sin^2 t+\cos^2 t=1$$

来消去根式.

设 $x=a\sin t$，则 $dx=a\cos t dt, t\in\left(-\frac{\pi}{2},\frac{\pi}{2}\right)$，$\sqrt{a^2-x^2}=\sqrt{a^2-a^2\sin^2 t}=a\cos t$

于是
$$\begin{aligned}\int\sqrt{a^2-x^2}dx&=\int a\cos t\cdot a\cos t dt=a^2\int\cos^2 t dt=a^2\int\frac{1+\cos 2t}{2}dt\\&=\frac{a^2}{2}\left[t+\frac{1}{2}\sin 2t\right]+C\\&=\frac{a^2}{2}[t+\sin t\cdot\cos t]+C\\&=\frac{a^2}{2}[t+\sin t\cdot\sqrt{1-\sin^2 t}]+C\\&=\frac{a^2}{2}\left[\frac{x}{a}\cdot\sqrt{1-\left(\frac{x}{a}\right)^2}+\arcsin\frac{x}{a}\right]+C,\text{（结合图 3 - 12）}\\&=\frac{x}{2}\cdot\sqrt{a^2-x^2}+\frac{a^2}{2}\arcsin\frac{x}{a}+C.\end{aligned}$$

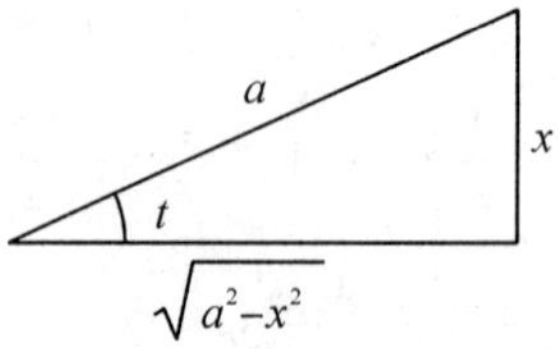

图 3 - 12

一般而言，选择变量代换 $x=g(t)$，将积分 $\int f(x)dx$ 转化为积分 $\int f[g(t)]g'(t)dt$，即

$$\int f(x)dx\xlongequal{x=g(t)}\int f[g(t)]g'(t)dt.$$

这种积分方法称为第二类换元积分法.运用该方法时需要满足一定条件：首先，等式右边的不定积分要存在，且容易求出来；其次，$\int f[g(t)]g'(t)dt$ 求出后必须用 $x=g(t)$ 的反函数 $t=g^{-1}(x)$ 代回去，故要求 $x=g(t)$ 的反函数存在而且是单值可导的，故做变换时 t 都限定在函数 $x=g(t)$ 的某一个单调区间上，并且 $g'(t)\neq 0$.

例 6 求$\int \frac{1}{\sqrt{x^2 + a^2}} dx \ (a > 0)$.

解 可以利用三角公式

$$1 + \tan^2 t = \sec^2 t$$

来消去根式.

令 $x = a\tan t$,则 $dx = a\sec^2 t dt, t \in \left(-\frac{\pi}{2}, \frac{\pi}{2}\right)$,所以

$$\int \frac{1}{\sqrt{x^2 + a^2}} dx = \int \frac{1}{a\sec t} \cdot a\sec^2 t dt = \int \sec t dt = \ln|\sec t + \tan t| + C_1$$

$$= \ln\left|\frac{x}{a} + \frac{\sqrt{x^2 + a^2}}{a}\right| + C_1 \quad (\text{结合图 } 3-13)$$

$$= \ln\left|x + \sqrt{x^2 + a^2}\right| + C.$$

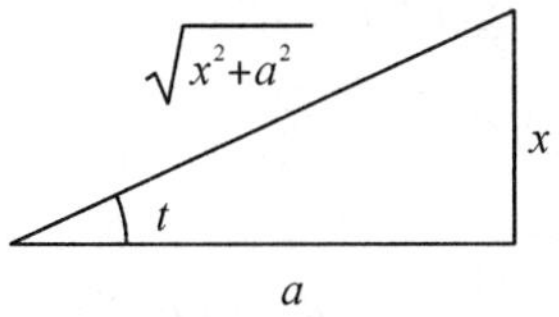

图 3 - 13

例 7 求$\int \frac{1}{\sqrt{x^2 - a^2}} dx \quad (a > 0)$.

解 令 $x = a\sec t$,则 $dx = a\sec t \cdot \tan t \ dt,\ t \in \left(0, \frac{\pi}{2}\right)$.

$$\int \frac{1}{\sqrt{x^2 - a^2}} dx = \int \frac{a\sec t \cdot \tan t}{a\tan t} dt = \int \sec t \ dt = \ln|\sec t + \tan t| + C_1$$

$$= \ln\left|\frac{x}{a} + \frac{\sqrt{x^2 - a^2}}{a}\right| + C_1 \quad (\text{结合图 } 3-14)$$

$$= \ln\left|x + \sqrt{x^2 + a^2}\right| + C.$$

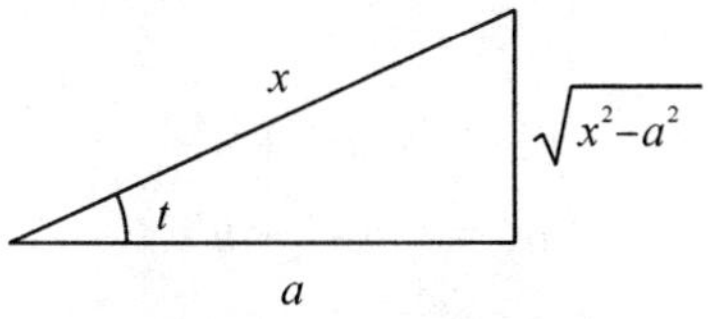

图 3 - 14

以上例题中都是通过三角代换消去根式,其一般规律如下:

当被积函数中含有

(1) $\sqrt{a^2 - x^2}$,可令 $x = a\sin t$;

(2) $\sqrt{a^2+x^2}$,可令 $x=a\tan t$;

(3) $\sqrt{x^2-a^2}$,可令 $x=a\sec t$.

第二类换元积分法当然也可以用于求定积分,但有两点值得注意:① 用 $x=g(t)$ 把原变量 x 换成新变量 t 时,积分限也要换成相应于新变量 t 的积分限;② 求出 $f[g(t)]g'(t)$ 的一个原函数 $\Phi(t)$ 后,不必像计算不定积分那样再把 $\Phi(t)$ 变换成原来变量 x 的函数,而只要把新变量 t 的上、下限分别代入 $\Phi(t)$ 中然后相减就行了.

例 8　求 $\int_0^a \sqrt{a^2-x^2}\,dx \quad (a>0)$.

解　令 $x=a\sin t$,则 $dx=a\cos t\,dt$, $\sqrt{a^2-x^2}=a\sqrt{1-\sin^2 t}=a\cos t$

$$\int_0^a \sqrt{a^2-x^2}\,dx = a^2\int_0^{\frac{\pi}{2}}\cos^2 t\,dt = a^2\int_0^{\frac{\pi}{2}}\frac{1+\cos 2t}{2}dt = \frac{a^2}{2}\int_0^{\frac{\pi}{2}}(1+\cos 2t)\,dt$$

$$= \frac{a^2}{2}\left(t+\frac{1}{2}\sin 2t\right)\Bigg|_0^{\frac{\pi}{2}} = \frac{\pi a^2}{4}.$$

例 9　求 $\int_0^4 \frac{x+2}{\sqrt{2x+1}}dx$.

解　令 $t=\sqrt{2x+1}$,则 $x=\frac{t^2-1}{2}$, $dx=t\,dt$,当 $x=0$ 时, $t=1$,当 $x=4$ 时, $t=3$

从而

$$\int_0^4 \frac{x+2}{\sqrt{2x+1}}\,dx = \int_1^3 \frac{\frac{t^2-1}{2}+2}{t}\,t\,dt = \frac{1}{2}\int_1^3 (t^2+3)\,dt$$

$$= \frac{1}{2}\left(\frac{1}{3}t^3+3t\right)\Bigg|_1^3 = \frac{1}{2}\left[\left(\frac{27}{3}+9\right)-\left(\frac{1}{3}+3\right)\right] = \frac{22}{3}.$$

3. 分部积分法

如 $\int xe^x\,dx$、$\int x\sin x\,dx$ 等被积函数是两种不同类型的函数乘积的积分,我们通常利用分部积分法来计算.分部积分法也是一种基本的积分法,是与乘积的求导法则相对应的,其公式推导如下:

$$(uv)' = uv' + u'v$$

移项得
$$uv' = (uv)' - u'v$$

两边积分得
$$\int uv'\,dx = uv - \int u'v\,dx$$

即
$$\int u\,dv = uv - \int v\,du$$

类似地,对于定积分有

$$\int_a^b u\,dv = [uv]\big|_a^b - \int_a^b v\,du$$

这两个公式称为分部积分公式.

例 10 求$\int x\cos x dx$.

解一 令 $u=\cos x, xdx=d\left(\frac{x^2}{2}\right)=dv$,

$$\int x\cos x dx=\int \cos x d\left(\frac{x^2}{2}\right)=\frac{x^2}{2}\cos x+\int \frac{x^2}{2}\sin x dx$$

显然,积分更不易求出.

解二 令 $u=x,\cos x dx=d(\sin x)=dv$

$$\int x\cos x dx=\int x d(\sin x)=x\sin x-\int \sin x dx=x\sin x+\cos x+C$$

由此可见,应用分部积分法时,关键是如何选择 u 和 v. 一般要求$\int v du$ 要比$\int u dv$ 容易积出.

关于 u 和 v 的选取,一般有以下规律,当被积函数是不同类型的函数的乘积形式时:① 若其中含有指数函数或正(余)弦函数,则将指数函数或正(余)弦函数放入微分号 $d()$ 内,凑成 dv;② 若恰好为指数函数与正(余)弦函数的乘积,则 u,dv 可随意选取,但在两次分部积分中,必须选用同类型的 u;③ 若被积函数中指数函数与正(余)弦函数都没有,则将幂函数 x^α 放入微分号 $d()$ 内,凑成 dv.

例 11 求不定积分$\int xe^x dx$.

解 $\int xe^x dx=\int x d(e^x)=xe^x-\int e^x dx=xe^x-e^x+C.$

例 12 求$\int x^3\ln x dx$.

解 令 $u=\ln x, x^3 dx=d\left(\frac{x^4}{4}\right)=dv$

$$\int x^3\ln x dx=\int \ln x d\left(\frac{x^4}{4}\right)=\frac{1}{4}x^4\ln x-\frac{1}{4}\int x^3 dx=\frac{1}{4}x^4\ln x-\frac{1}{16}x^4+C.$$

将不定积分的分部积分公式用于定积分,便得到如下的定积分的分部积分公式

$$\int_a^b u dv=[uv]_a^b-\int_a^b v du$$

计算时选取 u 和 dv 的方法与不定积分一样.

例 13 求定积分$\int_0^{\frac{\pi}{2}} x\sin x dx$.

解 $\int_0^{\frac{\pi}{2}} x\sin x dx=\int_0^{\frac{\pi}{2}} x d(-\cos x)=-x\cos x\Big|_0^{\frac{\pi}{2}}+\int_0^{\frac{\pi}{2}}\cos x dx=0+\sin x\Big|_0^{\frac{\pi}{2}}=1$

习题 3.4

1. 填空：

(1) $dx = (\quad)d(3x)$

(2) $dx = (\quad)d(1-7x)$

(3) $xdx = (\quad)d(x^2)$

(4) $xdx = (\quad)d(1+2x^2)$

(5) $\frac{1}{x}dx = (\quad)d(2\ln x)$

(6) $e^{-\frac{1}{3}x}dx = (\quad)d(e^{-\frac{1}{3}x} - \frac{1}{3})$

(7) $\sin 2x dx = (\quad)d(\cos 2x)$

(8) $\cos(1-3x)dx = (\quad)d\sin(1-3x)$

(9) $\frac{1}{1+4x^2}dx = (\quad)d\arctan 2x$

(10) $\frac{1}{\sqrt{1+x}}dx = (\quad)d\sqrt{1+x}$

2. 求下列不定积分：

(1) $\int \frac{1}{\sqrt{2-5x}}dx$

(2) $\int \cos(5x+1)dx$

(3) $\int \frac{1}{9-4x^2}dx$

(4) $\int \frac{2x-5}{x^2-5x+2}dx$

(5) $\int \frac{1}{x\ln x}dx$

(6) $\int \frac{x}{\sqrt{2-3x^2}}dx$

(7) $\int x\ln x dx$

(8) $\int \ln(1+x^2)dx$

(9) $\int x^2 \sin x dx$

(10) $\int xe^{-2x}dx$

3. 求下列定积分：

(1) $\int_0^{\sqrt{3}a} \frac{dx}{a^2+x^2}$

(2) $\int_0^1 \frac{dx}{\sqrt{4-x^2}}$

(3) $\int_0^1 te^{-\frac{t^2}{2}}dt$

(4) $\int_1^{e^2} \frac{dx}{x\sqrt{1+\ln x}}$

(5) $\int_1^4 \frac{dx}{1+\sqrt{x}}$

(6) $\int_0^1 xe^{-x}dx$

(7) $\int_1^e x\ln x dx$

(8) $\int_1^4 \frac{\ln x}{\sqrt{x}}dx$

(9) $\int_0^1 \frac{dx}{e^x+1}$

(10) $\int_0^1 x\sqrt{1-x}dx$

§3.5 定积分的应用

定积分的应用极其广泛,本节仅介绍它在几何与经济上的应用.

1. 微元分析法的基本思想

我们先来回顾一下在本章第 2 节中讨论过的曲边梯形的面积问题.

设 $f(x)$ 在区间 $[a,b]$ 上连续且 $f(x)\geqslant 0$,求以曲线 $y=f(x)$ 为曲边、底为 $[a,b]$ 的曲边梯形的面积 A,如图 3 - 15 所示.

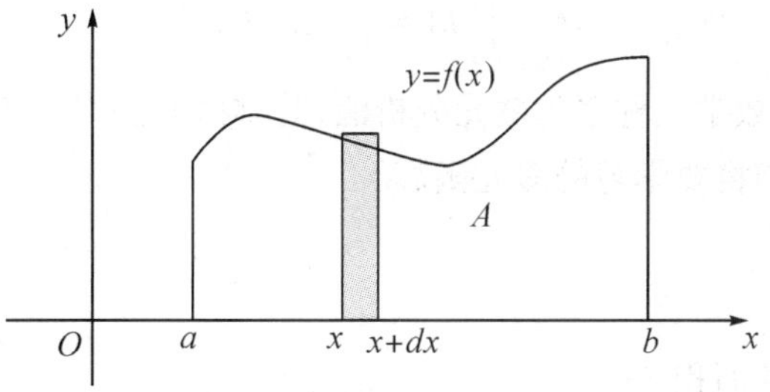

图 3 - 15

把这个面积 A 表示为定积分

$$A=\int_a^b f(x)\,dx$$

的步骤是:

(1) 用任意一组分点把区间 $[a,b]$ 分成长度为 $\Delta x_i(i=1,2,\cdots,n)$ 的 n 个小区间,相应地把曲边梯形分成 n 个窄曲边梯形,第 i 个窄曲边梯形的面积设为 ΔA_i,于是有

$$A=\sum_{i=1}^{n}\Delta A_i;$$

(2) 计算 ΔA_i 的近似值

$$\Delta A_i\approx f(\xi_i)\Delta x_i(\Delta x_{i-1}\leqslant\xi_i\leqslant\Delta x_i);$$

(3) 求和,得 A 的近似值

$$A\approx\sum_{i=1}^{n}f(\xi_i)\Delta x_i;$$

(4) 求极限,得

$$A=\lim_{\lambda\to 0}\sum_{i=1}^{n}f(\xi_i)\Delta x_i=\int_a^b f(x)\,dx.$$

由于这个积分的被积表达式 $f(x)dx$,正好是区间 $[a,b]$ 上的任意小区间 $[x,x+dx]$ 上的窄曲边梯形的面积 ΔA 的近似值,而当 $dx\to 0$ 时,它与 ΔA 只差一个高阶无穷小量,即 $\Delta A=f(x)dx+o(dx)$.根据微分的定义,就有 $f(x)dx=dA$.

因此,要求图 3 - 15 中的曲边梯形的面积 A,只需先在 $[a,b]$ 上任取一个小区间

$[x,x+dx]$,再计算出面积A在该小区间上的近似值$f(x)dx$;这个近似值,就是面积A的微分 dA;然后,以微分表达式$f(x)dx$ 为被积表达式,在$[a,b]$ 上作定积分即可.

抛开A的具体含义,并把这种思想加以抽象,就可得到一个具有普遍意义的重要思想方法:

设总量A与区间$[a,b]$上的连续函数$f(x)$ 有关,且对区间$[a,b]$具有可加性(即全区间上的总量等于各子区间上的相应分量之和),则欲求总量A,只需:

(1) 先在区间$[a,b]$ 上任取一个小区间$[x,x+dx]$.根据微分的定义,当dx很小时,总量A(可为面积、体积、质量、功能等) 在此区间上的增量ΔA 的近似值(见图 3 - 15),就是总量A的微分 $dA=f(x)dx$(常称它为总量A的"微元").

(2) 再将微元 $dA=f(x)dx$ 在区间$[a,b]$ 上积分,则得总量A.即

$$A=\int_a^b dA=\int_a^b f(x)dx.$$

这种思想方法,数学上称之为微元分析法,简称微元法.它不仅适用于一元函数,而且适合于以后我们将要学习的多元函数.

2. 几何应用

(1) 平面图形的面积

设给定的平面图形如图 3 - 16 所示,我们来研究它的面积.

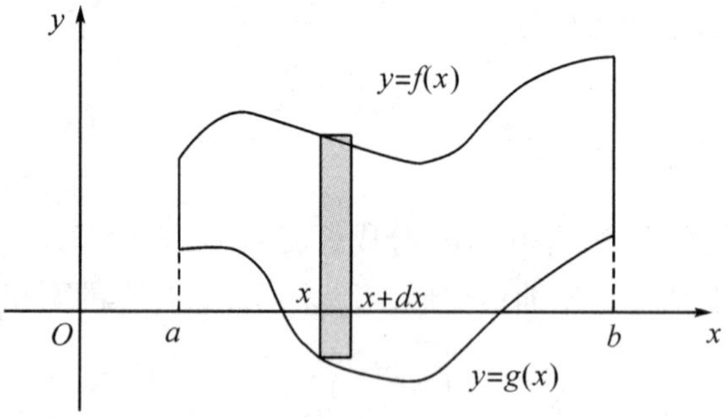

图 3 - 16

根据微元法的思想,在$[a,b]$ 上任取一个小区间$[x,x+dx]$,相应地得到一个面积微元(如图 3 - 16 中阴影部分),其面积为

$$dA=[f(x)-g(x)]dx$$

于是,在区间$[a,b]$ 上对上式两边求定积分,则得

$$A=\int_a^b [f(x)-g(x)]dx$$

这就是我们要求的给定平面图形的面积.

把这个结果加以概括和抽象,就可得到下面的结论:

(1) 若平面图形D被夹在直线$x=a$与$x=b$之间,且其上、下边界的方程分别为$y=f(x)$ 和$y=g(x)$(如图 3 - 16 所示),则图形D的面积为

$$A=\int_a^b[f(x)-g(x)]dx \tag{3-2}$$

(2) 若平面图形 D 被夹在直线 $y=c$ 和 $y=d$ 之间，且左、右边界的方程分别为 $x=\varphi_1(y)$ 及 $x=\varphi_2(y)$（如图 3 - 17 所示），则图形 D 的面积为

$$A=\int_c^d[\varphi_2(y)-\varphi_1(y)]dy \tag{3-3}$$

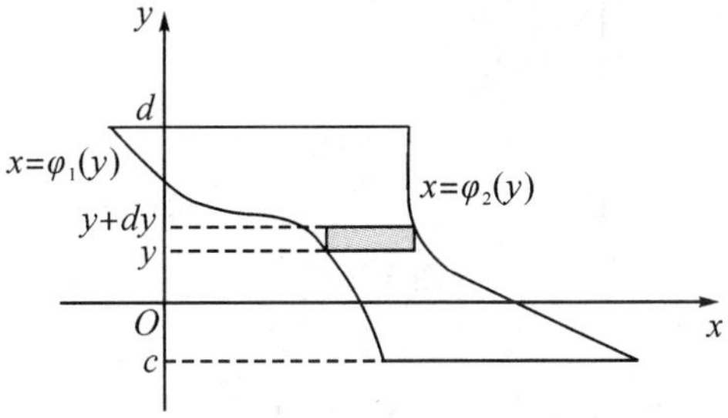

图 3 - 17

例 1　求由曲线 $y=4-x^2$ 与 $y=x^2-4x-2$ 所围成的平面图形的面积.

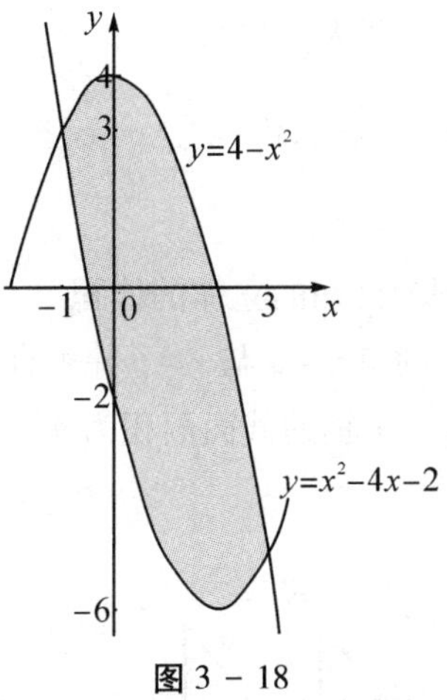

图 3 - 18

解　所围平面图形如图 3 - 18 所示.

解方程组 $\begin{cases}y=4-x^2\\y=x^2-4x-2\end{cases}$，得交点 $(-1,3)$、$(3,-5)$.

因为图形夹在直线 $x=-1$ 和 $x=3$ 之间，且上、下边界曲线的方程分别为 $y=4-x^2$ 与 $y=x^2-4x-2$，由公式(3 - 2)，所求面积为

$$A=\int_{-1}^3[(4-x^2)-(x^2-4x-2)]dx$$

$$=\int_{-1}^3(6+4x-2x^2)dx=\left(6x+2x^2-\frac{2}{3}x^3\right)\Big|_{-1}^3=\frac{64}{3}.$$

例 2　求由 $y^2=2x$ 和 $y=x-4$ 所围成的平面图形的面积.

解　所围平面图形如图 3 - 19 所示.

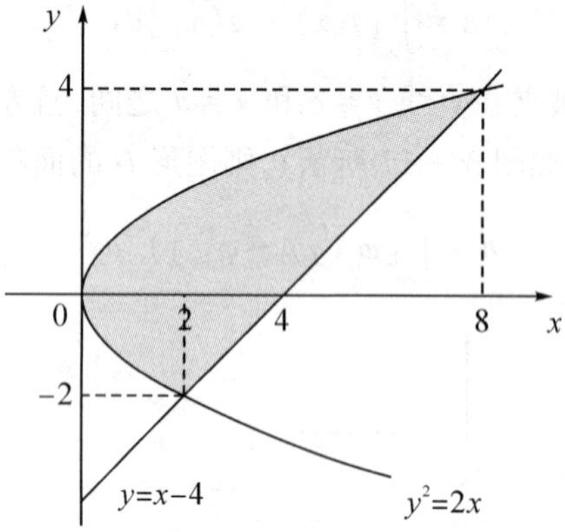

图 3 - 19

解方程组$\begin{cases} y^2 = 2x \\ y = x - 4 \end{cases}$,得交点(2, - 2)、(8,4).

因为图形夹在直线 $y=-2$ 和 $y=4$ 之间,且左、右边界曲线的方程分别为 $x=\dfrac{y^2}{2}$ 与 $x = y + 4$,所以,由公式(3 - 3),所求面积为

$$A = \int_{-2}^{4}\left[(y + 4) - \frac{y^2}{2}\right]dy = \left(\frac{y^2}{2} + 4y - \frac{1}{6}y^3\right)\Big|_{-2}^{4} = 18.$$

(2) 立体的体积

下面仅讨论平行截面面积为已知的立体的体积.

设某立体被夹在过 x 轴上的点 $x=a$ 与 $x=b$ 并垂直于 x 轴的两平面之间,在区间 $[a,b]$ 上的任意一点 x 处垂直于 x 轴的截面面积为 $A(x)$(如图 3 - 20 所示),现求它的体积 V.

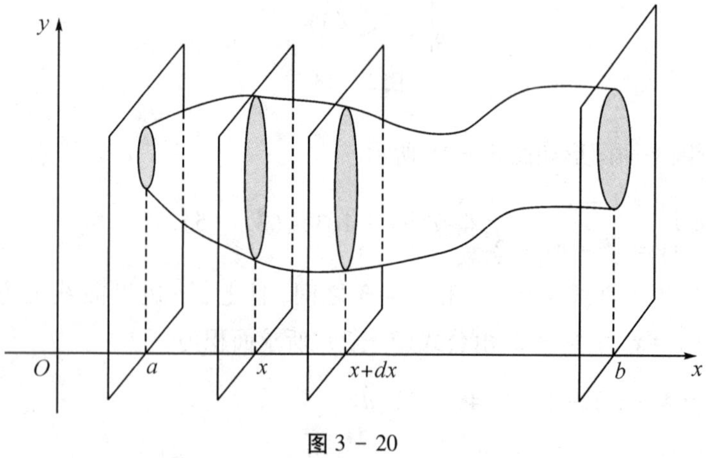

图 3 - 20

在 $[a,b]$ 上任取一个小区间 $[x,x + dx]$,得一薄片(体积微元) 的体积近似值为 $A(x)dx$,即 $dV = A(x)dx$,于是得

$$V=\int_a^b dV=\int_a^b A(x)dx \qquad (3-4)$$

类似地,若立体被夹在过y轴上的点$y=c$与$y=d$并垂直于y轴的两平面之间,在$[c,d]$上的任意点y处垂直于y轴的截面面积为$A(y)$,则立体的体积为

$$V=\int_c^d A(y)dy \qquad (3-5)$$

例3 一平面经过半径为R的圆柱体的底面中心,并与底面交成角α(如图3-21所示),计算这个平面截圆柱体所得立体的体积.

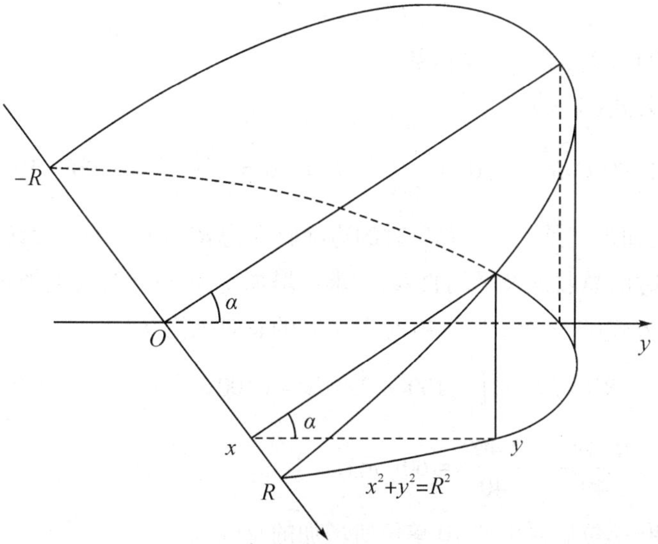

图3-21

解 显然,在图3-21中,底面圆的方程为$x^2+y^2=R^2$.

设x为$[-R,R]$上的任意一点,过该点且垂直x轴的截面面积为$A(x)$,则

$$A(x)=\frac{1}{2}\cdot y\cdot y\tan\alpha=\frac{1}{2}y^2\tan\alpha=\frac{1}{2}(R^2-x^2)\tan\alpha.$$

于是,由公式(3-4),所求立体的体积为

$$V=\int_{-R}^{R}A(x)dx=\frac{1}{2}\int_{-R}^{R}(R^2-x^2)\tan\alpha dx=\frac{2}{3}R^3\tan\alpha.$$

3. 经济中的应用

(1) 由边际函数求总量函数

若对已知的边际函数$F'(x)$求积分,则可求得总量函数

$$F(x)=\int_0^x F'(t)dt+F(0) \qquad (3-6)$$

其中,积分常数$F(0)$可由经济函数的具体条件确定.

在(3-6)式中,当x为产量时,只要将$F(x)$代之以$C(x)$(成本)、$R(x)$(收益)、$L(x)$(利润),则有

$$\left.\begin{aligned} C(x) &= \int_0^x C'(t)dt + C(0) \\ R(x) &= \int_0^x R'(t)dt + R(0) = \int_0^x R'(t)dt \\ L(x) &= \int_0^x L'(t)dt + L(0) = \int_0^x L'(t)dt - C(0) \end{aligned}\right\} \tag{3-7}$$

其中,$C(0)$ 是固定成本.

例 4　若一企业生产某产品的边际成本是产量 x 的函数

$$C'(x) = 2e^{0.2x},$$

固定成本 $C(0) = 90$,求总成本函数.

解　由公式(3 - 7) 得

$$C(x) = \int_0^x C'(t)dt + C(0) = \int_0^x 2e^{0.2t}dt + 90 = \frac{2}{0.2}e^{0.2t}\Big|_0^x + 90 = 10e^{0.2x} + 80.$$

例 5　已知生产某产品 x 单位时的边际收入为 $R'(x) = 100 - 2x$(元/单位),求生产 40 单位时的总收入及平均收入,并求再增加生产 10 个单位时所增加的总收入.

解　由公式(3 - 7),生产 40 个单位时的总收入为

$$R(40) = \int_0^{40} R'(x)dx = \int_0^{40}(100 - 2x)dx = (100x - x^2)\Big|_0^{40} = 2\,400(\text{元}),$$

平均收入为　$\dfrac{R(40)}{40} = \dfrac{2\,400}{40} = 60(\text{元}).$

在生产 40 单位后再生产 10 单位所增加的总收入

$$\begin{aligned} \Delta R = R(50) - R(40) &= \int_{40}^{50} R'(x)dx \\ &= \int_{40}^{50}(100 - 2x)dx = (100x - x^2)\Big|_{40}^{50} = 100(\text{元}). \end{aligned}$$

例 6　已知某产品的边际收入 $R'(x) = 25 - 2x$,边际成本 $C'(x) = 13 - 4x$,固定成本为 $C(0) = 10$,求当 $x = 5$ 时的毛利润和纯利润.

解　由于边际利润

$$L'(x) = R'(x) - C'(x) = (25 - 2x) - (13 - 4x) = 12 + 2x,$$

可求得 $x = 5$ 时的毛利润为

$$\int_0^x L'(t)dt = \int_0^5 (12 + 2t)dt = (12t + t^2)\Big|_0^5 = 85,$$

当 $x = 5$ 时的纯利润为

$$L(5) = \int_0^5 L'(t)dt - C(0) = 85 - 10 = 75.$$

例 7　假设某产品的边际收入函数为 $R'(x) = 9 - x$(万元/万台),边际成本函数为 $C'(x) = 4 + \dfrac{x}{4}$(万元/万台),其中产量 x 以万台为单位.

① 试求当产量由 4 万台增加到 5 万台时利润的变化量.

② 当产量为多少时利润最大?

③ 已知固定成本为 1 万元,求总成本函数和利润函数.

解 ① 首先求出边际利润

$$L'(x) = R'(x) - C'(x) = (9 - x) + (4 + \frac{x}{4}) = 5 - \frac{5}{4}x$$

故有

$$\Delta L = L(5) - L(4) = \int_4^5 L'(t)dt = \int_4^5 (5 - \frac{5}{4}t)dt = -\frac{5}{8}(\text{万元})$$

可见,在 4 万台基础上再生产 1 万台,利润不但未增加,反而减少.

② 令 $L'(x) = 0$,可解得 $x = 4$(万台),即产量为 4 万台时利润最大.

③ 总成本函数

$$C(x) = \int_0^x C'(t)dt + C(0) = \int_0^x (4 + \frac{t}{4})dt + 1 = \frac{1}{8}x^2 + 4x + 1$$

利润函数

$$L(x) = \int_0^x L'(t)dt - C(0) = \int_0^x (5 - \frac{5}{4}t)dt - 1 = 5x - \frac{5}{8}x^2 - 1.$$

(2) 消费者剩余与生产者剩余

消费者剩余和生产者剩余是经济福利分析的两个重要工具.在效用与经济福利分析中,消费者剩余是指消费者为获得一定数量的某种商品(或服务)所愿意支付的最高款额与其实际支付款额之间的差额,是商家的营业收入.生产者剩余是指生产者销售某种商品(或服务)所获得款额与其生产成本之间的差额,是生产者的利润.

设 $p = D(x)$ 表示消费者购买 x 件商品愿意支付的需求单价,它是一个递减函数.如图3 - 22所示.曲线下方的曲边梯形 $AOQB$ 的面积是消费者购买 Q 件商品所获得的总效用或总满意度,矩形的面积是消费者以价格 p 购买 Q 件商品的总支出,总满意度减去总支出就是消费者剩余.它是消费者从购买该商品中获得的效用,由

$$\int_0^Q D(x)dx - pQ$$

给出.

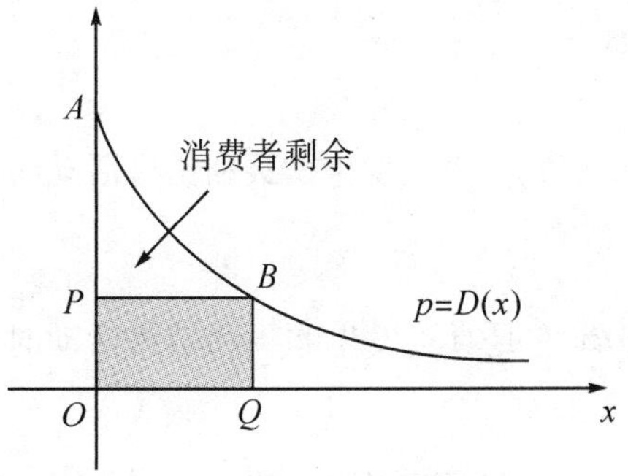

图 3 - 22

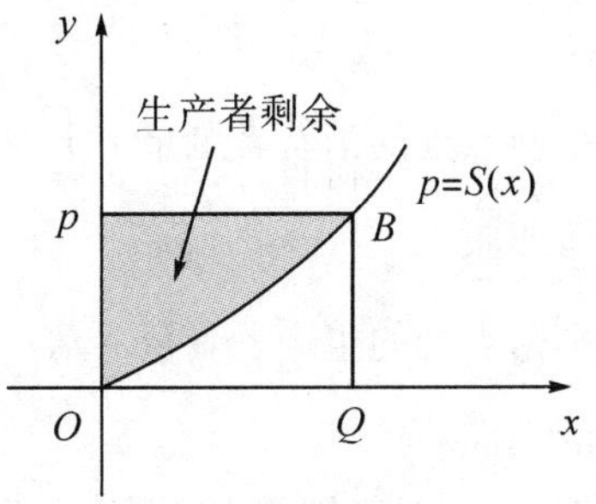

图 3 - 23

$p=S(x)$ 表示经营者愿意供给 x 件商品的单价，它是一个递增函数. 如图 3 - 23 所示. 矩形 $pOQB$ 的面积是经营者以价格 p 卖出 Q 件商品的总收益，曲线下方的曲边三角形 OQB 的面积是经营者供给 Q 件商品所支出的成本，总收益减去总支出就是生产者剩余. 它是生产者的效用或满意度，由

$$pQ-\int_0^Q S(x)\,dx$$

给出.

例 8　对于需求函数 $D(x)=(x-5)^2$，求当 $x=3$ 时的消费者剩余.

解　当 $x=3$ 时，$D(3)=(3-5)^2=4$. 于是

$$\text{消费者剩余}=\int_0^3 (x-5)^2dx-3\times 4=\frac{1}{3}\left[(x-5)^3\right]_0^3-3\times 4=27.$$

例 9　对于供给函数 $S(x)=x^2+x+3$，求当 $x=3$ 时的生产者剩余.

解　当 $x=3$ 时，$S(3)=3^2+3+3=15$. 于是

$$\text{生产者剩余}=3\times 15-\int_0^3(x^2+x+3)\,dx=45-\left[\frac{1}{3}x^3+\frac{1}{2}x^2+3x\right]_0^3=22.5.$$

当需求与供给达到平衡时，经营者与消费者之间真正发生了购买和销售活动. 如图 3 - 24 所示，我们把供给曲线与需求曲线的交点 (x_E,p_E) 称为平衡点. 直线 $p=p_E$、$x=0$ 与曲线 $p=D(x)$ 围成的曲边三角形面积是代表消费者剩余，直线 $p=p_E$、$x=0$ 与曲线 $p=S(x)$ 围成的曲边三角形面积代表生产者剩余.

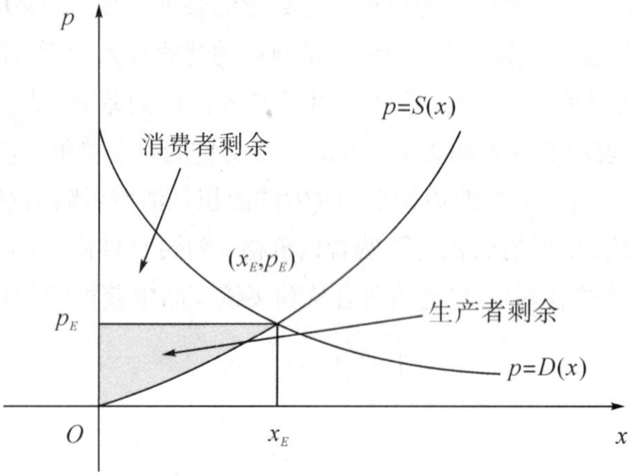

图 3 - 24

平衡点处的消费者剩余 $=\int_0^{x_E}D(x)\,dx-p_Ex_E$. 它是真正发生购买和销售活动时商家的营业收入.

平衡点处的生产者剩余 $=p_Ex_E-\int_0^{x_E}S(x)\,dx$. 它是真正发生购买和销售活动时生产者的利润.

例 10　对已知需求函数 $p=D(x)=(x-5)^2$，供给函数 $p=S(x)=x^2+x+3$.

① 求平衡点.

② 求平衡点处的消费者剩余.

③ 求平衡点处的生产者剩余.

解 ① 由 $D(x)=S(x)$，即 $(x-5)^2=x^2+x+3$ 解得 $x_E=2$，代入 $p=D(x)=(x-5)^2$ 求得 $p_E=D(2)=9$，所以平衡点为 $(2,9)$.

② 平衡点处的消费者剩余 $=\int_0^{x_E}D(x)dx-p_Ex_E$

$$=\int_0^2(x-5)^2dx-2\times 9$$

$$=\frac{1}{3}[(x-5)^3]_0^2-18=\frac{44}{3}\approx 14.67.$$

③ 平衡点处的生产者剩余 $=p_Ex_E-\int_0^{x_E}S(x)dx$

$$=2\times 9-\int_0^2(x^2+x+3)dx$$

$$=18-\left[\frac{1}{3}x^3+\frac{1}{2}x^2+3x\right]_0^2=\frac{22}{3}\approx 7.33.$$

(3) 现值和将来值

这里我们讨论当资金是一种连续收入流时的现值和将来值.将来值表示直到将来某个日子你将拥有的金钱总量，现值则表示为了获取将来你从收入流中得到的等量金钱，你必须今天存储的金钱数量.

对于这样一个连续的收入流，假定利息是连续复利的.设 r 为利息率，则将来 t 年后得到的储蓄额 B 的现值 $P=Be^{-rt}$.

假设收入流的速度是 $S(t)$ 元/年，期限是从现在到将来的 M 年.我们划分收入流为许多小储蓄，并且想象每笔储蓄在瞬间发生.将区间 $[0,M]$ 划分为长度为很小的子区间 Δt，在每个子区间上，收入流的速度 $S(t)$ 不会变化很大，于是在 t 到 $t+\Delta t$ 之间：

$$\text{储蓄额}\approx\text{储蓄速度}\times\text{时间}=S(t)\Delta t\ \text{元}$$

由于储蓄额 $S(t)\Delta t$ 发生在将来的 t 年，故有

$$\text{区间}[t,t+\Delta t]\text{上储蓄额的现值}\approx S(t)\Delta te^{-rt}$$

对所有子区间求和，并取极限 $\Delta t\to 0$，得到

$$\text{现值}=\int_0^M S(t)e^{-rt}dt$$

$$\text{将来值}=\text{现值}\cdot e^{rM}$$

例 11 求每年 1 000 元的常值收入流在 20 年期间的现值和将来值，假设年利息率是 6%，并按连续复利计算.

解 由于 $S(t)=1\,000$ 及 $r=0.06$，则有

$$\text{现值}=\int_0^{20}1\,000e^{-0.06t}dt=11\,647\ \text{元}$$

利用 $B=Pe^{rt}$，我们可以从现值 P 得到将来值 B

$$\text{将来值}=11\,647e^{0.06\times 20}=38\,699\ \text{元}$$

需要注意，20 年间总储蓄额是 20 000 元，将来值是 38 699 元，由于利息的作用总

储蓄额几乎翻了一倍.

习题 3.5

1. 求图 3 - 25 中各阴影部分的面积:

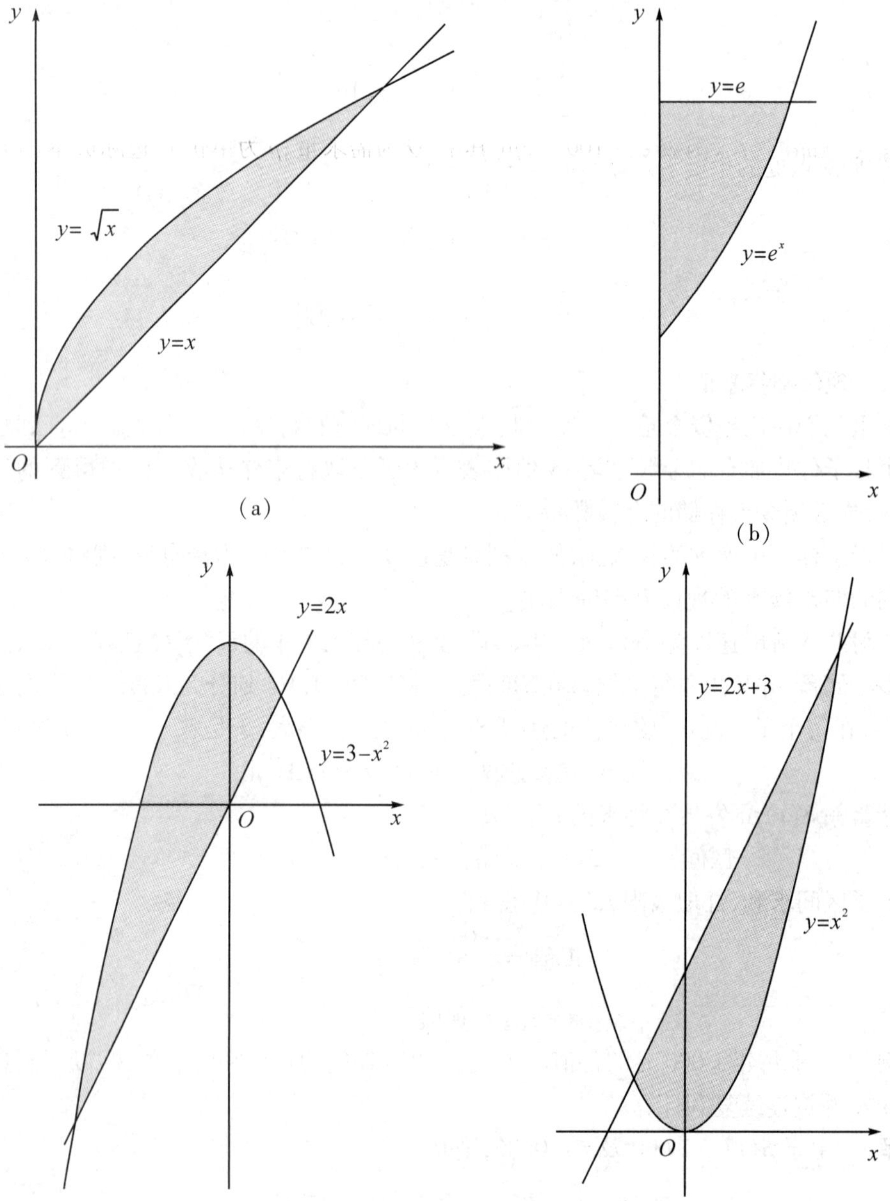

(a)　(b)　(c)　(d)

图 3 - 25

2. 求下列各题中平面图形的面积：

（1）曲线 $y=x^2+3$ 在区间 $[0,1]$ 上的曲边梯形.

（2）曲线 $y=x^2$ 与 $y=2-x^2$ 所围成的图形.

（3）在 $[0,\frac{\pi}{2}]$ 上，曲线 $y=\sin x$ 与直线 $x=0$、$y=1$ 所围成的图形.

（4）曲线 $y=\frac{1}{x}$ 与直线 $y=x$、$x=2$ 所围成的图形.

（5）曲线 $y=x^2-8$ 与直线 $2x+y+8=0$、$y=-4$ 所围成的图形.

（6）曲线 $y=x^3-3x+2$ 在 x 轴上介于两极值点间的曲边梯形.

3. 设商品的需求函数 $Q=100-5p$（其中：Q 为需求量，p 为单价）、边际成本函数 $C'(Q)=15-0.05Q$，且 $C(0)=12.5$ 元.问 p 为何值时，工厂利润达到最大？试求出最大利润.

4. 某厂生产产品的边际成本 $C'(Q)=3Q^2-18Q+33$，且当产量 Q 为3时，成本为55，求：

（1）成本函数与平均单位成本函数；

（2）当产量由 2 个单位增至 10 个单位时，成本的增量是多少？

5. 一家公司测定生产某种产品 x 件的边际成本为 $C'(x)=x^3-2x$.假设固定成本是 100 美元，求总成本函数 $C(x)$.

6. 一家公司测定，销售某种产品 x 件的边际收益是 $R'(x)=x^2-1$.

（1）假设 $R(0)=0$，求总收益函数 $R(x)$；

（2）$R(0)=0$ 的假设的合理性何在？

7. 已知 $D(x)=(x-4)^2$，$S(x)=x^2+2x+6$.求：

（1）平衡点；

（2）在平衡点处的消费者剩余；

（3）在平衡点处的生产者剩余.

8. 已知 $D(x)=\frac{100}{\sqrt{x}}$，$S(x)=\sqrt{x}$.求：

（1）平衡点；

（2）在平衡点处的消费者剩余；

（3）在平衡点处的生产者剩余.

本章总习题

1. 选择题:

(1) 已知 $F(x)$ 是 $f(x)$ 的一个原函数,C 为任意常数,下列等式能成立的是(　　).

(A) $\int dF(x) = F(x) + C$　　(B) $\int F'(x)dx = F(x)$

(C) $[\int f(x)dx]' = f(x) + C$　　(D) $d[\int f(x)dx] = f(x) + C$

(2) 下列等式能成立的是(　　).

(A) $\int e^{-x}dx = e^{-x} + C$　　(B) $\int \ln x dx = \frac{1}{x} + C$

(C) $\int \cos^2 x dx = \frac{1}{3}\cos^3 x + C$　　(D) $\int \sin 2x dx = \sin^2 x + C$

(3) 若 $\int f(x)dx = 2\sin\frac{x}{2} + C$,则 $f(x) =$ (　　).

(A) $\cos\frac{x}{2} + C$　　(B) $\cos\frac{x}{2}$

(C) $2\cos\frac{x}{2} + C$　　(D) $2\sin\frac{x}{2}$

(4) 若 $F'(x) = f(x)$,则 $\int dF(x) =$ (　　).

(A) $f(x)$　　(B) $F(x)$

(C) $f(x) + C$　　(D) $F(x) + C$

(5) 若 $f(x)$ 的一个原函数为 $\ln x$,则 $f'(x) =$ (　　).

(A) $x\ln x$　　(B) $\ln x$

(C) $-\frac{1}{x^2}$　　(D) $\frac{1}{x}$

(6) 若 $\int f(x)dx = F(x) + C$,则 $\int \sin x f(\cos x)\, dx =$ (　　).

(A) $F(\sin x) + C$　　(B) $-F(\sin x) + C$

(C) $F(\cos x) + C$　　(D) $-F(\cos x) + C$

(7) 下列式子正确的是(　　).

(A) $\int_0^1 e^x dx > \int_0^1 e^{x^2} dx$　　(B) $\int_0^1 e^x dx < \int_0^1 e^{x^2} dx$

(C) $\int_0^1 e^x dx = \int_0^1 e^{x^2} dx$　　(D) 以上都不对

(8) 下列积分值小于零的是(　　).

(A) $\int_0^{\pi}\frac{1}{\sin x}dx$　　(B) $\int_{-1}^{1}xe^{-x^2}dx$

(C) $\int_{\frac{1}{2}}^{1}\frac{dx}{\ln x}$　　(D) 以上都不对

(9) 下列等式正确的是(　　).

(A) $d\int f(x)dx=f(x)$　　(B) $d\int f(x)dx=f(x)dx$

(C) $\frac{d}{dx}\int f(x)dx=f(x)dx$　　(D) $\frac{d}{dx}\int f(x)dx=f(x)+C$

(10) 原函数 $f(x)+C$ 可写成(　　)形式.

(A) $\int f'(x)dx$　　(B) $[\int f(x)dx]'$

(C) $d[\int f(x)dx]$　　(D) $\int F'(x)dx$

(11) 若 $\int f(x)dx=e^x\cos 2x+C$，则 $f(x)=$(　　).

(A) $e^x\cos 2x$　　(B) $e^x(\cos 2x-2\sin 2x)+C$

(C) $e^x(\cos 2x-2\sin 2x)$　　(D) $-e^x\sin 2x$

(12) 下列各等式中错误的是(　　).

(A) $dx=d(\sqrt{2}x)$　　(B) $xdx=\frac{1}{2}d(x^2+1)$

(C) $\frac{1}{\sqrt{x}}dx=2d\sqrt{x}$　　(D) $\cos(\frac{x}{3}-2)dx=3d[\sin(\frac{x}{3}-2)]$

2. 填空题：

(1) $f(x)=\ln(x^2)$ 在 $(-\infty,+\infty)$ 上连续，则 $d\int\ln(x^2)\,dx=$ ________.

(2) $\int xf'(x^2)\,dx=$ ________.

(3) 已知 e^{-x} 是 $f(x)$ 的一个原函数，则 $\int xf(x)dx=$ ________.

(4) $\int_0^2|x-1|dx=$ ________.

(5) 若 $\int_a^b\frac{f(x)}{f(x)+g(x)}dx=1$，则 $\int_a^b\frac{g(x)}{f(x)+g(x)}dx=$ ________.

3. 求曲线 $y=x^3$ 和直线 $y=2$ 及 $x=0$ 所围成的平面图形的面积.

4. 求由曲线 $y=\sin x$ 与 $y=\sin 2x$ 在 $[0,\pi]$ 上所围成的图形的面积.

5. 已知 A 工厂生产某产品 Q 单位时，总收益的变化率为 $R'(x)=200-\frac{x}{100}$，$x\geqslant 0$.

(1) 求生产该产品 10 单位时的总收益.

(2) 若已生产了 100 个单位后,求再生产 100 个单位时总收益的增加值.

6. 某产品的边际收益函数与边际成本函数分别为 $R'(Q) = 18$(万元/吨), $C'(Q) = 3Q^2 - 18Q + 33$(万元/吨),其中 Q 为产量(单位:吨), $0 \leqslant Q \leqslant 10$,且固定成本为 10 万元,求当产量为多少时利润最大?达到利润最大的产量后又生产了一吨,总利润减少了多少?

7. 设 $f(x)$ 的一个原函数是 $\frac{\ln x}{x}$,试证明: $\int x^2 f'(x)\,dx = \ln^2 x - 3\ln x + C$.

第 4 章　多元函数微分学及其应用

一元微分学中，我们讨论的函数都只有一个自变量，但在许多实际问题中，往往要考虑多个变量之间的关系，反映到数学上，就是一个变量的变化可能依赖于多个其他变量的变化，由此引入多元函数的概念.

我们将在一元函数微积分的基础上，进一步讨论多元函数的微积分学. 本章主要介绍二元函数微分学及其应用. 这些概念和方法大都能推广到二元以上的多元函数.

§4.1　多元函数的基本概念

1. 平面区域的概念

讨论一元函数时，经常用到邻域和区间概念. 由于讨论二元函数的需要，我们首先把邻域和区间概念加以推广，同时还要涉及一些其他概念.

(1) 邻域

设 $P_0(x_0, y_0)$ 是 xy 平面上的一个点，δ 是某一正数，与点 $P_0(x_0, y_0)$ 距离小于 δ 的点 $P(x, y)$ 的全体，称为点 P_0 的 δ 邻域，记为 $U(P_0, \delta)$，即

$$U(P_0, \delta) = \{P \mid |PP_0| < \delta\},$$

也就是

$$U(P_0, \delta) = \{(x, y) \mid \sqrt{(x - x_0)^2 + (y - y_0)^2} < \delta\}.$$

$U(P_0, \delta)$ 如图 4 - 1 所示.

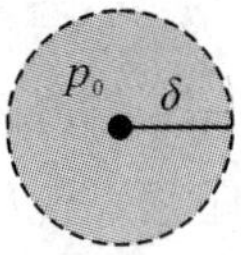

图 4 - 1

如果不需要强调邻域半径 δ，则用 $U(P_0)$ 表示点 P_0 的 δ 邻域. 点 P_0 的去心邻域记作 $\mathring{U}(P_0)$.

(2) 区域

设 E 是平面上的一个点集，P 是平面上的一个点. 如果存在点 P 的某一邻域 $U(P)$

使 $U(P)\subset E$,则称 P 为 E 的内点(见图 4 - 2).显然,E 的内点属于 E.

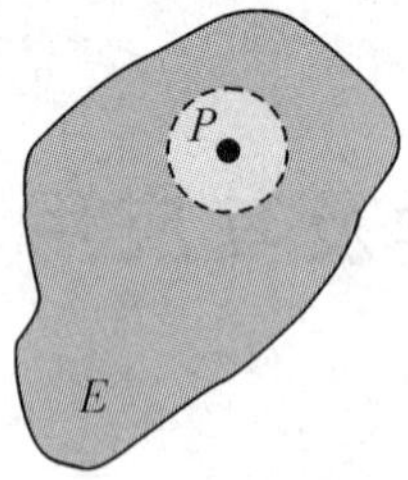

图 4 - 2

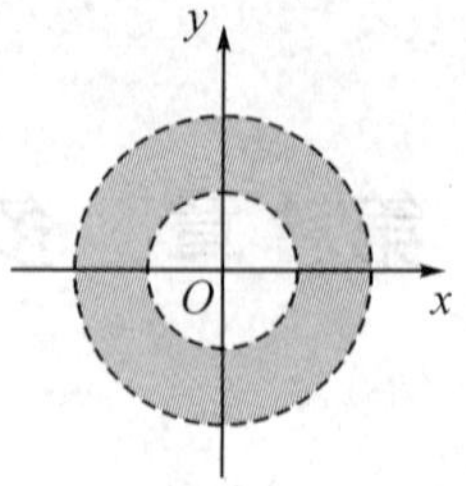

图 4 - 3

如果点集 E 的点都是内点,则称 E 为开集.例如,点集 $E_1=\{(x,y)\mid 1<x^2+y^2<4\}$ 中每个点都是 E_1 的内点,因此 E_1 为开集.见图 4 - 3.

如果点 P 的任一邻域内既有属于 E 的点,也有不属于 E 的点(点 P 本身可以属于 E,也可以不属于 E),则称 P 为 E 的边界点(见图 4 - 4).E 的边界点的全体称为 E 的边界.例如上例中,E 的边界是圆周 $x^2+y^2=1$ 和 $x^2+y^2=4$.

设 D 是开集.如果对于 D 内任何两点,都可用折线连结起来,且该折线上的点都属于 D,则称开集 D 是连通的.见图 4 - 5.

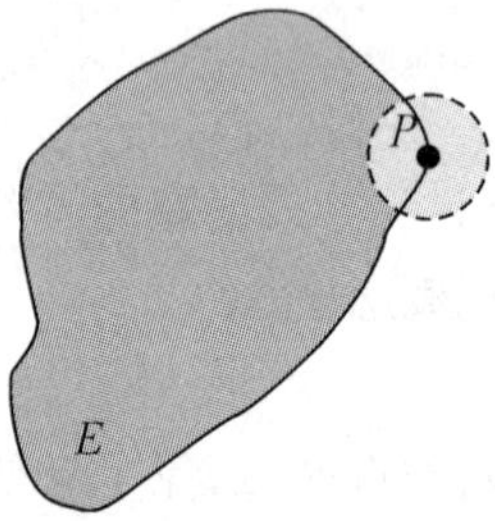

图 4 - 4

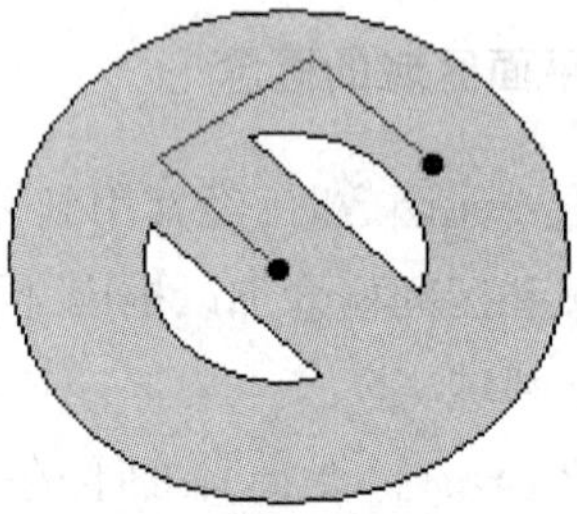

图 4 - 5

连通的开集称为区域或开区域,例如,

$$\{(x,y)\mid x+y>0\}\ \text{及}\ \{(x,y)\mid 1<x^2+y^2<4\}$$

都是区域.

开区域连同它的边界一起,称为闭区域,例如

$$\{(x,y)\mid x+y\geqslant 0\}\ \text{及}\ \{(x,y)\mid 1\leqslant x^2+y^2\leqslant 4\}$$

都是闭区域.

对于点集 E,如果存在正数 K,使任意一点 $P\in E$ 与某一定点 A 间的距离 $|AP|$ 不超过 K,即

$$|AP|\leqslant K$$

则称 E 为有界点集;否则,称为无界点集.例如,$\{(x,y)\mid 1\leqslant x^2+y^2\leqslant 4\}$ 是有界闭区域,$\{(x,y)\mid x+y>0\}$ 是无界开区域.

2. 多元函数的概念

设长方体的长、宽、高分别为 x、y、z,则长方体的表面积为

$$S = 2(xy + yx + xz) \quad (x > 0、y > 0、z > 0),$$

显然,当 x,y,z 变化时,S 将随着变化.因此,长方体的表面积是其长、宽、高三个变量的函数,称为三元函数.

又如,在生产中,产量 Y 与投入的资金 K 和劳动力 L 之间,有如下的关系

$$Y = AK^{\alpha}L^{\beta},$$

其中 A、α、β 为正的常数.在西方经济学中称此函数关系为 *Cobb - Douglas* 生产函数.

由此可见,所谓多元函数是指依赖于多个自变量的函数关系.下面给出二元函数的定义:

定义 4.1 设 D 为平面上的一个非空点集,若对于 D 内任意点 $P(x,y)$,按照某种对应法则 f,都有唯一确定的实数 z 与之对应,则称 f 为 D 上的二元函数,记做

$$z = f(P) \text{ 或 } z = f(x,y) \quad (x,y) \in D,$$

其中 x,y 称为自变量,z 为因变量,D 为该函数的定义域,集合 $\{z \mid z = f(x,y),(x,y) \in D\}$ 称为该函数的值域.

类似地,可定义三元及三元以上函数,当 $n \geqslant 2$ 时,n 元函数统称为多元函数.

例 1 求二元函数 $f(x,y) = \dfrac{\sqrt{4x - y^2}}{\ln(1 - x^2 - y^2)}$ 的定义域,并画出定义域的示意图.

解 由 $\begin{cases} 4x - y^2 \geqslant 0 \\ 1 - x^2 - y^2 > 0 \\ 1 - x^2 - y^2 \neq 1 \end{cases}$,解得 $\begin{cases} y^2 \leqslant 4x \\ 0 < x^2 + y^2 < 1 \end{cases}$,

所以函数的定义域为

$$D = \{(x,y) \mid y^2 \leqslant 4x, 0 < x^2 + y^2 < 1\}.$$

函数定义域如图 4 - 6 所示阴影部分.

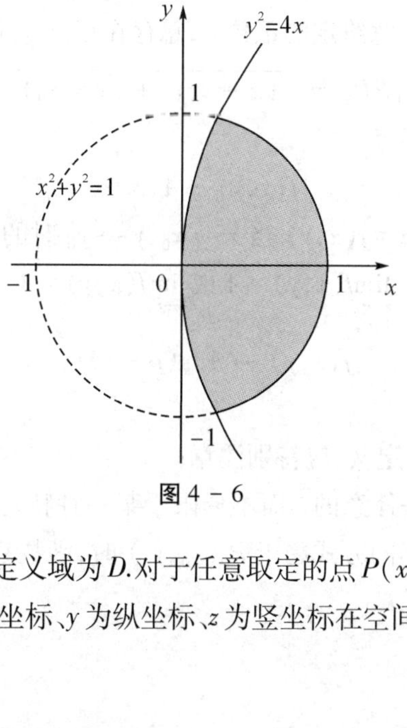

图 4 - 6

设函数 $z = f(x,y)$ 的定义域为 D.对于任意取定的点 $P(x,y) \in D$,对应的函数值为 $z = f(x,y)$.这样,以 x 为横坐标、y 为纵坐标、z 为竖坐标在空间就确定一点 $M(x,y,z)$.当

(x,y) 遍取 D 上的一切点时，得到一个空间点集

$$\{(x,y,z) \mid z=f(x,y),(x,y)\in D\}$$

这个点集称为二元函数 $z=f(x,y)$ 的图形（见图 4-7）. 通常而言，二元函数的图形是一个曲面.

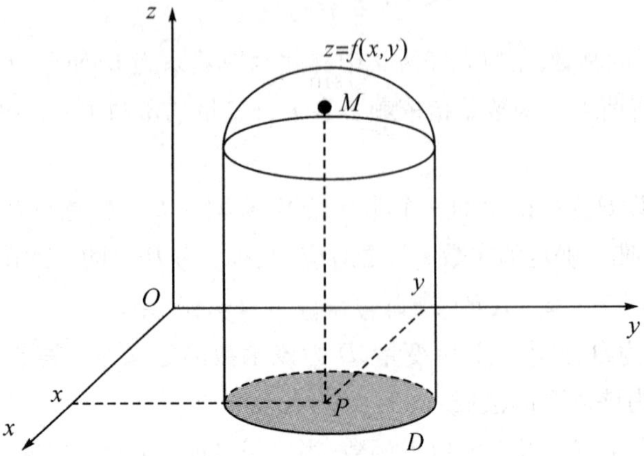

图 4-7

3. 二元函数的极限与连续性

与一元函数的极限概念类似，如果在 $P(x,y)\to P_0(x_0,y_0)$ 的过程中，对应的函数值 $f(x,y)$ 无限趋于一个常数 A，则称 A 为函数 $z=f(x,y)$ 当 $x\to x_0, y\to y_0$ 时的极限，记为 $\lim\limits_{\substack{x\to x_0\\ y\to y_0}} f(x,y)=A$.

其严格的数学定义如下：

∗ **定义** 4.2　设函数 $f(x,y)$ 在开区域（或闭区域）D 内有定义，$P_0(x_0,y_0)$ 是 D 的内点或边界点. 如果对于任意给定的正数 ε，总存在正数 δ，使得对于满足不等式

$$0<|PP_0|=\sqrt{(x-x_0)^2+(y-y_0)^2}<\delta$$

的一切点 $P(x,y)\in D$，都有

$$|f(x,y)-A|<\varepsilon$$

成立，则称常数 A 为函数 $z=f(x,y)$ 当 $x\to x_0, y\to y_0$ 时的极限，记作

$$\lim_{\substack{x\to x_0\\ y\to y_0}} f(x,y)=A \text{ 或} \lim_{P\to P_0} f(x,y)=A$$

或

$$f(x,y)\to A \quad (\rho\to 0),$$

这里 $\rho=|PP_0|$.

对于二元函数的极限定义，应特别注意：

(1) $P\to P_0$ 的方式是任意的，而不局限于某一种特定路径，这比一元函数更为复杂；如果当 $P(x,y)$ 以不同方式趋于 $P_0(x_0,y_0)$ 时，函数趋于不同的值，那么就可以断定函数的极限不存在.

(2) 求极限的运算法则与一元函数极限运算法则类似.

(3) 当点 P 按某一特殊方式趋于点 P_0 时,函数 $f(x,y)$ 的极限存在,并不能保证 $P\to P_0$ 时, 函数 $f(x,y)$ 的极限存在.

例 2 求极限 $\lim\limits_{\substack{x\to 0\\ y\to 0}}(x^2+y^2)\sin\dfrac{1}{x^2+y^2}$.

解 令 $u=x^2+y^2$,则 $\lim\limits_{\substack{x\to 0\\ y\to 0}}(x^2+y^2)\sin\dfrac{1}{x^2+y^2}=\lim\limits_{u\to 0}u\sin\dfrac{1}{u}=0$.

例 3 求极限 $\lim\limits_{\substack{x\to\infty\\ y\to\infty}}\dfrac{x+y}{x^2+y^2}$.

解 当 $xy\neq 0$ 时,

$$0\leqslant\left|\frac{x+y}{x^2+y^2}\right|\leqslant\frac{|x|+|y|}{x^2+y^2}\leqslant\frac{|x|+|y|}{2|xy|}=\frac{1}{2|y|}+\frac{1}{2|x|}\to 0\ (x\to\infty,y\to\infty),$$

所以 $\lim\limits_{\substack{x\to\infty\\ y\to\infty}}\dfrac{x+y}{x^2+y^2}=0$.

例 4 考察函数 $f(x,y)=\begin{cases}\dfrac{xy}{x^2+y^2}, & x^2+y^2\neq 0\\ 0, & x^2+y^2=0\end{cases}$ 在 $(0,0)$ 点的极限.

解 显然,当点 $P(x,y)$ 沿 x 轴趋于点 $(0,0)$ 时,

$$\lim_{x\to 0}f(x,0)=\lim_{x\to 0}0=0;$$

又当点 $P(x,y)$ 沿 y 轴趋于点 $(0,0)$ 时,

$$\lim_{y\to 0}f(0,y)=\lim_{y\to 0}0=0.$$

可见当点 $P(x,y)$ 以上述两种特殊方式(沿 x 轴或沿 y 轴) 趋于原点时函数的极限存在并且相等.

但当点 $P(x,y)$ 沿着直线 $y=kx$ 趋于点 $(0,0)$ 时,有

$$\lim_{\substack{x\to 0\\ y=kx\to 0}}\frac{xy}{x^2+y^2}-\lim_{x\to 0}\frac{kx^2}{x^2+k^2x^2}=\frac{k}{1+k^2},$$

显然它是随着 k 值的不同而改变的,因此 $\lim\limits_{\substack{x\to 0\\ y=kx\to 0}}\dfrac{xy}{x^2+y^2}$ 是不存在的.

例 5 证明 $\lim\limits_{\substack{x\to 0\\ y\to 0}}\dfrac{x^3y}{x^6+y^2}$ 不存在.

证明 取 $y=kx^3$, $\lim\limits_{\substack{x\to 0\\ y\to 0}}\dfrac{x^3y}{x^6+y^2}=\lim\limits_{\substack{x\to 0\\ y=kx^3\to 0}}\dfrac{x^3\cdot kx^3}{x^6+k^2x^6}=\dfrac{k}{1+k^2}$,其值随 k 的不同而变化,故极限不存在.

与一元函数完全类似, 利用二元函数的极限,不难定义二元函数的连续性.

定义 4.3 如果函数 $f(x,y)$ 满足:

(1) $f(x,y)$ 在 $P_0(x_0,y_0)$ 点有定义;

(2) $\lim\limits_{\substack{x\to x_0\\ y\to y_0}} f(x,y)$ 存在;

(3) $\lim\limits_{\substack{x\to x_0\\ y\to y_0}} f(x,y)=f(x_0,y_0)$.

则称函数 $f(x,y)$ 在点 $P_0(x_0,y_0)$ 连续.

如果函数 $f(x,y)$ 在开区域(或闭区域) D 内的每一点连续,那么就称函数 $f(x,y)$ 在 D 内连续,或者称 $f(x,y)$ 是 D 内的连续函数.

例 6　讨论二元函数 $f(x,y)=\begin{cases}\dfrac{x^3+y^3}{x^2+y^2}, & (x,y)\neq(0,0)\\ 0, & (x,y)=(0,0)\end{cases}$ 在点 $(0,0)$ 处的连续性.

解　由 $f(x,y)$ 表达式的特征,设 $x=\rho\cos\theta, y=\rho\sin\theta$,则

$$\lim_{(x,y)\to(0,0)} f(x,y)=\lim_{\rho\to 0}\rho(\sin^3\theta+\cos^3\theta)=0=f(0,0),$$

所以函数在点 $(0,0)$ 处连续.

例 7　讨论函数 $f(x,y)=\begin{cases}\dfrac{xy}{x^2+y^2}, & (x,y)\neq(0,0)\\ 0 & (x,y)=(0,0)\end{cases}$ 在点 $(0,0)$ 处间断.

解　函数 $f(x,y)$ 在 $(0,0)$ 处有定义,即 $f(0,0)=0$,但由例 4 已知

$\lim\limits_{(x,y)\to(0,0)}\dfrac{xy}{x^2+y^2}$ 不存在,故点 $(0,0)$ 是该函数的间断点.

以上有关二元函数连续性的概念,可相应推广到多元函数上去.

若函数 $f(x,y)$ 在区域 D 上每一点都连续,则称函数在 D 上连续.在有界闭区域上的多元连续函数也有如下性质:

定理 4.1(有界性与最值原理)　有界闭区域 D 上的多元连续函数,在 D 上有界,且能取得最大值和最小值.

定理 4.2(介值定理)　有界闭区域 D 上的多元连续函数,可取得介于最大值和最小值之间的任何值.

与一元函数类似,一切多元初等函数在其定义区域内是连续的.由多元初等函数的连续性,如果要求它在点 P_0 处的极限,而该点又在此函数的定义区域内,则极限值就是函数在该点的函数值,即 $\lim\limits_{P\to P_0} f(P)=f(P_0)$.

例 8　求 $\lim\limits_{\substack{x\to 0\\ y\to 1}}\left[\ln(y-x)+\dfrac{y}{\sqrt{1-x^2}}\right]$.

解　$\lim\limits_{\substack{x\to 0\\ y\to 1}}\left[\ln(y-x)+\dfrac{y}{\sqrt{1-x}}\right]=\ln(1-0)+\dfrac{1}{\sqrt{1-0^2}}=1$

例 9　求 $\lim\limits_{\substack{x\to 0\\ y\to 1}}\dfrac{e^x+y}{x+y}$.

解　因初等函数 $f(x,y)=\dfrac{e^x+y}{x+y}$ 在 $(0,1)$ 处连续,故

$$\lim_{\substack{x\to 0\\y\to 1}}\frac{e^x+y}{x+y}=\frac{e^0+1}{0+1}=2$$

习题 4.1

1. 设$f(x,y)=xy+\dfrac{x}{y}$,求$f\left(\dfrac{1}{2},\dfrac{1}{3}\right)$.

2. 已知$f\left(x+y,\dfrac{y}{x}\right)=x^2-y^2$,求$f(x,y)$.

3. 求下列函数的定义域并画出定义域的示意图:

(1)$z=\ln(y^2-2x+1)$　　(2)$z=\dfrac{1}{\sqrt{x+y}}+\dfrac{1}{\sqrt{x-y}}$

(3)$z=\sqrt{x-\sqrt{y}}$

(4)$z=\ln[(16-x^2-y^2)(x^2+y^2-4)]$

4. 求下列各极限,若不存在,说明理由:

(1) $\lim\limits_{\substack{x\to 0\\y\to 1}}\dfrac{1-xy}{x^2+y^2}$　　(2) $\lim\limits_{\substack{x\to 1\\y\to 0}}\dfrac{\ln(x+e^y)}{x^2+y^2}$

(3) $\lim\limits_{(x,y)\to(0,0)}\dfrac{xy}{\sqrt{xy+1}-1}$　　(4) $\lim\limits_{(x,y)\to(2,0)}\dfrac{\sin xy}{y}$

(5) $\lim\limits_{\substack{x\to 0\\y\to 0}}\dfrac{x+y}{x-y}$　　(6) $\lim\limits_{\substack{x\to 0\\y\to 0}}\dfrac{xy}{x^2+y^4}$

5. 指出下列函数的间断点或间断线:

(1)$z=\dfrac{1}{\sqrt{x^2+y^2}}$　　(2)$z=\dfrac{xy}{x+y}$

(3)$z=\sin\dfrac{1}{xy}$　　(4)$z=\dfrac{y^2+2x}{y^2-2x}$

§4.2　偏导数与全微分

多元函数对某一个自变量求导,求导过程中其他自变量保持不变,即看作常数一样,这样求得的导数称为偏导数.

1. 偏导数的定义

定义 4.4　设函数$z=f(x,y)$在点(x_0,y_0)的某一邻域内有定义,如果固定$y=y_0$

后，一元函数 $z=f(x,y_0)$ 在 $x=x_0$ 可导，即极限

$$\lim_{\Delta x\to 0}\frac{f(x_0+\Delta x,y_0)-f(x_0,y_0)}{\Delta x}$$

存在，则称此极限值为函数 $z=f(x,y)$ 在点 (x_0,y_0) 处关于自变量 x 的偏导数，记作

$$\left.\frac{\partial z}{\partial x}\right|_{\substack{x=x_0\\y=y_0}},\ \left.\frac{\partial f}{\partial x}\right|_{\substack{x=x_0\\y=y_0}},\ \left.z'_x\right|_{\substack{x=x_0\\y=y_0}},\ f'_x(x_0,y_0)\text{ 或 }\left.f'_1\right|_{\substack{x=x_0\\y=y_0}}.$$

即 $\left.\dfrac{\partial z}{\partial x}\right|_{\substack{x=x_0\\y=y_0}}=\left.\dfrac{\partial f}{\partial x}\right|_{\substack{x=x_0\\y=y_0}}=\left.z'_x\right|_{\substack{x=x_0\\y=y_0}}=f'_x(x_0,y_0)=\lim\limits_{\Delta x\to 0}\dfrac{f(x_0+\Delta x,y_0)-f(x_0,y_0)}{\Delta x}.$

类似地，可定义函数 $z=f(x,y)$ 在点 (x_0,y_0) 处关于自变量 y 的偏导数，记作

$$\left.\frac{\partial z}{\partial y}\right|_{\substack{x=x_0\\y=y_0}},\ \left.\frac{\partial f}{\partial y}\right|_{\substack{x=x_0\\y=y_0}},\ \left.z'_y\right|_{\substack{x=x_0\\y=y_0}},\ f'_y(x_0,y_0)\text{ 或 }\left.f'_2\right|_{\substack{x=x_0\\y=y_0}}.$$

如果函数 $z=f(x,y)$ 在区域 D 内每一点 (x,y) 处对 x 的偏导数都存在，那么这个偏导数就是 x、y 的函数，称为函数 $z=f(x,y)$ 对自变量 x 的偏导函数，记作

$$\frac{\partial z}{\partial x},\ \frac{\partial f}{\partial x},\ z'_x,\ f'_x(x,y)\text{ 或 }f'_1.$$

类似地，可以定义函数 $z=f(x,y)$ 对自变量 y 的偏导函数，记作

$$\frac{\partial z}{\partial y},\ \frac{\partial f}{\partial y},\ z'_y,\ f'_y(x,y)\text{ 或 }f'_2.$$

由偏导函数的概念可知，$f(x,y)$ 在点 (x_0,y_0) 处对 x 的偏导数 $f'_x(x_0,y_0)$ 显然就是偏导函数 $f'_x(x,y)$ 在点 (x_0,y_0) 处的函数值；$f'_y(x_0,y_0)$ 就是偏导函数 $f'_y(x,y)$ 在点 (x_0,y_0) 处的函数值.就像一元函数的导函数一样，以后在不至于混淆的地方也把偏导函数简称为偏导数.

偏导数的概念还可以推广到二元以上的函数.例如三元函数 $u=f(x,y,z)$ 在点 (x,y,z) 处对 x 的偏导数定义为

$$f'_x(x,y,z)=\lim_{\Delta x\to 0}\frac{f(x+\Delta x,y,z)-f(x,y,z)}{\Delta x}$$

其中 (x,y,z) 是函数 $u=f(x,y,z)$ 的定义域内的点.

求 $z=f(x,y)$ 的偏导数，并不需要用新的方法，因为这里只有一个自变量在变动，另一个自变量看作是固定的，所以仍是一元函数的求导问题.

例 1　求 $z=f(x,y)=x^2+3xy+y^2$ 在点 $(1,2)$ 处的偏导数.

解法一　当 $y=2$ 时，$f(x,2)=x^2+6x+9$，$f'_x(x,2)=\dfrac{df(x,2)}{dx}=2x+6$

当 $x=1$ 时，$f(1,y)=1+3y+y^2$，$f'_y(1,y)=\dfrac{df(1,y)}{dy}=3+2y$

故所求偏导数

$f'_x(1,2)=2\times 1+6=8$,

$f'_y(1,2)=3+2\times 2=7$.

解法二　把 y 看作常数，对 x 求导得到 $f'_x(x,y)=2x+3y$，

把 x 看作常数，对 y 求导得到 $f'_y(x,y)=3x+2y$，

故所求偏导数

$f'_x(1,2)=2\times1+3\times2=8$，

$f'_y(1,2)=3\times1+2\times2=7$.

例 2　求三元函数 $u=\sin(x+y^2-e^z)$ 的偏导数.

解　把 y 和 z 看作常数，对 x 求导得 $\dfrac{\partial u}{\partial x}=\cos(x+y^2-e^z)$；

把 x 和 z 看作常数，对 y 求导得 $\dfrac{\partial u}{\partial y}=2y\cos(x+y^2-e^z)$；

把 x 和 y 看作常数，对 z 求导得 $\dfrac{\partial u}{\partial z}=-e^z\cos(x+y^2-e^z)$.

2. 偏导数的经济意义

如果 $z=f(x,y)$ 是一个经济函数，那么 $z=f(x,y)$ 对自变量的偏导数表示因变量关于自变量的边际. $\dfrac{\partial z}{\partial x}$ 在经济学中解释为：固定 $y=y_0$，当自变量 x 在 x_0 的基础上再增加一个单位量时，因变量 z 将近似增加 $\dfrac{\partial z}{\partial x}$；同理，$\dfrac{\partial z}{\partial y}$ 在经济学中解释为：固定 $x=x_0$，当自变量 y 在 y_0 的基础上再增加一个单位量时，因变量 z 将近似增加 $\dfrac{\partial z}{\partial y}$.

与一元函数类似，也可以定义多元函数的弹性概念，称为偏弹性. 对于函数 $z=f(x,y)$，称

$$E_x=\lim_{\Delta x\to0}\frac{\dfrac{\Delta z}{z}}{\dfrac{\Delta x}{x}}=\frac{x}{z}\cdot\frac{\partial z}{\partial x}=\frac{x}{f(x,y)}\cdot f'_x(x,y)$$

为函数 $z=f(x,y)$ 对自变量 x 的偏弹性，其意义为：保持自变量 y 不变，当自变量 x 有 1% 的改变时，函数 $z=f(x,y)$ 将改变 E_x%；同样称

$$E_y=\lim_{\Delta y\to0}\frac{\dfrac{\Delta z}{z}}{\dfrac{\Delta y}{y}}=\frac{y}{z}\cdot\frac{\partial z}{\partial y}=\frac{y}{f(x,y)}\cdot f'_y(x,y)$$

为函数 $z=f(x,y)$ 对自变量 y 的偏弹性，其意义为：保持自变量 x 不变，当自变量 y 有 1% 的改变时，函数 $z=f(x,y)$ 将改变 E_y%.

在商业和经济中经常要考虑的一个生产函数是科布—道格拉斯（*Cobb-Douglas*）生产函数：

$$Q(x,y)=Ax^\alpha y^{1-\alpha},A>0\text{ 且 }0<\alpha<1$$

其中 Q 是由 x 个人力单位和 y 个资本单位生产出的产品数量.偏导数

$$\frac{\partial Q}{\partial x} \text{ 和 } \frac{\partial Q}{\partial y}$$

分别称为人力边际生产力和资本边际生产力.

例 3　某移动电话公司的某种产品有下面的生产函数:

$$Q(x,y)=50x^{\frac{2}{3}}y^{\frac{1}{3}}$$

(1) 求由 125 个人力单位和 64 个资本单位生产的产品数量;

(2) 求边际生产力;

(3) 计算在 $x=125$ 和 $y=64$ 时的生产力;

(4) 求产量对人力的弹性以及产量对资本的弹性.

解　(1) $Q(125,64)=50\times125^{\frac{2}{3}}\times64^{\frac{1}{3}}=5\ 000$;

(2) $\dfrac{\partial Q}{\partial x}=50\times\dfrac{2}{3}x^{-\frac{1}{3}}y^{\frac{1}{3}}=\dfrac{100}{3}x^{-\frac{1}{3}}y^{\frac{1}{3}},\dfrac{\partial Q}{\partial y}=50\times\dfrac{1}{3}x^{\frac{2}{3}}y^{-\frac{2}{3}}=\dfrac{50}{3}x^{\frac{2}{3}}y^{-\frac{2}{3}}$;

(3) $\left.\dfrac{\partial Q}{\partial x}\right|_{\substack{x=125\\y=64}}=\left.\left(50\times\dfrac{2}{3}x^{-\frac{1}{3}}y^{\frac{1}{3}}\right)\right|_{\substack{x=125\\y=64}}=50\times\dfrac{2}{3}\times125^{-\frac{1}{3}}\times64^{\frac{1}{3}}=\dfrac{80}{3}\approx26.67$,

$\left.\dfrac{\partial Q}{\partial y}\right|_{\substack{x=125\\y=64}}=\left.\left(50\times\dfrac{1}{3}x^{\frac{2}{3}}y^{-\frac{2}{3}}\right)\right|_{\substack{x=125\\y=64}}=50\times\dfrac{1}{3}\times125^{\frac{2}{3}}\times64^{-\frac{2}{3}}=\dfrac{625}{24}\approx26.04$;

(4) $E_x=\dfrac{x}{Q(x,y)}\cdot\dfrac{\partial Q}{\partial x}=\dfrac{x}{50x^{\frac{2}{3}}y^{\frac{1}{3}}}\cdot\dfrac{100}{3}x^{-\frac{1}{3}}y^{\frac{1}{3}}=\dfrac{2}{3}$,

$E_y=\dfrac{y}{Q(x,y)}\cdot\dfrac{\partial Q}{\partial y}=\dfrac{y}{50x^{\frac{2}{3}}y^{\frac{1}{3}}}\cdot\dfrac{50}{3}x^{\frac{2}{3}}y^{-\frac{2}{3}}=\dfrac{1}{3}$.

*3. 高阶偏导数

设函数 $z=f(x,y)$ 在区域 D 内具有偏导数

$$\frac{\partial z}{\partial x}=f'_x(x,y),\frac{\partial z}{\partial y}=f'_y(x,y)$$

那么在 D 内 $f'_x(x,y)$、$f'_y(x,y)$ 都是 x,y 的函数.如果这两个函数的偏导数也存在,则称它们是函数 $z=f(x,y)$ 的二阶偏导数.按照对变量求导次序的不同有下列四个二阶偏导数:

$$\frac{\partial}{\partial x}\left(\frac{\partial z}{\partial x}\right)=\frac{\partial^2 z}{\partial x^2}=f''_{xx}(x,y),\quad \frac{\partial}{\partial y}\left(\frac{\partial z}{\partial x}\right)=\frac{\partial^2 z}{\partial x\partial y}=f''_{xy}(x,y),$$

$$\frac{\partial}{\partial x}\left(\frac{\partial z}{\partial y}\right)=\frac{\partial^2 z}{\partial y\partial x}=f''_{yx}(x,y),\quad \frac{\partial}{\partial y}\left(\frac{\partial z}{\partial y}\right)=\frac{\partial^2 z}{\partial y^2}=f''_{yy}(x,y).$$

其中$\dfrac{\partial^2 z}{\partial x\partial y}$、$\dfrac{\partial^2 z}{\partial y\partial x}$称为二阶混合偏导数.同样可以定义三阶、四阶以及 n 阶偏导数,二阶及二阶以上的偏导数统称为高阶偏导数.

例 4 设 $z=4x^3+3x^2y-3xy^2-x+y$,求 $\frac{\partial^2 z}{\partial x^2}$, $\frac{\partial^2 z}{\partial y\partial x}$, $\frac{\partial^2 z}{\partial x\partial y}$, $\frac{\partial^2 z}{\partial y^2}$.

解 $\frac{\partial z}{\partial x}=12x^2+6xy-3y^2-1$,$\frac{\partial z}{\partial y}=3x^2-6xy+1$,

$\frac{\partial^2 z}{\partial x^2}=24x+6y$, $\frac{\partial^2 z}{\partial y^2}=-6x$,

$\frac{\partial^2 z}{\partial x\partial y}=6x-6y$, $\frac{\partial^2 z}{\partial y\partial x}=6x-6y$.

由上面计算结果知:$\frac{\partial^2 z}{\partial x\partial y}=\frac{\partial^2 z}{\partial y\partial x}=6x-6y$,二阶偏导数是否都有此性质,关于这一点,我们有下面结论:

定理 4.3 如果函数 $z=f(x,y)$ 的两个二阶混合导数 $\frac{\partial^2 z}{\partial x\partial y}$ 和 $\frac{\partial^2 z}{\partial y\partial x}$ 在区域 D 内连续,那么在该区域内这两个二阶混合偏导数必相等.

这就是说,二阶混合偏导数在连续的条件下与求导次序无关.

4. 全微分

对于一元函数 $y=f(x)$,为了近似计算函数的改变量

$$\Delta y=f(x+\Delta x)-f(x)\approx f'(x)\Delta x,$$

我们引入了微分 $dy=f'(x)\Delta x$.在 $|\Delta x|$ 比较小时,可用 dy 近似代替 Δy,计算简单且近似程度较好.

对于二元函数也有类似的问题,若函数 $z=f(x,y)$ 在点 $P_0(x_0,y_0)$ 关于 x,y 分别有改变量 $\Delta x,\Delta y$,函数的改变量

$$\Delta z=f(x_0+\Delta x,y_0+\Delta y)-f(x_0,y_0)$$

称为全改变量,由此我们引入全微分的概念.

定义 4.5 如果函数 $z=f(x,y)$ 在点 (x_0,y_0) 处的改变量 Δz 可表示为

$$\Delta z=f(x_0+\Delta x,y_0+\Delta y)-f(x_0,y_0)=A\Delta x+B\Delta y+o(\rho) \qquad (4-1)$$

其中,$A=A(x_0,y_0)$、$B=B(x_0,y_0)$ 与 Δx、Δy 无关,$\rho=\sqrt{(\Delta x)^2+(\Delta y)^2}$.则称表达式 (4-1) 中的线性主部 $A\Delta x+B\Delta y$ 为函数 $z=f(x,y)$ 在点 (x_0,y_0) 处的全微分,记为 dz,即

$$dz=A\Delta x+B\Delta y \qquad (4-2)$$

并称函数 $z=f(x,y)$ 在点 (x_0,y_0) 处可微分或可微.

定理 4.4(**可微分的必要条件**) 若函数 $z=f(x,y)$ 在点 (x_0,y_0) 处可微,则该函数在点 (x_0,y_0) 处的偏导数存在,且有

$$A=\left.\frac{\partial z}{\partial x}\right|_{\substack{x=x_0\\y=y_0}},B=\left.\frac{\partial z}{\partial y}\right|_{\substack{x=x_0\\y=y_0}}$$

于是,由(4-2)式有

$$dz = \frac{\partial z}{\partial x}\Delta x + \frac{\partial z}{\partial y}\Delta y. \tag{4-3}$$

若令 $z = f(x,y) = x$，则 $dz = dx = \Delta x$，同理有 $dy = \Delta y$，于是(4 - 3) 式可记为

$$dz = \frac{\partial z}{\partial x}dx + \frac{\partial z}{\partial y}dy \tag{4-4}$$

例 5　求函数 $z = 4xy^3 + 5x^2y^6$ 的全微分.

解　因为 $\frac{\partial z}{\partial x} = 4y^3 + 10xy^6, \frac{\partial z}{\partial y} = 12xy^2 + 30x^2y^5$，

所以，$dz = (4y^3 + 10xy^6)dx + (12xy^2 + 30x^2y^5)dy$.

例 6　计算函数 $z = x^y$ 在点(2,1) 处的全微分.

解　因为 $f'_x(x,y) = yx^{y-1}, f'_y(x,y) = x^y\ln x$，所以

$$f'_x(2,1) = 1,\ f'_y(2,1) = 2\ln 2,$$

从而所求全微分　$dz|_{(2,1)} = dx + 2\ln 2dy$.

习题 4.2

1. 求下列函数的一阶偏导数：

(1) $z = x^3y - xy^3$　　(2) $z = \sqrt{\ln(xy)}$

(3) $z = y^2\cos(xy)$　　(4) $z = (1 + xy)^y$

(5) $z = \ln\frac{y}{x}$　　(6) $z = e^{xy} + yx^2$

2. 设 $f(x,y) = x + y - \sqrt{x^2 + y^2}$，求 $f'_x(3,4), f'_y(3,4)$.

3. 求下列函数的全微分：

(1) $z = xy + \frac{x}{y}$　　(2) $z = e^{x-2y}$

(3) $z = \frac{y}{\sqrt{x^2 + y^2}}$　　(4) $u = x^{yz}$

4. 求下列函数在已给条件下全微分的值：

(1) 函数 $z = x^2y^3$，当 $x = 2, y = -1, \Delta x = 0.02, \Delta y = -0.01$

(2) 函数 $z = e^{xy}$，当 $x = 1, y = 1, \Delta x = 0.15, \Delta y = 0.1$

5. 求下列函数的二阶导数：

(1) $z = \sin(2x + y)$　　(2) $z = y^x$

(3) $z = x^4 + y^4 - 4x^2y^2$　　(4) $z = x\ln(x + y)$

6. 某出版公司的某种产品有生产函数 $p(x,y) = 1\,800x^{0.621}y^{0.379}$，其中 p 是由 x 个人力单位和 y 个资本单位所生产的产品的数量.

(1) 求由 2 500 个人力单位和 1 700 个资本单位生产的产品数量；

(2) 求边际生产力；

(3) 说明在(2) 中求出的边际生产力的意义；

(4) 计算在 $x = 2\ 500$ 和 $y = 1\ 700$ 时的边际生产力.

7. 已知某商品的需求量 Q 是该商品的价格 p_1、另一相关商品价格 p_2 及消费者收入 y 的函数，且 $Q = \frac{1}{200}p_1^{-\frac{3}{8}}p_2^{-\frac{2}{5}}y^{\frac{5}{2}}$. 试求需求量 Q 分别关于自身价格 p_1、相关价格 p_2 及消费者收入 y 的弹性，并阐述它们的经济意义.

§4.3 多元复合函数的求导法则

一元函数微分学中复合函数的求导法则可以直接推广到多元复合函数的情形.

定理4.5 如果函数 $u = u(x,y)$ 及 $v = v(x,y)$ 都在点(x,y) 具有对 x 及对 y 的偏导数，函数 $z = f(u,v)$ 在对应点(u,v) 具有连续偏导数，则复合函数 $z = f[u(x,y), v(x,y)]$ 在点(x,y) 的两个偏导数存在，且有：

$$\frac{\partial z}{\partial x} = \frac{\partial z}{\partial u}\frac{\partial u}{\partial x} + \frac{\partial z}{\partial v}\frac{\partial v}{\partial x} \tag{4-5}$$

$$\frac{\partial z}{\partial y} = \frac{\partial z}{\partial u}\frac{\partial u}{\partial y} + \frac{\partial z}{\partial v}\frac{\partial v}{\partial y} \tag{4-6}$$

定理4.5 中各变量的链接关系可以用图 4 - 8 来描述，公式(4 - 5) 和公式(4 - 6) 也称为复合函数求导的链式法则. 这一法则形式上可简单概括为“连线相乘，分线相加”.

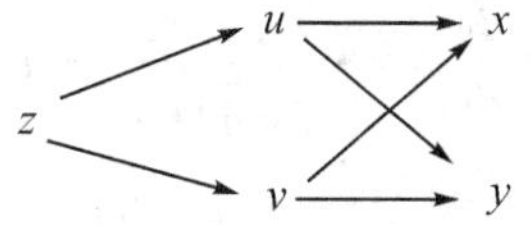

图 4 - 8

例 1 设 $z = e^u \sin v$，而 $u = xy, v = x + y$，求$\frac{\partial z}{\partial x}$和$\frac{\partial z}{\partial y}$.

解 $\frac{\partial z}{\partial x} = \frac{\partial z}{\partial u}\cdot\frac{\partial u}{\partial x} + \frac{\partial z}{\partial v}\cdot\frac{\partial v}{\partial x} = e^u \sin v \cdot y + e^u \cos v \cdot 1$

$= e^u(y\sin v + \cos v) = e^{xy}[y\sin(x + y) + \cos(x + y)]$,

$\frac{\partial z}{\partial y} = \frac{\partial z}{\partial u}\cdot\frac{\partial u}{\partial y} + \frac{\partial z}{\partial v}\cdot\frac{\partial v}{\partial y} = e^u \sin v \cdot x + e^u \cos v \cdot 1$

$= e^u(x\sin v + \cos v) = e^{xy}[x\sin(x + y) + \cos(x + y)]$.

当中间变量多于两个的时候，我们有类似的结论. 如果函数 $u = u(x,y), v = v(x,y)$ 及 $w = w(x,y)$ 都在点(x,y) 具有对 x 及对 y 的偏导数，函数 $z = f(u,v,w)$ 在对应点(u,v,w) 具有连续偏导数，则复合函数 $z = f[u(x,y), v(x,y), w(x,y)]$ 在点

(x,y) 的两个偏导数存在,且有:

$$\frac{\partial z}{\partial x}=\frac{\partial z}{\partial u}\frac{\partial u}{\partial x}+\frac{\partial z}{\partial v}\frac{\partial v}{\partial x}+\frac{\partial z}{\partial w}\frac{\partial w}{\partial x} \tag{4-7}$$

$$\frac{\partial z}{\partial y}=\frac{\partial z}{\partial u}\frac{\partial u}{\partial y}+\frac{\partial z}{\partial v}\frac{\partial v}{\partial y}+\frac{\partial z}{\partial w}\frac{\partial w}{\partial y} \tag{4-8}$$

比较特别情形是,设 $z=f(u,v)$ 是自变量为 u 和 v 的二元函数,而 $u=u(t)$,$v=v(t)$ 是自变量 t 的一元函数,则 $z=f[u(t),v(t)]$ 是 t 的一元函数.这个复合函数 z 对 t 的导数 $\frac{dz}{dt}$ 称为全导数.

定理 4.6　如果函数 $u=u(t)$ 及 $v=v(t)$ 都在点 t 可导,函数 $z=f(u,v)$ 在对应点 (u,v) 具有连续偏导数,则复合函数 $z=f[u(t),v(t)]$ 在点 t 可导,且

$$\frac{dz}{dt}=\frac{\partial z}{\partial u}\frac{du}{dt}+\frac{\partial z}{\partial v}\frac{dv}{dt} \tag{4-9}$$

定理 4.6 中各变量的链接关系与求导法则分别参见图 4 - 9 与图 4 - 10.

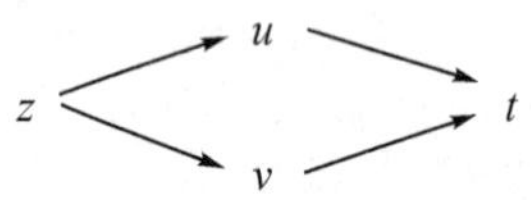

图 4 - 9

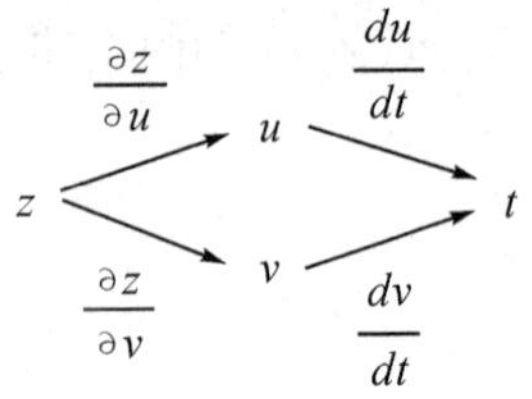

图 4 - 10

例 2　设 $z=uv$,而 $u=\sqrt{1+e^t}$,$v=\cos t$,求全导数 $\frac{dz}{dt}$.

解　$\frac{dz}{dt}=\frac{\partial z}{\partial u}\cdot\frac{du}{dt}+\frac{\partial z}{\partial v}\cdot\frac{dv}{dt}=v\cdot\frac{e^t}{2\sqrt{1+e^t}}-u\sin t=\frac{e^t\cos t}{2\sqrt{1+e^t}}-\sqrt{1+e^t}\sin t.$

习题 4.3

1. 设 $z=u^2\ln v$,而 $u=\frac{x}{y}$,$v=3x-2y$,求 $\frac{\partial z}{\partial x}$,$\frac{\partial z}{\partial y}$.

2. 设 $z=e^{x-2y}$,而 $x=\sin t$,$y=t^3$,求 dz.

3. 设 $z=\arctan(xy)$,而 $y=e^x$,求 $\frac{dz}{dx}$.

4. 设 $u=\frac{e^{ax}(y-z)}{a^2+1}$,而 $y=a\sin x$,$z=\cos x$,求 $\frac{du}{dx}$.

5. 设 $z=\arctan\frac{x}{y}$,而 $x=u+v$,$y=u-v$,求证 $\frac{\partial z}{\partial u}+\frac{\partial z}{\partial v}=\frac{u-v}{u^2+v^2}$.

6. 设 $z=f(x+y,x^2-y^2)$，且 f 具有一阶连续偏导数，求 $\frac{\partial z}{\partial x}$ 和 $\frac{\partial z}{\partial y}$.

7. 若 $z=f(ax+by)$，且 f 具有一阶连续偏导数，证明：$b\frac{\partial z}{\partial x}-a\frac{\partial z}{\partial y}=0$.

§4.4　多元函数的极值与最值

与一元函数相类似，多元函数的最值与极值有密切联系，这里我们以二元函数为例来进行讨论.

1. 二元函数的无条件极值

定义 4.6　设函数 $z=f(x,y)$ 在点 (x_0,y_0) 的某个邻域内有定义，对于该邻域内异于 (x_0,y_0) 的点 (x,y)：如果都满足不等式 $f(x,y)<f(x_0,y_0)$，则称函数在点 (x_0,y_0) 有极大值 $f(x_0,y_0)$；如果都满足不等式 $f(x,y)>f(x_0,y_0)$，则称函数在点 (x_0,y_0) 有极小值 $f(x_0,y_0)$. 极大值、极小值统称为极值. 使函数取得极值的点称为极值点.

例 1　函数 $z=3x^2+4y^2$ 在点 $(0,0)$ 处有极小值. 因为对于点 $(0,0)$ 的任一邻域内异于 $(0,0)$ 的点，函数值都为正，而在点 $(0,0)$ 处的函数值为零. 从图形（见图 4－11）上看这是显然的，因为点 $(0,0,0)$ 是开口朝上的椭圆抛物面 $z=3x^2+4y^2$ 的顶点.

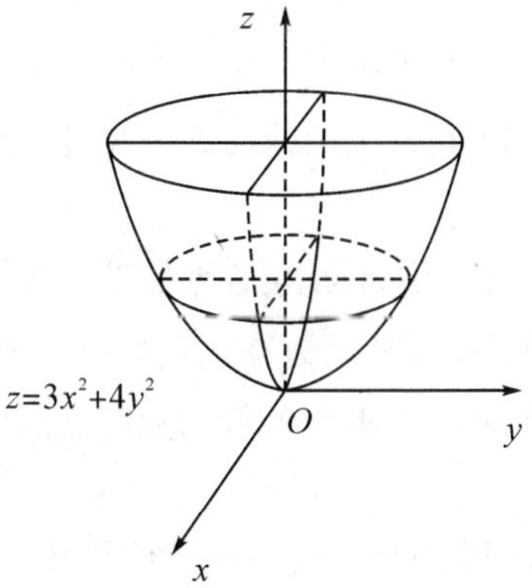

图 4－11

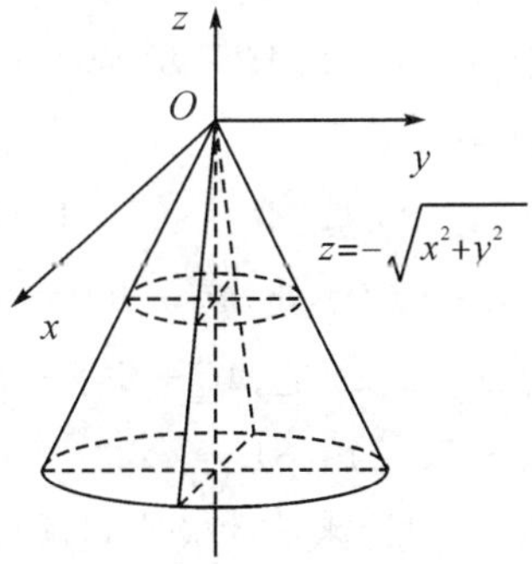

图 4－12

例 2　函数 $z=-\sqrt{x^2+y^2}$ 在点 $(0,0)$ 处有极大值. 因为在点 $(0,0)$ 处函数值为零，而对于点 $(0,0)$ 的任一邻域内异于 $(0,0)$ 的点，函数值都为负. 点 $(0,0,0)$ 是位于 xy 平面下方的锥面 $z=-\sqrt{x^2+y^2}$ 的顶点（如图 4－12 所示）.

例 3　函数 $z=xy$ 在点 $(0,0)$ 处既不取得极大值也不取得极小值. 因为在点 $(0,0)$ 处的函数值为零，而在点 $(0,0)$ 的任一邻域内，总有使函数值为正的点，也有使函数值为负的点.

对于二元函数的极值判定,有下面的结论.

定理 4.7(**必要条件**)　设函数 $z=f(x,y)$ 在点 (x_0,y_0) 具有偏导数,且在点 (x_0,y_0) 处有极值,则它在该点的偏导数必然为零: $f'_x(x_0,y_0)=0$, $f'_y(x_0,y_0)=0$.

在二元函数中,我们也把使函数 $z=f(x,y)$ 的两个偏导数为零的点,称为这个函数的驻点.

由定理 4.7 可知,具有偏导数的函数的极值点必定是驻点,但函数的驻点不一定是极值点.例如,点 $(0,0)$ 是函数 $z=xy$ 的驻点,但函数在该点并无极值.

定理 4.8(**充分条件**)　设函数 $z=f(x,y)$ 在点 (x_0,y_0) 的某邻域内连续且有一阶及二阶连续偏导数,且 $f'_x(x_0,y_0)=0$, $f'_y(x_0,y_0)=0$,令

$$f''_{xx}(x_0,y_0)=A,\ f''_{xy}(x_0,y_0)=B,\ f''_{yy}(x_0,y_0)=C,$$

则 $f(x,y)$ 在点 (x_0,y_0) 处是否取得极值的条件如下:

(1) $AC-B^2>0$ 时具有极值,且当 $A<0$ 时有极大值,当 $A>0$ 时有极小值;

(2) $AC-B^2<0$ 时没有极值;

(3) $AC-B^2=0$ 时可能有极值,也可能没有极值,还需另作讨论.

例 4　求函数 $f(x,y)=x^3-y^3+3x^2+3y^2-9x$ 的极值.

解　先解方程组

$$\begin{cases} f'_x(x,y)=3x^2+6x-9=0 \\ f'_y(x,y)=-3y^2+6y=0 \end{cases},$$

求得驻点为 $(1,\ 0)$, $(1,\ 2)$, $(-3,\ 0)$, $(-3,\ 2)$.

再求出二阶偏导数 $f''_{xx}(x,y)=6x+6$, $f''_{xy}(x,y)=0$, $f''_{yy}(x,y)=-6y+6$.

在点 $(1,\ 0)$ 处, $AC-B^2=12\times 6=72>0$,又 $A=6>0$,故函数在该点处有极小值 $f(1,0)=-5$;

在点 $(1,\ 2)$ 处, $AC-B^2=12\times(-6)=-72<0$,故函数在该点处没有极值;

在点 $(-3,\ 0)$ 处, $AC-B^2=(-12)\times 6=-72<0$,故函数在该点处没有极值;

在点 $(-3,\ 2)$ 处, $AC-B^2=-12\times(-6)=72>0$,又 $A<0$,故函数在该点处有极大值 $f(-3,\ 2)=31$.

注意　讨论函数的极值问题时,如果函数在所讨论的区域内具有偏导数,则极值只可能在驻点处取得.然而,如果函数在个别点处的偏导数不存在,这些点当然不是驻点,但可能是极值点.例如在例 2 中,函数 $z=-\sqrt{x^2+y^2}$ 在点 $(0,0)$ 处的偏导数不存在,但该函数在点 $(0,0)$ 处却具有极大值.因此,在考虑函数的极值问题时,除了考虑函数的驻点外,如果有偏导数不存在的点,那么对这些点也应当考虑.

例 5　判断 $z=1-\sqrt{x^2+y^2}$ 的极值.

解　因为 $z'_x=-\dfrac{x}{\sqrt{x^2+y^2}}$, $z'_y=-\dfrac{y}{\sqrt{x^2+y^2}}$,所以,在 $(0,0)$ 处, z'_x 与 z'_y 都不存在.

而当$(x,y)=(0,0)$时,$z(0,0)=1$,当$(x,y)\neq(0,0)$时,$z(x,y)=1-\sqrt{x^2+y^2}<1$,所以,$z(0,0)=1$为极大值.

与一元函数类似,我们可以利用函数的极值来求函数的最大值和最小值.如果$f(x,y)$在有界闭区域D上连续,则$f(x,y)$在D上必定能取得最大值和最小值.这种使函数取得最大值或最小值的点既可能在D的内部,也可能在D的边界上.我们假定,函数在D上连续、在D内可微分且只有有限个驻点,这时如果函数在D的内部取得最大值(最小值),那么这个最大值(最小值)也是函数的极大值(极小值).因此,在上述假定下,求函数的最大值和最小值的一般方法是:将函数$f(x,y)$在D内的所有驻点处的函数值及在D的边界上的最大值和最小值相互比较,其中最大的就是最大值,最小的就是最小值.但这种做法,由于要求出$f(x,y)$在D的边界上的最大值和最小值,所以往往相当复杂.在通常遇到的实际问题中,如果根据问题的性质,知道函数$f(x,y)$的最大值(最小值)一定在D的内部取得,而函数在D内只有一个驻点,那么可以肯定该驻点处的函数值就是函数$f(x,y)$在D上的最大值(最小值).

例6 求函数$f(x,y)=x^2-2xy+2y$在矩形区域

$$D=\{(x,y)\mid 0\leqslant x\leqslant 3,0\leqslant y\leqslant 2\}$$

上的最大值和最小值.

解 首先求函数$f(x,y)$在D内驻点.由$\begin{cases}f'_x=2x-2y=0\\f'_y=-2x+2=0\end{cases}$求得$f$在$D$内部的唯一驻点$(1,1)$,且$f(1,1)=1$.

其次求函数$f(x,y)$在D的边界上的最大值和最小值.

如图4-13所示.区域D的边界包含四条直线段L_1,L_2,L_3,L_4.

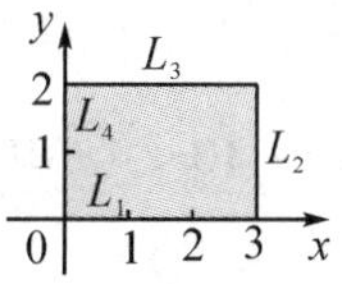

图4-13

在L_1上$y=0$,$f(x,0)=x^2$,$0\leqslant x\leqslant 3$.这是x的单调增加函数,故在L_1上f的最大值为$f(3,0)=9$,最小值为$f(0,0)=0$.

同样在L_2和L_4上f也是单调的一元函数,易得最大值、最小值分别为

$f(3,0)=9$,$f(3,2)=1$(在L_2上),

$f(0,2)=4$,$f(0,0)=0$(在L_4上).

而在L_3上$y=2$,$f(x,2)=x^2-4x+4$,$0\leqslant x\leqslant 3$,易求出f在L_3上的最大值$f(0,2)=4$,最小值$f(2,2)=0$.

将f在驻点上的值$f(1,1)$与L_1,L_2,L_3,L_4上的最大值和最小值比较,最后得到f在D上的最大值$f(3,0)=9$,最小值$f(0,0)=f(2,2)=0$.

例7 某厂要用铁板做成一个体积为$2m^3$的有盖长方体水箱.问当长、宽、高各取

怎样的尺寸时，才能使用料最省？

解　设水箱的长为 xm，宽为 ym，则其高应为$\frac{2}{xy}m$.此水箱所用材料的面积

$$A = 2\left(xy + y \cdot \frac{2}{xy} + x \cdot \frac{2}{xy}\right) = 2\left(xy + \frac{2}{x} + \frac{2}{y}\right) \quad (x > 0,\ y > 0).$$

此为目标函数.下面求使这个函数取得最小值的点$(x,\ y)$.

令$\begin{cases} A'_x = 2\left(y - \dfrac{2}{x^2}\right) = 0 \\ A'_y = 2\left(x - \dfrac{2}{y^2}\right) = 0 \end{cases}$，解这个方程组，得唯一的驻点

$x = \sqrt[3]{2} \approx 1.26, y = \sqrt[3]{2} \approx 1.26.$

根据题意可断定，该驻点即为所求最小值点.

因此当水箱的长为 1.26m、宽为 1.26m、高为 1.26m 时，水箱所用的材料最省.

例 8　设 q_1 为商品 A 的需求量，q_2 为商品 B 的需求量，其需求函数分别为 $q_1 = 16 - 2p_1 + 4p_2, q_2 = 20 + 4p_1 - 10p_2$，总成本函数为 $C = 3q_1 + 2q_2$，其中 p_1, p_2 为商品 A 和 B 的价格，试问价格 p_1, p_2 取何值时可使利润最大？

解　按题意，总收益函数为

$$R = p_1q_1 + p_2q_2 = p_1(16 - 2p_1 + 4p_2) + p_2(20 + 4p_1 - 10p_2),$$

于是总利润函数为

$$\begin{aligned} L = R - C &= q_1(p_1 - 3) + q_2(p_2 - 2) \\ &= (p_1 - 3)(16 - 2p_1 + 4p_2) + (p_2 - 2)(20 + 4p_1 - 10p_2) \end{aligned}$$

令$\begin{cases} \dfrac{\partial L}{\partial p_1} = 14 - 4p_1 + 8p_2 = 0 \\ \dfrac{\partial L}{\partial p_2} = 4(p_1 - 3) + (20 + 4p_1 - 10p_2) - 10(p_2 - 2) = 0 \end{cases}$

解得 $p_1 = 31.5, p_2 = 14$，又因

$$(L''_{xy})^2 - L''_{xx} \cdot L''_{yy} = 8^2 - (-4)(-20) < 0.$$

故当价格 $p_1 = 31.5, p_2 = 14$ 时利润可达最大，而此时产量为 $q_1 = 9, q_2 = 6$.

2. 二元函数的条件极值

前面所讨论的极值问题，对于函数的自变量，除了限制在函数的定义域内以外，并无其他条件，所以称之为无条件极值.但在实际问题中，有时会遇到对函数的自变量还有附加条件的极值问题.例如，求表面积为 a^2 而体积为最大的长方体的体积问题.设长方体的三棱的长为 x, y, z，则体积 $V = xyz$.又因假定表面积为 a^2，所以自变量 x, y, z 还必须满足附加条件 $2(xy + yz + xz) = a^2$.对于有些实际问题，可以把条件极值化为无条件极值，然后利用前面介绍的方法加以解决.例如上述问题，可由条件 $2(xy + yz + xz) = a^2$，将 z 表示为 x, y 的函数

$$z=\frac{a^2-2xy}{2(x+y)}.$$

再把它代入 $V=xyz$ 中，于是问题就化为求

$$V=\frac{xy}{2}\cdot\frac{a^2-2xy}{x+y}.$$

的无条件极值.例 7 也是属于把条件极值化为无条件极值的例子.

但在很多情形下，将条件极值化为无条件极值并不容易.下面介绍一种直接寻求条件极值的方法.

拉格朗日乘数法 要找函数 $z=f(x,y)$ 在附加条件 $\varphi(x,y)=0$ 下的可能极值点，可以先构造辅助函数

$$F(x,y,\lambda)=f(x,y)+\lambda\varphi(x,y)$$

其中 λ 为某一常数(称为拉格朗日乘数).然后，求 $F(x,y,\lambda)$ 对各变量的一阶偏导数，并使之为零，得到方程组：

$$\begin{cases}F'_x(x,y,\lambda)=f'_x(x,y)+\lambda\varphi'_x(x,y)=0\\F'_y(x,y,\lambda)=f'_y(x,y)+\lambda\varphi'_y(x,y)=0\\F'_\lambda(x,y,\lambda)=0\end{cases}\tag{4-10}$$

由这方程组解出 x,y 及 λ，则其中 x,y 就是可能极值点的坐标.注意方程组中第三个方程 $F'_\lambda(x,y,\lambda)=0$ 其实就是附加条件 $\varphi(x,y)=0$.

这方法还可以推广到自变量多于两个或条件多于一个的情形.

至于如何确定所求得的点是否极值点，在实际问题中往往可根据问题本身的性质来判定，所以拉格朗日乘数法适用于求解具有实际背景的应用问题.

例 9 求表面积为 a^2 而体积最大的长方体的体积.

解 设长方体的三棱长为 x,y,z，则问题就是在条件

$$\varphi(x,y,z)=2xy+2yz+2xz-a^2=0$$

下，求函数 $V=xyz(x>0,y>0,z>0)$ 的最大值.

作拉格朗日函数

$$F(x,y,z,\lambda)=xyz+\lambda(2xy+2yz+2xz-a^2)$$

由 $\begin{cases}F'_x=yz+2\lambda(y+z)=0\\F'_y=xz+2\lambda(x+z)=0\\F'_z=xy+2\lambda(y+x)=0\\F'_\lambda=2xy+2yz+2xz-a^2=0\end{cases}$，解得 $x=y=z=\frac{\sqrt{6}a}{6}$，由问题本身意义知，此点就是所求最大值点.即表面积为 a^2 的长方体中，以棱长为 $\frac{\sqrt{6}a}{6}$ 的正方体的体积最大，最大体积 $V=\frac{\sqrt{6}}{36}a^3$.

例 10 现在已知某制造商的 *Cobb - Douglas* 生产函数是 $f(x,y)=100x^{\frac{3}{4}}y^{\frac{1}{4}}$(式中

x 代表劳动力的数量，y 为单位资本数量，函数值表示生产量)，每个劳动力与每单位资本的成本分别是 150 元及 250 元. 该制造商的总预算是 50 000 元. 问他该如何分配这笔钱用于雇用劳动力与资本，以使生产量最高.

解　这是个条件极值问题，求函数 $f(x,y)=100x^{\frac{3}{4}}y^{\frac{1}{4}}$ 在条件 $150x+250y=50\ 000$ 下的最大值. 令

$$F(x,y,\lambda)=100x^{\frac{3}{4}}y^{\frac{1}{4}}+\lambda(50\ 000-150x-250y)$$

由方程组 $\begin{cases}F'_x=75x^{-\frac{1}{4}}y^{\frac{1}{4}}-150\lambda=0\\F'_y=25x^{\frac{3}{4}}y^{-\frac{3}{4}}-250\lambda=0\\F'_\lambda=50\ 000-150x-250y=0\end{cases}$，解得唯一可能的极值点(250,50)，该问题本身有最大值，所以，该制造商应该雇用 250 个劳动力而把剩余的资金作为资本投入，这时可获得最大产量 $f(250,50)=16\ 719$.

习题 4.4

1. 求下列函数的极值：

(1) $f(x,y)=4(x-y)-x^2-y^2$　　(2) $f(x,y)=x^2+(y-1)^2$

(3) $f(x,y)=(x-y+1)^2$　　(4) $f(x,y)=e^{2x}(x+y^2+2y)$

2. 求下列条件极值：

(1) 求函数 $f(x,y)=xy$ 在条件 $2x+3y-6=0$ 下的极值.

(2) 求函数 $f(x,y)=x+2y$ 在条件 $x^2+y^2=5$ 下的极值.

3. 求抛物线 $y=x^2$ 到直线 $x-y-2=0$ 之间的最短距离.

4. 某工厂预计生产 A、B 两种产品. 当 A、B 的产量分别为 x、y 时，成本为 $C(x,y)=400+2x+3y+0.01(3x^2+xy+3y^2)$(元). 已知 A、B 的售价分别为 10 元、9 元，试求两种产品各生产多少时，工厂可获得最大利润?

5. 甲、乙两厂共同生产同种产品供应市场，当产量分别为 x 和 y 单位时，其成本函数分别为 $C_1=2x^2+16x+18$ 和 $C_2=y^2+32y+70$. 已知该产品的需求函数为 $Q=30-\dfrac{p}{4}$(p 为售价)，且需求量即两厂的总产量，求使该产品获得最大利润的总产量、各厂产量、产品售价及最大利润.

6. 某厂生产 A、B 两种产品供应某地区，A、B 的需求量分别为 x、y. 其需求函数分别是 $x=20-5p+3q$，$y=10+3p-2q$(其中 p 与 q 分别是产品 A 与 B 的价格)，其成本函数为 $C(x,y)=2x^2-2xy+y^2+37.5$，求利润最大时两种产品的产出水平及最大利润.

7. 某商品的生产函数为 $Q=6K^{\frac{1}{3}}L^{\frac{1}{2}}$，其中 Q 为产品产量，K 为资本投入，L 为劳动

力投入;又知资本投入价格为 4,劳动力投入价格为 3,产品销售价格为 $p=2$,求:

(1) 该产品利润最大时的投入和产出水平以及最大利润;

(2) 若投入总额限定为 60 个单位之内,求这时产品取得最大利润时的投入及最大利润.

本章总习题

1. 选择题:

(1) 设函数 $z=f(x,y)$ 的定义域为 $D=\{(x,y)\mid 0\leqslant x\leqslant 1,0\leqslant y\leqslant 1\}$,则函数 $f(x^2,y^2)$ 的定义域为(　　).

(A) $\{(x,y)\mid 0\leqslant x\leqslant 1,0\leqslant y\leqslant 1\}$

(B) $\{(x,y)\mid -1\leqslant x\leqslant 1,0\leqslant y\leqslant 1\}$

(C) $\{(x,y)\mid 0\leqslant x\leqslant 1,-1\leqslant y\leqslant 1\}$

(D) $\{(x,y)\mid -1\leqslant x\leqslant 1,-1\leqslant y\leqslant 1\}$

(2) 设 $z=y\sin xu$, $u=\dfrac{x}{\sqrt{y}}$,则 $\dfrac{\partial z}{\partial y}=$(　　).

(A) $\sin xu-\dfrac{x}{2\sqrt{y}}\sin xu$　　(B) $\sin xu-\dfrac{x^2}{2\sqrt{y}}\cos xu$

(C) $-\dfrac{x}{2\sqrt{y^3}}\sin xu$　　(D) $\dfrac{x}{2\sqrt{y^3}}\cos xu$

(3) 使 $\dfrac{\partial^2 z}{\partial x\partial y}=2x-y$ 成立的函数是(　　).

(A) $z=x^2y-\dfrac{1}{2}xy^2+e^{x+y}$　　(B) $z=x^2y-\dfrac{1}{2}xy^2+e^{x}$

(C) $z=x^2y-\dfrac{1}{2}xy^2+\sin(xy)$　　(D) $z=x^2y-\dfrac{1}{2}xy^2+e^{xy}+3$

(4) 设 $z=xy+x^2$,则 $\dfrac{\partial z}{\partial x}+\dfrac{\partial z}{\partial y}=$(　　).

(A) $x+y+2x^2$　　(B) $x+y+3x^2$

(C) $2x+y+3x^2$　　(D) $x+y$

(5) 函数 $f(x,y)=4(x-y)-x^2-y^2$(　　).

(A) 有极大值 8　　(B) 有极小值 8

(C) 无极值　　(D) 有无极值不确定

(6) 求函数 $f(x,y)=x^3-y^3+3x^2+3y^2-9x$ 的极值,得驻点之一(1,0),此点是(　　).

(A) 极大值点　　(B) 极小值点

(C) 不是极值点　　　　(D) 不能确定

2. 求下列极限:

(1) $\lim\limits_{(x,y)\to(0,1)} \dfrac{xy+1}{x+2y}$　　　　(2) $\lim\limits_{(x,y)\to(0,0)} \dfrac{\sin(xy)}{x}$

(3) $\lim\limits_{\substack{x\to\infty \\ y\to a}} \left(1+\dfrac{1}{xy}\right)^{\frac{x^2}{x+y}}$　$(a \neq 0)$　　　　(4) $\lim\limits_{\substack{x\to+\infty \\ y\to+\infty}} (x^2+y^2)e^{-(x+y)}$

3. 求下列函数的一阶偏导数:

(1) $z = \sin\dfrac{x}{y} + xe^{-xy}$　　　　(2) $u = \dfrac{x}{x^2+y^2+z^2}$

(3) $z = xf(x-y)$　　　　(4) $u = f(x, xy, xyz)$

4. 求函数 $z = \dfrac{xy}{x^2-y^2}$ 当 $x=2, y=1, \Delta x = 0.01, \Delta y = 0.03$ 时的全增量和全微分.

5. 求函数 $z = \ln(1+x^2+y^2)$ 当 $x=1, y=2$ 时的全微分.

6. 设 $z = x^2y + \sqrt{y}, y = \sin x$,求全导数$\dfrac{dz}{dx}$.

7. 求函数 $f(x,y) = x^3 + y^3 - 9xy + 27$ 的极值.

8. 某地区用 k 单位资金投资三个项目,投资额分别为 x, y, z 单位,所能获得的效益为 $R = x^{\alpha}y^{\beta}z^{\gamma}$,且 α, β, γ 为正的常数,问如何分配这 k 单位的投资额,才能使效益最大?最大效益为多少?

第 5 章　多元函数积分学及其应用

在一元函数微积分学中我们知道,定积分是某种确定形式的和的极限,用于计算关于一个变量的非均匀量的累积.若被积函数由一元函数推广到多元函数,积分区间推广到区域、曲线或曲面上,便得到重积分、曲线积分或曲面积分,这就是多元函数积分学.本章仅介绍二重积分的概念、性质、计算及应用.

§5.1 二重积分的概念与性质

1. 曲顶柱体的体积

设有一个立体,它的底是 xy 平面上的有界闭区域 D,它的侧面是以 D 的边界曲线为准线而母线平行于 z 轴的柱面,它的顶是曲面 $z=f(x,y)$,这里 $f(x,y)\geqslant 0$ 且在 D 上连续(见图 5－1),这种立体叫做曲顶柱体.现在我们来讨论如何计算曲顶柱体的体积.

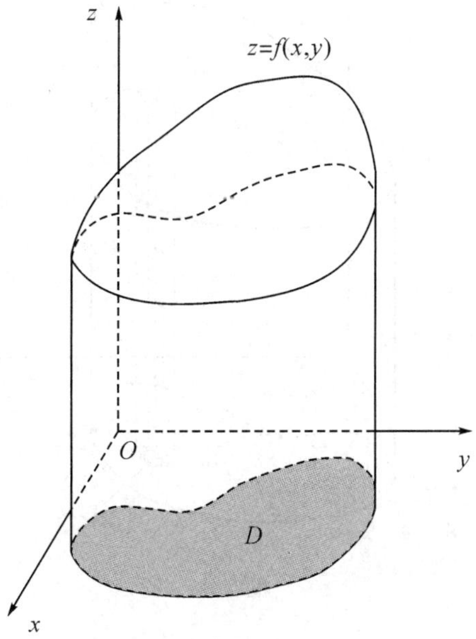

图 5－1

我们知道,平顶柱体的高是不变的,它的体积有计算公式

$$\text{体积} = \text{高} \times \text{底面积}$$

关于曲顶柱体,当点(x,y)在区域D上变动时,高度$f(x,y)$是个变量,因此它的体积不能直接用上式来计算.与求曲边梯形面积的问题类似,我们可以用以下的方法来处理.

首先,化整为零.用一组曲线网把D分成n个小闭区域$\Delta\sigma_1,\Delta\sigma_2,\cdots,\Delta\sigma_n$,如图 5 - 2 所示.

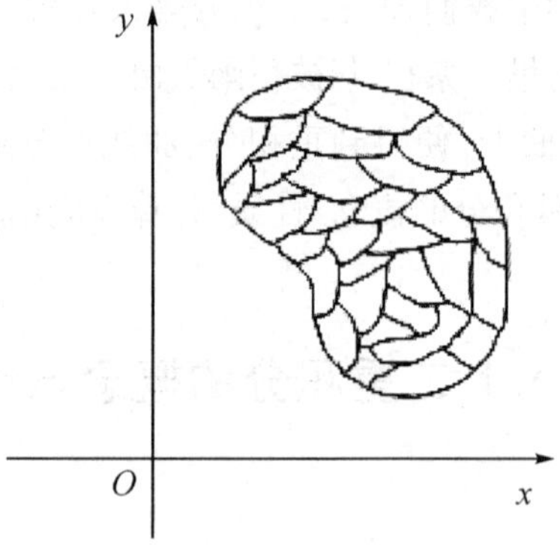

图 5 - 2

分别以这些小闭区域的边界曲线为准线,作母线平行于z轴的柱面,这些柱面把原来的曲顶柱体分为n个小曲顶柱体,如图 5 - 3 所示.

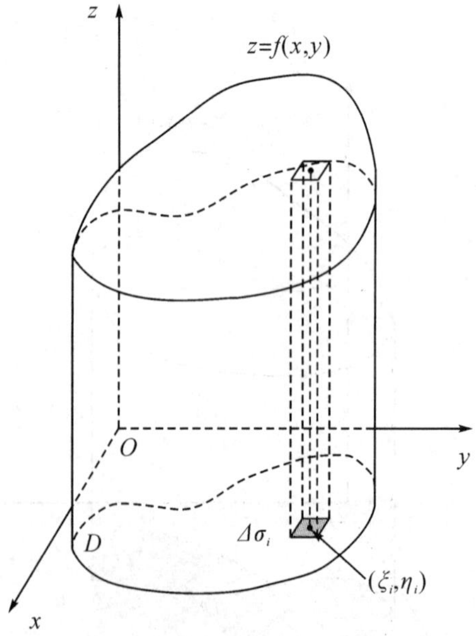

图 5 - 3

其次,以平代曲.当这些小闭区域的直径(我们把区域边界上任意两点间距离的最大值称为区域的直径)很小时,由于$f(x,y)$连续,对同一个小闭区域来说,$f(x,y)$

变化很小,这时小曲顶柱体可近似看作平顶柱体.我们在每个$\Delta\sigma_i$(这小闭区域的面积也记作$\Delta\sigma_i$)中任取一点(ξ_i,η_i),以$f(\xi_i,\eta_i)$为高而底为$\Delta\sigma_i$的平顶柱体(见图5-3)的体积为

$$f(\xi_i,\eta_i)\Delta\sigma_i \quad (i=1,2,\cdots,n).$$

这n个平顶柱体体积之和

$$\sum_{i=1}^{n} f(\xi_i,\eta_i)\Delta\sigma_i$$

可以作为整个曲顶柱体体积的近似值.

最后,求极限.令n个小闭区域的直径中的最大值(记作λ)趋于零,求上述和的极限,所得的极限便自然地定义为所求曲顶柱体的体积V,即

$$V=\lim_{\lambda\to 0}\sum_{i=1}^{n} f(\xi_i,\eta_i)\Delta\sigma_i.$$

由于这种和式的极限应用极广,各个领域中的不少非均匀量的累积问题,通常都化归成这种和式的极限,数学上我们把这种和式的极限称为二重积分.

2. 二重积分的概念

将上述思想归纳起来并抽象得到下面的定义.

定义 5.1 设$f(x,y)$是有界闭区域D上的有界函数.将闭区域D任意分成n个小闭区域

$$\Delta\sigma_1,\Delta\sigma_2,\cdots,\Delta\sigma_n,$$

其中$\Delta\sigma_i$表示第i个小闭区域,也表示它的面积.在每个$\Delta\sigma_i$上任取一点(ξ_i,η_i),作乘积$f(\xi_i,\eta_i)\Delta\sigma_i(i=1,2,\cdots,n)$,并作和$\sum\limits_{i=1}^{n} f(\xi_i,\eta_i)\Delta\sigma_i$.如果当各小闭区域的直径的最大值$\lambda$趋于零时,这和的极限总存在,则称此极限为函数$f(x,y)$在闭区域$D$上的二重积分,记作$\iint\limits_D f(x,y)\,d\sigma$,即

$$\iint\limits_D f(x,y)\,d\sigma=\lim_{\lambda\to 0}\sum_{i=1}^{n} f(\xi_i,\eta_i)\Delta\sigma_i \tag{5-1}$$

其中$f(x,y)$叫做被积函数,$f(x,y)d\sigma$叫做被积表达式,$d\sigma$叫做面积元素,x与y叫做积分变量,D叫做积分区域,$\sum\limits_{i=1}^{n} f(\xi_i,\eta_i)\Delta\sigma_i$叫做积分和.

在二重积分的定义中对闭区域D的划分是任意的,如果在直角坐标系中用平行于坐标轴的直线簇来划分D(见图5-4),那么除了包含边界点的一些小闭区域外,其余的小闭区域都是矩形闭区域.

设矩形闭区域$\Delta\sigma_i$的边长为Δx_i和Δy_i,则$\Delta\sigma_i=\Delta x_i\cdot\Delta y_i$.因此在直角坐标系中,有时也把面积元素$d\sigma$记作$d\sigma=dxdy$,而把二重积分记作

$$\iint\limits_D f(x,y)\,dxdy$$

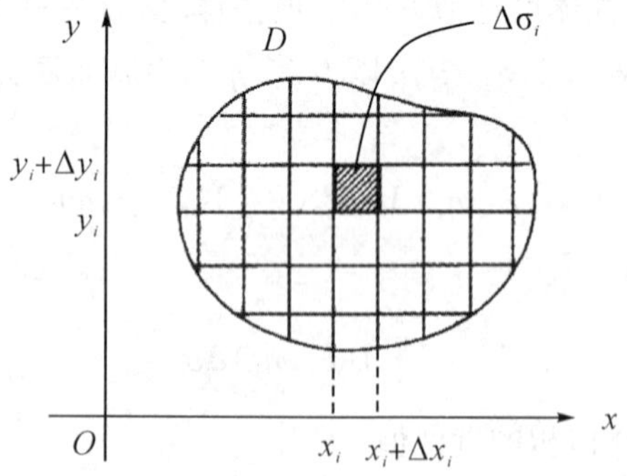

图 5 - 4

其中 $dxdy$ 叫做直角坐标系中的面积元素.

这里我们要指出，当 $f(x,y)$ 在闭区域 D 上连续时，(5 - 1) 式右端的和的极限必定存在，也就是说，函数 $f(x,y)$ 在 D 上的二重积分必定存在. 我们总假定函数 $f(x,y)$ 在闭区域 D 上连续，所以 $f(x,y)$ 在 D 上的二重积分都是存在的，以后就不再每次加以说明了.

由二重积分的定义可知，曲顶柱体的体积是函数 $f(x,y)$ 在底 D 上的二重积分

$$V=\iint_D f(x,y)\,d\sigma.$$

一般地，如果 $f(x,y)\geqslant 0$，被积函数 $f(x,y)$ 可解释为曲顶柱体的顶在点 (x,y) 处的竖坐标，所以二重积分的几何意义就是柱体的体积. 如果 $f(x,y)$ 是负的，柱体就在 xy 平面的下方，二重积分的绝对值仍等于柱体的体积，但二重积分的值是负的. 如果 $f(x,y)$ 在 D 的若干部分区域上是正的，而在其他的部分区域上是负的，我们可以把 xy 平面上方的柱体体积取成正，xy 平面下方的柱体体积取成负，那么，$f(x,y)$ 在 D 上的二重积分就等于这些部分区域上的柱体体积的代数和.

3. 二重积分的性质

比较定积分与二重积分的定义可知，二重积分与定积分有类似的性质.

性质 1　被积函数的常数因子可以提到二重积分号的外面，即

$$\iint_D kf(x,y)\,d\sigma=k\iint_D f(x,y)\,d\sigma \quad (k\text{ 是为常数}).$$

性质 2　函数的和(或差) 的二重积分等于各个函数的二重积分的和(或差). 例如

$$\iint_D [f(x,y)\pm g(x,y)]\,d\sigma=\iint_D f(x,y)\,d\sigma\pm\iint_D g(x,y)\,d\sigma$$

性质 3　如果闭区域 D 被有限条曲线分为有限个部分闭区域，则在 D 上的二重积分等于在各部分闭区域上的二重积分的和. 例如 D 分为两个闭区域 D_1 与 D_2，则

$$\iint_D f(x,y)\,d\sigma=\iint_{D_1} f(x,y)\,d\sigma+\iint_{D_2} f(x,y)\,d\sigma$$

这个性质表示二重积分对于积分区域具有可加性.

性质4 如果在 D 上, $f(x,y)=1$, σ 为 D 的面积,则

$$\iint_D f(x,y)d\sigma=\iint_D d\sigma=\sigma$$

这个性质的几何意义是很明显的,因为高为1的平顶柱体的体积在数值上就等于柱体的底面积.

性质5 如果在 D 上, $f(x,y)\leqslant g(x,y)$,则有不等式

$$\iint_D f(x,y)d\sigma\leqslant\iint_D g(x,y)d\sigma$$

特别地,由于

$$-|f(x,y)|\leqslant f(x,y)\leqslant|f(x,y)|,$$

又有不等式

$$\left|\iint_D f(x,y)d\sigma\right|\leqslant\iint_D|f(x,y)|d\sigma.$$

性质6 设 M、m 分别是 $f(x,y)$ 在闭区域 D 上的最大值和最小值, σ 是 D 的面积,则有

$$m\sigma\leqslant\iint_D f(x,y)d\sigma\leqslant M\sigma$$

上述不等式是对于二重积分估值的不等式.

性质7(二重积分的中值定理) 设函数 $f(x,y)$ 在闭区域 D 上连续, σ 是 D 的面积,则在 D 上至少存在一点 (ξ,η),使得

$$\iint_D f(x,y)d\sigma=f(\xi,\eta)\cdot\sigma \text{ 或 } f(\xi,\eta)=\frac{1}{\sigma}\iint_D f(x,y)d\sigma$$

上式中 $f(\xi,\eta)=\dfrac{1}{\sigma}\iint_D f(x,y)d\sigma$ 也叫平均值公式,可以用于求非均匀量的累积量的平均值.

例1 判断 $\iint_D \ln(x^2+y^2)dxdy\ (r<1)$ 的符号.

其中 $D=\{(x,y)\mid r\leqslant|x|+|y|\leqslant1\}$.

解 当 $r\leqslant|x|+|y|\leqslant1$ 时, $0<x^2+y^2\leqslant(|x|+|y|)^2\leqslant1$,故 $\ln(x^2+y^2)\leqslant0$;又当 $|x|+|y|<1$ 时, $\ln(x^2+y^2)<0$,于是

$$\iint_D \ln(x^2+y^2)dxdy<0.$$

例2 比较积分 $\iint_D \ln(x+y)d\sigma$ 与 $\iint_D[\ln(x+y)]^2d\sigma$ 的大小,其中区域 D 是三角形闭区域,三顶点各为 $(1,0)$,$(1,1)$,$(2,0)$.

解　积分区域 D 如图 5－5 所示.

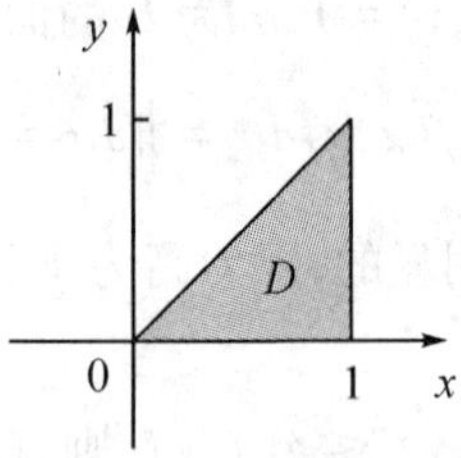

图 5－5

三角形斜边的方程为 $x+y=2$，在 D 内有 $1\leqslant x+y\leqslant 2<e$，故 $0\leqslant \ln(x+y)<1$，于是 $\ln(x+y)>[\ln(x+y)]^2$，因此

$$\iint\limits_D \ln(x+y)d\sigma > \iint\limits_D [\ln(x+y)]^2 d\sigma.$$

例 3　不作计算，估计 $I=\iint\limits_D e^{(x^2+y^2)}d\sigma$ 的值，其中 $D=\left\{(x,y)\left|\frac{x^2}{a^2}+\frac{y^2}{b^2}\leqslant 1\right.\right\}$ $(0<b<a)$.

解　区域 D 的面积 $\sigma=ab\pi$，在 D 上，因为 $0\leqslant x^2+y^2\leqslant a^2$，所以 $1=e^0\leqslant e^{x^2+y^2}\leqslant e^{a^2}$，由性质 6 知

$$\sigma\leqslant\iint\limits_D e^{(x^2+y^2)}d\sigma\leqslant\sigma\cdot e^{a^2},ab\pi\leqslant\iint\limits_D e^{(x^2+y^2)}d\sigma\leqslant ab\pi e^{a^2}.$$

例 4　估计二重积分 $I=\iint\limits_D\frac{d\sigma}{\sqrt{x^2+y^2+2xy+16}}$ 的值，其中积分区域 D 为矩形闭区域 $\{(x,y)\mid 0\leqslant x\leqslant 1,\ 0\leqslant y\leqslant 2\}$.

解　因为 $f(x,y)=\frac{1}{\sqrt{(x+y)^2+16}}$，积分区域面积 $\sigma=2$，在 D 上 $f(x,y)$ 的最大值 $M=\frac{1}{4}$ $(x=y=0)$，最小值 $m=\frac{1}{\sqrt{3^2+4^2}}=\frac{1}{5}$ $(x=1,y=2)$，

故 $\frac{2}{5}\leqslant I\leqslant\frac{2}{4}$，$0.4\leqslant I\leqslant 0.5$.

习题 5.1

1. 用二重积分表示以曲面 $z=x+y+2$ 为顶，以 $x=0,x=1,y=0,y=x+2$ 所围成的区域为底的曲顶柱体的体积.

2. 说明下列等式的几何意义：

(1) $\iint\limits_D kd\sigma=kS_D$　$(k>0)$.

(2) $\iint\limits_D \sqrt{R^2 - x^2 - y^2}\,d\sigma = \frac{2}{3}\pi R^3, D = \{(x,y) \mid x^2 + y^2 \leqslant R^2\}$.

3. 根据二重积分的性质,比较下列积分的大小:

(1) $I_1 = \iint\limits_D (x+y)^2 d\sigma$ 与 $I_2 = \iint\limits_D (x+y)^3 d\sigma$, D 是由 x 轴、y 轴及直线 $x + y = 1$ 所围成.

(2) $I_1 = \iint\limits_D e^{x+y} d\sigma$ 与 $I_2 = \iint\limits_D e^{(x+y)^2} d\sigma$, D 是由直线 $x + y = 1$ 及两坐标轴所围成.

4. 根据二重积分的性质,估计下列二重积分的取值范围:

(1) $\iint\limits_D xy(x+y)\,d\sigma, D = \{(x,y) \mid 0 \leqslant x \leqslant 1, 0 \leqslant y \leqslant 1\}$.

(2) $\iint\limits_D (x+y+1)\,d\sigma, D = \{(x,y) \mid 0 \leqslant x \leqslant 1, 0 \leqslant y \leqslant 2\}$.

(3) $\iint\limits_D (x^2 + 4y^2 + 9)\,d\sigma, D = \{(x,y) \mid x^2 + y^2 \leqslant 4\}$.

§5.2　二重积分的计算方法

二重积分的定义本身已经给出了二重积分的计算方法. 由于计算积分和很繁琐,按照二重积分的定义计算二重积分有很大的局限性. 为了解决这个问题,在计算二重积分时,常常采用累次积分法,即计算两次定积分,使计算相对简化.

如何将二重积分化为累次积分,往往要根据积分区域 D 的形状,有时还需要交换积分次序甚至做一些变换.下面简要介绍在直角坐标系下及在极坐标变换下的二重积分计算方法.

1. 积分区域的分类及描述

如果穿过闭区域 D 内部且平行于 y 轴的直线与 D 的边界相交不多于两点,我们称闭区域 D 为 X 型区域,如图 5－6 所示.X 型区域 D 可表示为

$$D = \{(x,y) \mid \varphi_1(x) \leqslant y \leqslant \varphi_2(x), a \leqslant x \leqslant b\},$$

其中函数 $\varphi_1(x)$、$\varphi_2(x)$ 在区间 $[a,b]$ 上连续.

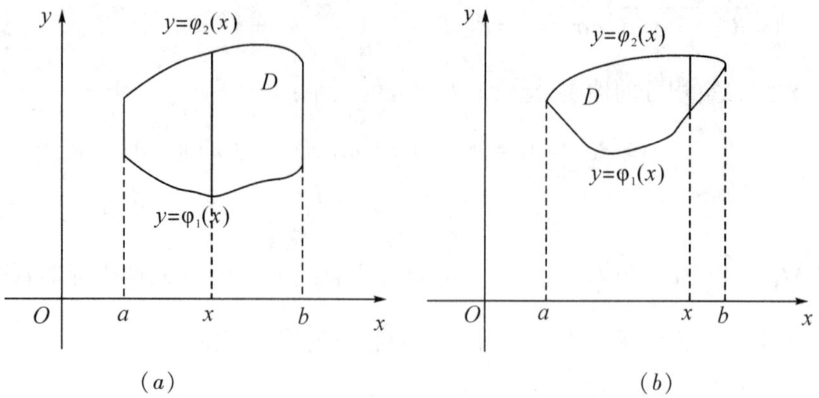

图 5 - 6

如果穿过闭区域 D 内部且平行于 x 轴的直线与 D 的边界相交不多于两点,我们称区域 D 为 Y 型区域,如图 5 - 7 所示.Y 型区域 D 可表示为

$$D=\{(x,y)\mid\psi_1(y)\leqslant x\leqslant\psi_2(y),c\leqslant y\leqslant d\},$$

其中函数 $\psi_1(y)$、$\psi_2(y)$ 在区间 $[c,d]$ 上连续.

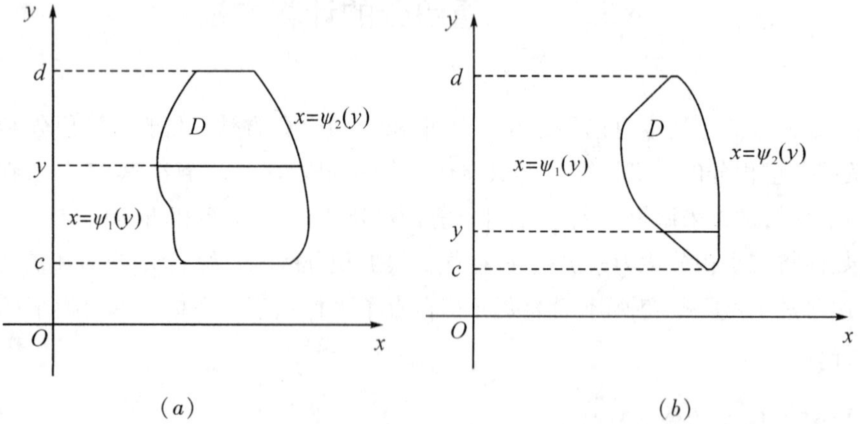

图 5 - 7

如果闭区域 D 如图 5 - 8 那样,既有一部分使穿过 D 内部且平行于 y 轴的直线与 D 的边界相交多于两点;又有一部分使穿过 D 内部且平行于 x 轴的直线与 D 的边界相交多于两点,即 D 既不是 X 型区域,又不是 Y 型区域.对于这种情形,我们可以把 D 分成几部分,使每个部分是 X 型区域或是 Y 型区域.

对于任何一个闭区域 D,我们既可以把它当作 X 型区域来描述,又可以把它当作 Y 型区域来描述.对于有些复杂的区域,有时需要将 D 分成几部分,使每个部分是 X 型区域或是 Y 型区域.

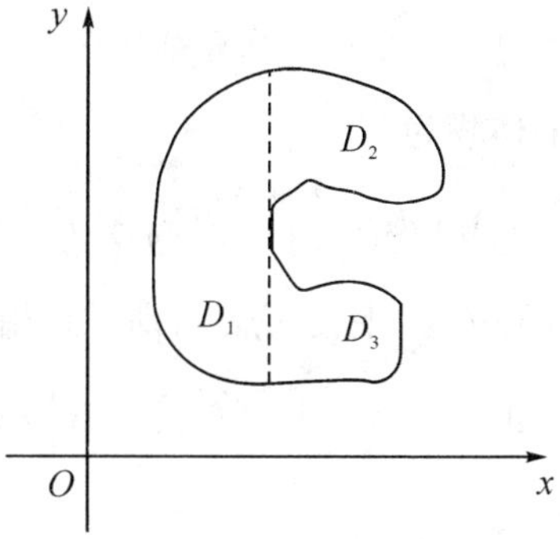

图 5 - 8

2. 直角坐标系下二重积分的计算

下面用几何观点来讨论二重积分 $\iint\limits_D f(x,y)\,d\sigma$ 的计算问题. 在讨论中, 我们假定 $f(x,y) \geqslant 0$.

(1) 积分区域 D 是 X 型区域

$$D = \{(x,y) \mid \varphi_1(x) \leqslant y \leqslant \varphi_2(x), a \leqslant x \leqslant b\}$$

根据二重积分的几何意义, $\iint\limits_D f(x,y)\,d\sigma$ 的值等于以 D 为底, 以曲面 $z = f(x,y)$ 为顶的曲顶柱体(如图 5 - 9 所示) 的体积. 下面我们应用微元法来计算这个曲顶柱体的体积.

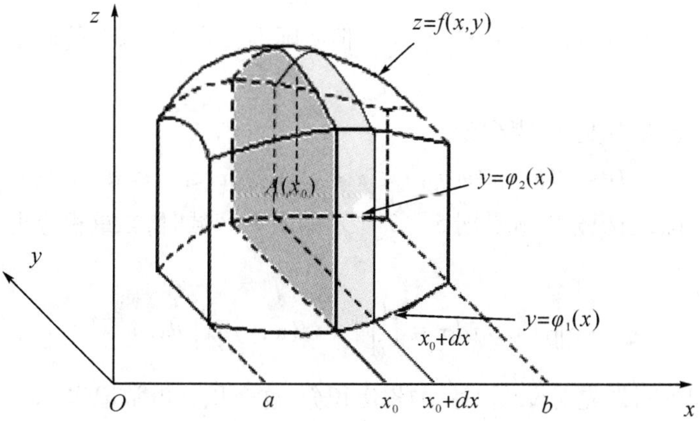

图 5 - 9

在区间 $[a,b]$ 上任意取定一点 x_0, 过 $x = x_0$ 及 $x = x_0 + dx$ 作平行于 yz 平面的两个平面, 截曲顶柱体得到一个小薄片, 即一个体积微元, 我们先求这个小薄片的体积. 将这个小薄片近似看作一个小柱体, 其底面即为平面 $x = x_0$ 截曲顶柱体的截面, 高为 dx. 平面 $x = x_0$ 截曲顶柱体所得截面是一个以区间 $[\varphi_1(x_0), \varphi_2(x_0)]$ 为底、曲线 $z = f(x_0, y)$ 为曲边的曲边梯形(图 5 - 9 中阴影部分), 所以这截面的面积为

$$A(x_0)=\int_{\varphi_1(x_0)}^{\varphi_2(x_0)} f(x_0,y)\,dy.$$

相应地,这个体积微元的体积为

$$dV=A(x_0)\,dx=\left[\int_{\varphi_1(x)}^{\varphi_2(x)} f(x_0,y)\,dy\right]dx$$

更一般地,将 x_0 换为区间 $[a,b]$ 上任一点 x,则得到相应的微元体积为

$$dV=A(x)\,dx=\left[\int_{\varphi_1(x)}^{\varphi_2(x)} f(x,y)\,dy\right]dx,$$

于是,得曲顶柱体的体积为

$$V=\int_a^b dV=\int_a^b\left[\int_{\varphi_1(x)}^{\varphi_2(x)} f(x,y)\,dy\right]dx.$$

这个体积也就是所求二重积分的值,从而有等式

$$\iint_D f(x,y)\,d\sigma=\int_a^b\left[\int_{\varphi_1(x)}^{\varphi_2(x)} f(x,y)\,dy\right]dx. \tag{5-2}$$

上式右端的积分叫做先对 y、后对 x 的累次积分(也叫二次积分),其实质为二次一元函数的定积分,即先把 x 看作常数,把 $f(x,y)$ 只看作 y 的函数,并对 y 计算从 $\varphi_1(x)$ 到 $\varphi_2(x)$ 的定积分;然后把算得的结果(是 x 的函数)再对 x 计算在区间 $[a,b]$ 上的定积分.这个先对 y、后对 x 的二次积分也常记作

$$\int_a^b dx\int_{\varphi_1(x)}^{\varphi_2(x)} f(x,y)\,dy.$$

因此,公式(5 - 2)也写成

$$\iint_D f(x,y)\,d\sigma=\int_a^b dx\int_{\varphi_1(x)}^{\varphi_2(x)} f(x,y)\,dy. \tag{5-3}$$

在上述讨论中,我们假定 $f(x,y)\geqslant 0$,但实际上公式(5 - 2)的成立并不受此条件限制.

(2) 积分区域 D 是 Y 型区域

$$D=\{(x,y)\mid \psi_1(y)\leqslant x\leqslant \psi_2(y),c\leqslant y\leqslant d\}$$

与前面类似,当积分区域是图 5 - 7 所示的 Y 型区域时,二重积分也可化成下面的累次积分

$$\iint_D f(x,y)\,d\sigma=\int_c^d\left[\int_{\psi_1(y)}^{\psi_2(y)} f(x,y)\,dx\right]dy. \tag{5-4}$$

上式右端的积分叫做先对 x、后对 y 的累次积分,这个积分也常记作

$$\iint_D f(x,y)\,d\sigma=\int_c^d dy\int_{\psi_1(y)}^{\psi_2(y)} f(x,y)\,dx. \tag{5-5}$$

(3) 积分区域 D 既不是 X 型区域也不是 Y 型区域

如果积分区域 D 既不是 X 型区域,又不是 Y 型区域.我们可以把 D 分成几部分,使每个部分是 X 型区域或是 Y 型区域.例如,在图 5 - 8 中,把 D 分成 D_1、D_2、D_3 三部分,它们都是 X 型区域,从而在这三部分上的二重积分都可应用公式(5 - 2).各部分上的二重积分求得后,根据二重积分的性质 3,它们的和就是在 D 上的二重积分.

二重积分化为累次积分时，确定积分的上、下限是一个关键.积分上、下限是根据积分区域 D 来确定的，先画出积分区域 D 的图形.假如积分区域 D 是 X 型的，如图 5 - 10 所示，在区间 $[a,b]$ 上任意取定一个 x 值，积分区域上以这个 x 值为横坐标的点在一段直线上，这段直线平行于 y 轴，该线段上点的纵坐标从 $\varphi_1(x)$ 到 $\varphi_2(x)$，这就是公式(5 - 2) 中先把 x 看作常量而对 y 积分时的下限和上限.因为上面的 x 值是在 $[a,b]$ 上任意取定的，所以再把 x 看作变量而对 x 积分时，积分区间就是 $[a,b]$.

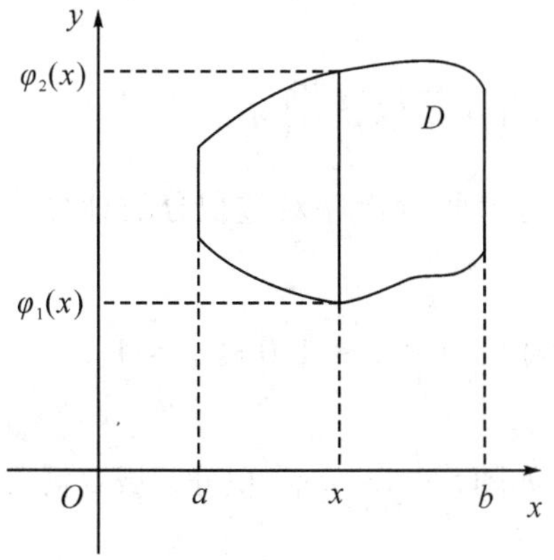

图 5 - 10

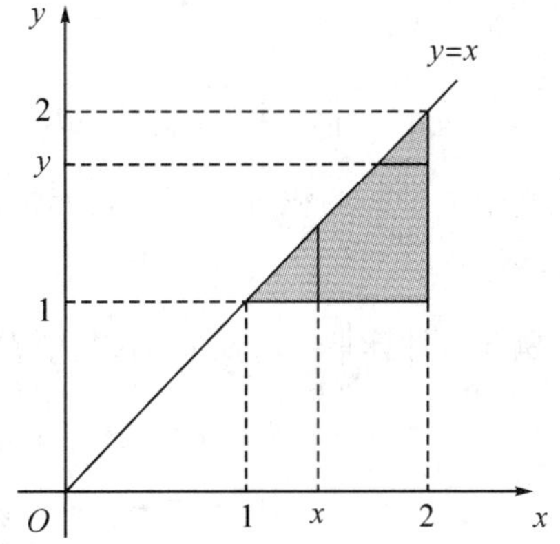

图 5 - 11

例 1　计算 $\iint\limits_D xyd\sigma$，其中 D 是由直线 $y=1$，$x=2$ 及 $y=x$ 所围成的闭区域.

解一　如图 5 - 11 所示，将积分区域视为 X 型，

$$\iint\limits_D xyd\sigma=\int_1^2\left[\int_1^x xydy\right]dx=\int_1^2\left[x\cdot\frac{y^2}{2}\right]_1^x dx=\int_1^2\left[\frac{x^3}{2}-\frac{x}{2}\right]dx=\left[\frac{x^4}{8}-\frac{x^2}{4}\right]_1^2=\frac{9}{8}.$$

解二　如图 5 - 11 所示，将积分区域视为 Y 型，

$$\iint\limits_D xyd\sigma=\int_1^2\left[\int_y^2 xydx\right]dy=\int_1^2\left[y\cdot\frac{x^2}{2}\right]_y^2 dy=\int_1^2\left[2y-\frac{y^3}{2}\right]dy=\left[y^2-\frac{y^4}{8}\right]_1^2=\frac{9}{8}.$$

例 2　计算 $\iint\limits_D y\sqrt{1+x^2-y^2}\,d\sigma$，其中 D 是由直线 $y=x$、$x=-1$ 和 $y=1$ 所围成的闭区域.

解　如图 5 - 12 所示，D 既是 X 型区域，又是 Y 型区域.

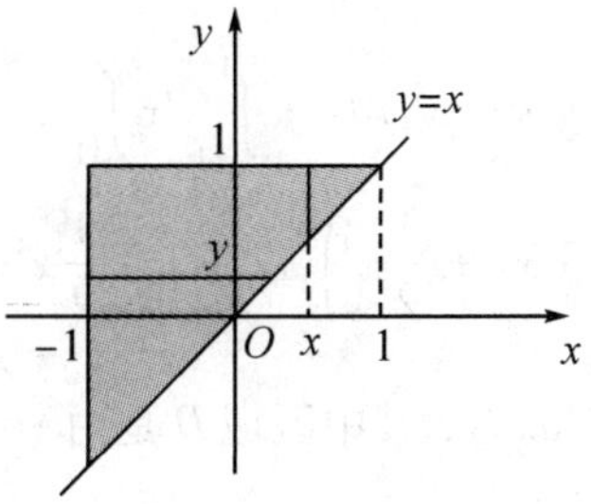

图 5 - 12

若视为 X 型,则

$$\iint_D y\sqrt{1+x^2-y^2}\,d\sigma=\int_{-1}^{1}\left[\int_x^1 y\sqrt{1+x^2-y^2}\,dy\right]dx$$
$$=-\frac{1}{3}\int_{-1}^{1}\left[(1+x^2-y^2)^{\frac{3}{2}}\right]_x^1 dx$$
$$=-\frac{1}{3}\int_{-1}^{1}(|x|^3-1)\,dx=-\frac{2}{3}\int_0^1(x^3-1)\,dx=\frac{1}{2}.$$

若视为 Y 型,则

$$\iint_D y\sqrt{1+x^2-y^2}\,d\sigma=\int_{-1}^{1}y\left[\int_{-1}^{y}\sqrt{1+x^2-y^2}\,dx\right]dy$$

其中关于 x 的积分计算比较麻烦,故合理选择积分次序对重积分的计算非常重要.

例 3　计算$\iint_D |y-x^2|\,dxdy$,其中 $D=\{(x,y)\mid -1\leqslant x\leqslant 1,0\leqslant y\leqslant 1\}$.

解　因为$|y-x^2|=\begin{cases}y-x^2, y\geqslant x^2\\ x^2-y, y<x^2\end{cases}$,所以,如图 5－13 所示,积分区域 D 需要分成 D_1 和 D_2 两部分.

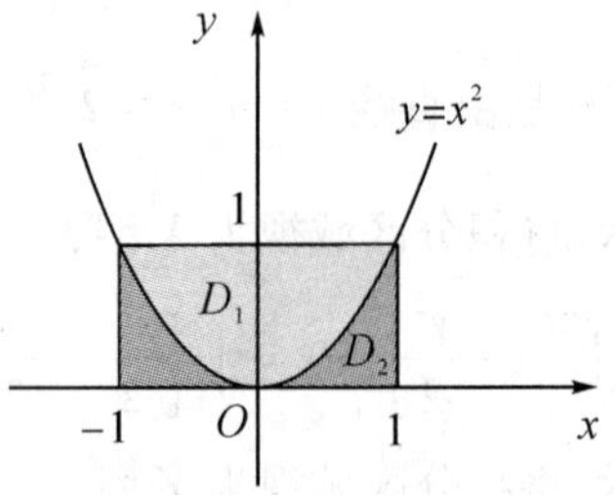

图 5－13

$D_1=\{(x,y)\mid x^2\leqslant y\leqslant 1,\ -1\leqslant x\leqslant 1\}$,

$D_2=\{(x,y)\mid 0\leqslant y\leqslant x^2,\ -1\leqslant x\leqslant 1\}$,

于是

$$\iint_D |y-x^2|\,dxdy=\iint_{D_1}(y-x^2)\,dxdy+\iint_{D_2}(x^2-y)\,dxdy$$
$$=\int_{-1}^{1}dx\int_{x^2}^{1}(y-x^2)\,dy+\int_{-1}^{1}dx\int_0^{x^2}(x^2-y)\,dy$$
$$=\int_{-1}^{1}\left(\frac{1}{2}-x^2+\frac{1}{2}x^4\right)dx+\int_{-1}^{1}\frac{1}{2}x^4\,dx=-\frac{11}{15}.$$

例 4　计算二重积分$\iint_D e^{x+y}\,dxdy$, 其中区域 D 是由 $x=0,x=1,y=0,y=1$ 所围成的矩形.

解　如图 5－14 所示.

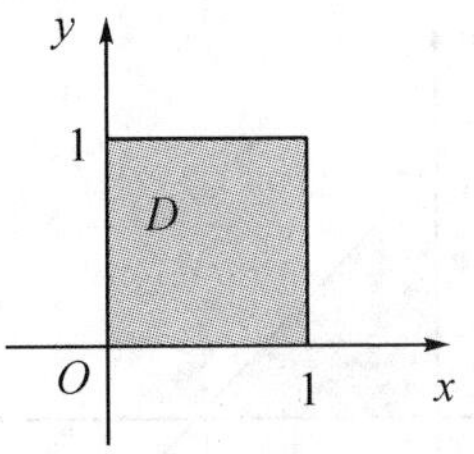

图 5 - 14

$$\iint_D e^{x+y}dxdy=\int_0^1\left[\int_0^1 e^x e^y dy\right]dx=\int_0^1\left[e^x\int_0^1 e^y dy\right]dx=\left(\int_0^1 e^x dx\right)\left(\int_0^1 e^y dy\right)$$
$$=(e^x\big|_0^1)(e^y\big|_0^1)=(e-1)^2.$$

此例的情况具有代表性. 一般说来, 如果积分区域 D 是一个矩形区域 $\{(x,y)\,|\,a\leqslant x\leqslant b,c\leqslant y\leqslant d\}$,并且被积函数 $f(x,y)$ 可以写成两个一元函数的乘积,即 $f(x,y)=g(x)h(y)$,则二重积分 $\iint_D f(x,y)d\sigma$ 可以表示成两个定积分的乘积,即

$$\iint_D f(x,y)d\sigma=\int_a^b g(x)dx\cdot\int_c^d h(y)dy.$$

3. 交换累次积分的积分次序

由前面知道,计算二重积分的基本思路是根据积分区域的形状,将二重积分化为恰当的累次积分.不同的积分次序可能导致计算复杂度不同,如例 2. 有时某一种积分次序可能导致积不出来,所以,我们有些时候需要交换累次积分的次序.

交换累次积分的积分次序,就是把先对 x 积分,后对 y 积分的累次积分改换成先对 y 积分,后对 x 积分的累次积分(或者是把先对 y 积分,后对 x 积分的累次积分改换成先对 x 积分,后对 y 积分的累次积分).交换累次积分的积分次序遵循以下步骤:

第一步,根据给定的累次积分的积分限(即积分变量 x,y 的取值范围) 确定出积分区域 D.

第二步,重新描述积分区域 D,可能的话画出 D 的草图.

第三步,根据第二步对积分区域 D 的重新描述写出相应的二次积分.

例 5 交换 $\int_0^1 dx\int_0^{1-x}f(x,y)dy$ 的积分次序.

解 根据原积分的表达式,易得积分区域 D 为

$$0\leqslant x\leqslant 1,0\leqslant y\leqslant 1-x$$

画出积分区域 D 如图 5 - 15 阴影所示.

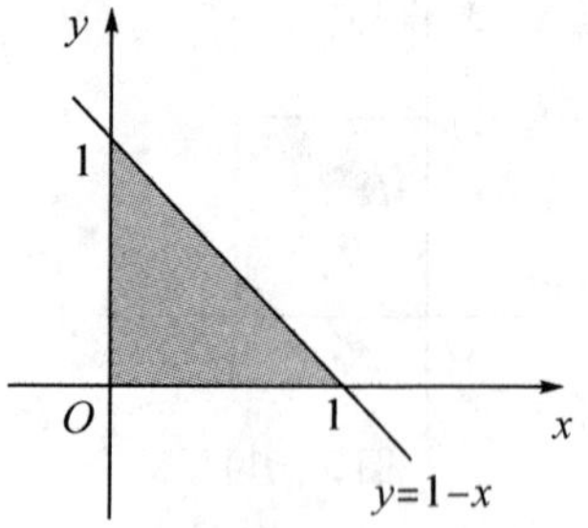

图 5－15

由以上图形，重新描述积分区域 D，得到

$$D=\{(x,y)\mid 0\leqslant x\leqslant 1-y,0\leqslant y\leqslant 1\},$$

故

$$\int_0^1 dx\int_0^{1-x}f(x,y)dy=\int_0^1 dy\int_0^{1-y}f(x,y)dx.$$

例 6　交换 $\int_0^1 dx\int_0^{\sqrt{2x-x^2}}f(x,y)dy+\int_1^2 dx\int_0^{2-x}f(x,y)dy$ 的积分次序.

解　根据原累次积分表达式，画出积分区域 D 如图 5－16 阴影所示.

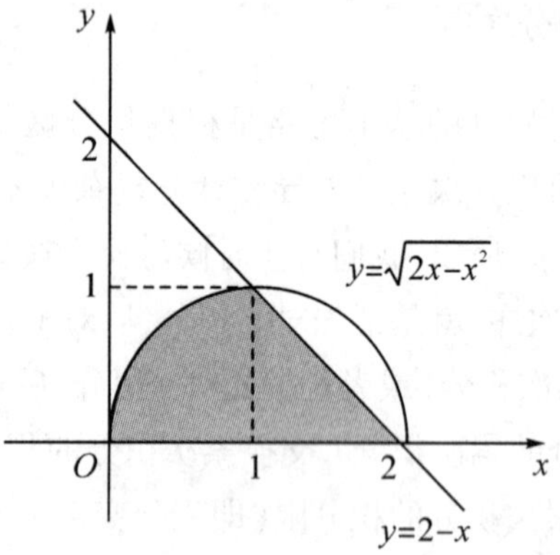

图 5－16

所以，$D=\{(x,y)\mid 1-\sqrt{1-y^2}\leqslant x\leqslant 2-y,0\leqslant y\leqslant 1\}$，

$$\int_0^1 dx\int_0^{\sqrt{2x-x^2}}f(x,y)dy+\int_1^2 dx\int_0^{2-x}f(x,y)dy=\int_0^1 dy\int_{1-\sqrt{1-y^2}}^{2-y}f(x,y)dx.$$

4. 极坐标系下二重积分的计算

计算二重积分时，被积函数与积分区域都可能导致积分困难，甚至积不出来.这时往往需要引进适当的变换，将积分简化.如果积分区域的边界是由圆弧段和射线组成的，则用极坐标变换往往能将积分区域简化. 另外，若被积函数为 $f(x^2+y^2)$、$f\left(\frac{y}{x}\right)$、$f\left(\frac{x}{y}\right)$ 这些形式时，采用极坐标变换，被积函数的形式往往也会变得更方便处理.

极坐标变换是一种常用的变量替换,直角坐标系与极坐标系的变换公式为

$$\begin{cases} x = r\cos\theta \\ y = r\sin\theta \end{cases} \text{或} \begin{cases} r = \sqrt{x^2 + y^2} \\ \theta = \arctan \dfrac{y}{x} \end{cases}$$

要采用极坐标计算二重积分,首先需要把在直角坐标系下表示的二重积分 $\iint\limits_D f(x,y)\,d\sigma$ 转换为极坐标系下的二重积分 $\iint\limits_\Omega f(r\cos\theta, r\sin\theta)\,rdrd\theta$. 其中 $rdrd\theta$ 为极坐标系下的面积微元,直角坐标系下 xy 平面中的积分区域 D 相应变换成 $r\theta$ 平面中的积分区域 Ω.

一般情况下,我们总是在 xy 平面中计算二重积分,不再单独画出 $r\theta$ 平面中的积分区域 Ω,我们一般把坐标原点 O 当作极点,x 轴的正向当作极轴,直接根据区域 D,确定出 r,θ 的取值范围,将积分 $\iint\limits_\Omega f(r\cos\theta, r\sin\theta)\,rdrd\theta$ 化成关于 r 和 θ 的累次积分.

例 7 计算 $\iint\limits_D \dfrac{dxdy}{1 + x^2 + y^2}$,其中 $D = \{(x,y)\,|\,x^2 + y^2 \leqslant 1\}$.

解 积分区域 D 如图 5 - 17 所示.

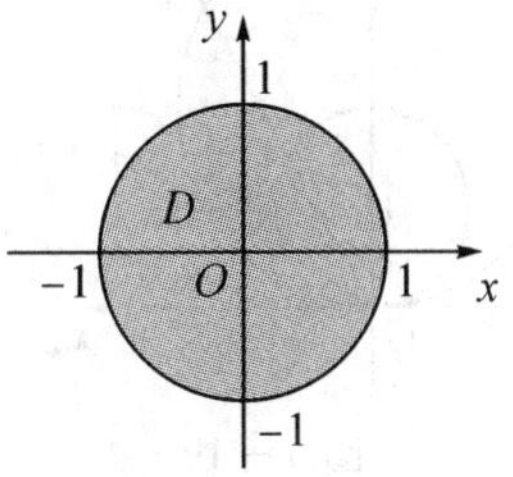

图 5 - 17

显然有 $\Omega = \{(r,\theta)\,|\,0 \leqslant r \leqslant 1, 0 \leqslant \theta \leqslant 2\pi\}$,

故 $$\iint\limits_D \frac{dxdy}{1 + x^2 + y^2} = \int_0^{2\pi} d\theta \int_0^1 \frac{rdr}{1 + r^2} = \int_0^{2\pi} \left(\frac{1}{2}\ln(1 + r^2) \Big|_0^1 \right) d\theta$$

$$= \int_0^{2\pi} \frac{1}{2}\ln 2 d\theta = \frac{1}{2}\ln 2 \cdot \theta \Big|_0^{2\pi} = \pi\ln 2.$$

例 8 计算 $\iint\limits_D \dfrac{\sin(\pi\sqrt{x^2 + y^2})}{\sqrt{x^2 + y^2}}dxdy$,积分区域 $D = \{(x;y)\,|\,1 \leqslant x^2 + y^2 \leqslant 4\}$.

解 积分区域 D 如图 5 - 18 阴影所示.

$$\iint\limits_D \frac{\sin(\pi\sqrt{x^2 + y^2})}{\sqrt{x^2 + y^2})}dxdy = \int_0^{2\pi} d\theta \int_1^2 \frac{\sin\pi r}{r} rdr$$

$$= 2\pi \cdot \left[-\frac{1}{\pi}\cos\pi r \right]_1^2 = -4.$$

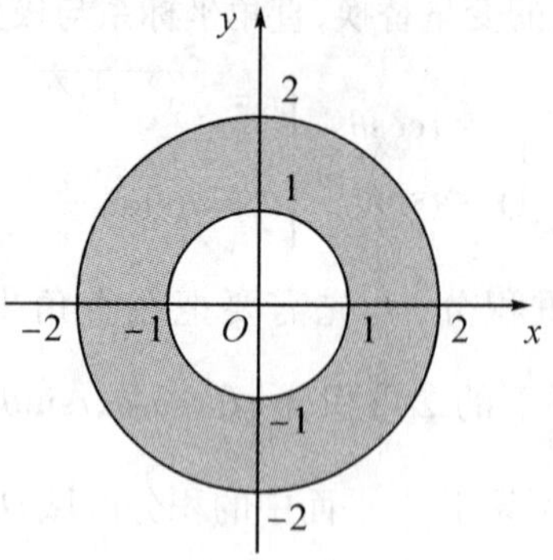

图 5 - 18

例 9　计算 $\iint\limits_D (x^2+y^2)dxdy$，其中 D 为由圆 $x^2+y^2=2y$，$x^2+y^2=4y$ 及直线 $x-\sqrt{3}y=0$，$y-\sqrt{3}x=0$ 所围成的平面闭区域.

解　积分区域 D 如图 5 - 19 阴影所示.

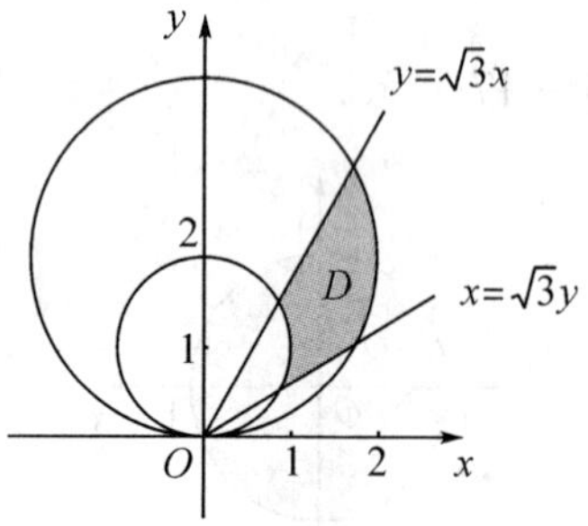

图 5 - 19

直线 $y-\sqrt{3}x=0$ 的极坐标形式为 $\theta=\frac{\pi}{3}$，圆 $x^2+y^2=4y$ 的极坐标形式为 $r=4\sin\theta$，直线 $x-\sqrt{3}y=0$ 的极坐标形式为 $\theta=\frac{\pi}{6}$，圆 $x^2+y^2=2y$ 的极坐标形式为 $r=2\sin\theta$，所以 $\Omega=\left\{(r,\theta)\,\middle|\,\frac{\pi}{6}\leqslant\theta\leqslant\frac{\pi}{3},2\sin\theta\leqslant r\leqslant 4\sin\theta\right\}$，则

$$\iint\limits_D (x^2+y^2)dxdy=\int_{\frac{\pi}{6}}^{\frac{\pi}{3}}d\theta\int_{2\sin\theta}^{4\sin\theta}r^2\cdot rdr=60\int_{\frac{\pi}{6}}^{\frac{\pi}{3}}\sin^4\theta d\theta=15\left(\frac{\pi}{2}-\sqrt{3}\right).$$

习题 5.2

1. 化二重积分 $\iint\limits_D f(x,y)d\sigma$ 为累次积分（分别列出对两个变量先后次序不同的两个累次积分），其中积分区域 D 是：

(1) 由直线 $y=x$ 及抛物线 $y^2=4x$ 所围成的闭区域.

(2) 由 x 轴及半圆 $x^2+y^2=r^2(y\geqslant 0)$ 所围成的闭区域.

(3) 由直线 $y=x, x=2$ 及双曲线 $y=\dfrac{1}{x}(x>0)$ 所围成的闭区域.

(4) 环形闭区域 $1\leqslant x^2+y^2\leqslant 4$.

2. 改换下列累次积分的积分次序:

(1) $\int_0^2 dy\int_{y^2}^{2y} f(x,y)\,dx$

(2) $\int_1^2 dx\int_{2-x}^{\sqrt{2x-x^2}} f(x,y)\,dy$

(3) $\int_0^1 dy\int_{-\sqrt{1-y^2}}^{\sqrt{1-y^2}} f(x,y)\,dx$

(4) $\int_0^1 dx\int_0^{x^2} f(x,y)\,dy+\int_1^3 dx\int_0^{\frac{3-x}{2}} f(x,y)\,dy$

3. 计算下列二重积分:

(1) $\iint\limits_D x\sqrt{y}\,d\sigma$,其中 D 是由抛物线 $y=x^2$ 与 $y=\sqrt{x}$ 所围成的区域.

(2) $\iint\limits_D xy^2\,d\sigma$,其中 D 是由圆 $x^2+y^2=4$ 与 y 轴所围成的右半区域.

(3) $\iint\limits_D (x^2+y^2-x)\,d\sigma$,其中 D 是由 $y=2$ 与 $y=x$ 及 $y=2x$ 所围成的区域.

(4) $\iint\limits_D x^2y\,d\sigma$,其中 D 为矩形区域 $\{(x,y)\mid 0\leqslant x\leqslant 1, 0\leqslant y\leqslant 2\}$.

(5) $\iint\limits_D \dfrac{x^2}{y^2}\,d\sigma$,其中 D 是由直线 $x=2, y=x$ 及曲线 $xy=1$ 所围成的闭区域.

(6) $\iint\limits_D \sqrt{\dfrac{1-x^2-y^2}{1+x^2+y^2}}\,d\sigma$,其中 D 是由圆周 $x^2+y^2=1$ 及坐标轴所围成的在第一象限内的闭区域.

(7) $\iint\limits_D (x^2+y^2)\,d\sigma$,其中 D 是由直线 $y=x, y=x+a, y=a, y=3a(a>0)$ 所围成的闭区域.

(8) $\iint\limits_D \sqrt{x^2+y^2}\,d\sigma$,其中 $D=\{(x,y)\mid a^2\leqslant x^2+y^2\leqslant b^2\}$.

4. 设函数 $f(x)$ 在区间 $[0,1]$ 上连续,证明: $\int_0^1 dx\int_0^x f(y)\,dy=\int_0^1 (1-x)f(x)\,dx$.

§5.3　二重积分的应用

二重积分在几何、物理、经济等方面有着较为广泛的应用.

1. 几何中的应用

(1) 计算平面区域的面积

当被积函数 $f(x,y)=1$ 时,二重积分 $\iint\limits_D f(x,y)dxdy=\iint\limits_D dxdy$ 表示的就是区域 D 的面积.

例 1　计算由曲线 $y=\sin x, y=\cos x, x=\dfrac{\pi}{2}, x=\pi$ 所围成区域的面积.

解　曲线围成的区域如图 5－20 所示.

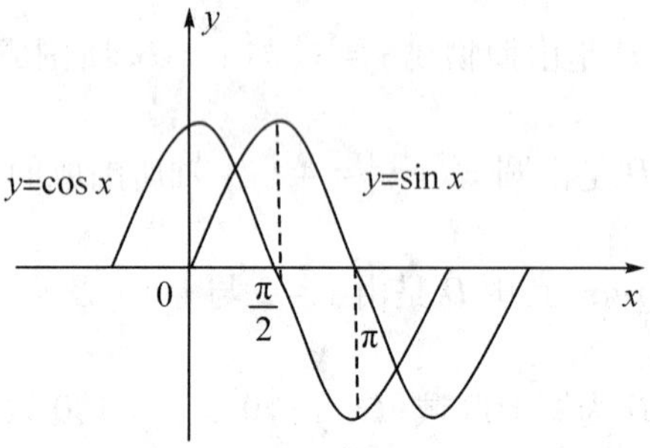

图 5－20

由图 5－20 可知,

$$S_D=\iint\limits_D dxdy=\int_{\frac{\pi}{2}}^{\pi}dx\int_{\cos x}^{\sin x}dy=\int_{\frac{\pi}{2}}^{\pi}(\sin x-\cos x)\,dx=-(\cos x+\sin x)\Big|_{\frac{\pi}{2}}^{\pi}=2$$

(2) 计算立体的体积

根据二重积分的几何意义,当 $f(x,y)\geqslant 0$ 时,二重积分 $\iint\limits_D f(x,y)dxdy$ 表示的是以平面区域 D 为底、平面 D 上的曲面 $z=f(x,y)$ 为顶的立体体积.

例 2　求两个底圆半径都等于 R 的直交圆柱面所围成的立体的体积.

解　设两个底圆半径都等于 R 的直交圆柱为 $x^2+y^2=R^2$ 及 $x^2+z^2=R^2$.利用立体关于坐标平面的对称性,只要算出它在第一卦限部分的体积 V_1,然后再乘以 8 即可.如图 5－21 所示.

易见所求立体在第一卦限部分可以看成是一个曲顶柱体,它的底为

$$D=\{(x,y)\,|\,0\leqslant y\leqslant\sqrt{R^2-x^2},0\leqslant x\leqslant R\},$$

它的顶是柱面 $z=\sqrt{R^2-x^2}$.于是,

$$V_1 = \iint_D \sqrt{R^2 - x^2}\,d\sigma = \int_0^R \left[\int_0^{\sqrt{R^2-x^2}} \sqrt{R^2 - x^2}\,dy \right] dx = \int_0^R \left[\sqrt{R^2 - x^2}\,y \right]_0^{\sqrt{R^2-x^2}} dx$$

$$= \int_0^R (R^2 - x^2)\,dx = \frac{2}{3}R^3$$

故所求体积为 $V = 8V_1 = \dfrac{16R^3}{3}$.

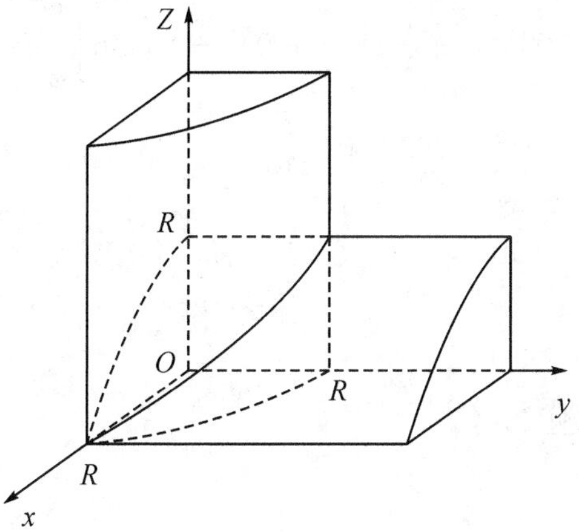

(a)

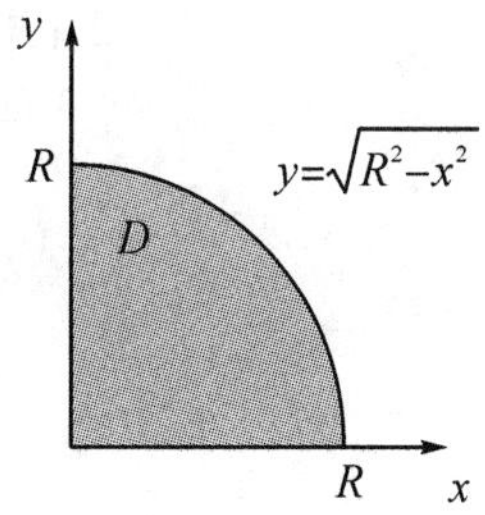

(b)

图 5 - 21

2. 物理中的应用

设有平面薄片 D,其上点 (x,y) 处的密度为 $f(x,y)$,则薄片 D 的质量为

$$M = \iint_D f(x,y)\,dxdy$$

例 3 设平面薄片所占 xoy 平面上的区域为 $1 \leqslant x^2 + y^2 \leqslant 4, x \geqslant 0, y \geqslant 0$,其面密度为 $f(x,y) = x^2 + y^2$,求该薄片的质量 M.

解 由已知可得

$$M = \iint_D f(x,y)\,dxdy = \iint_D (x^2 + y^2)\,dxdy = \int_0^{\frac{\pi}{2}} d\theta \int_1^2 r^3 dr = \frac{15}{8}\pi$$

3. 经济中的应用

例 4(平均利润) 设公司销售商品甲 x 个单位,商品乙 y 个单位的利润由下式确定

$$L(x,y) = -(x - 200)^2 - (y - 100)^2 + 5\,000.$$

现已知一周销售商品甲在 150 ~ 200 变化,一周销售商品乙在 80 ~ 100 变化.试求销售这两种商品一周的平均利润.

解 由题意知,$D = \{(x,y) \mid 150 \leqslant x \leqslant 200, 80 \leqslant y \leqslant 100\}$,则区域 D 的面积 $\sigma =$

$50 \times 20 = 1\ 000$.

这家公司销售两种商品一周的平均利润为

$$\frac{1}{\sigma}\iint\limits_{D} L(x,y)\,d\sigma = \frac{1}{1\ 000}\iint\limits_{D}[1-(x-200)^2-(y-100)^2+5\ 000]\,dxdy$$
$$= \frac{1}{1\ 000}\int_{150}^{200}dx\int_{80}^{100}[-(x-200)^2-(y-100)^2+5\ 000]\,dy$$
$$= \frac{1}{1\ 000}\int_{150}^{200}\left[-(x-200)^2y-\frac{1}{3}(y-100)^3+5\ 000y\right]_{80}^{100}dx$$
$$= \frac{1}{3\ 000}\left[-20(x-200)^2+292\ 000x\right]_{150}^{200}$$
$$= \frac{12\ 100\ 000}{3\ 000}\approx 4\ 033\ 元.$$

习题 5.3

1. 利用二重积分计算下列曲线所围成区域的面积.

(1) $y^2=2x, y=x$.

(2) $x^2+y^2=1, x^2+y^2=2x (x\geqslant 1, y\geqslant 0)$.

2. 求以下平面或曲面所围成几何体的体积.

(1) $x=0, y=0, z=0, z=6-2x-3y$.

(2) $x+y+z=3, x^2+y^2=1, z=0$.

3. 设平面 $x=1, x=-1, y=1$ 和 $y=-1$ 围成的柱体被坐标平面 $z=0$ 和平面 $x+y+z=0$ 所截,求截下部分立体的体积.

本章总习题

1. 选择题:

(1) 若二重积分 $\iint\limits_{D} f(x,y)\,dxdy$ 存在,则其值仅与(　　)有关.

(A) 区域 D 的划分方法

(B) 每个小区域 D_k 中点 (x_k, y_k) 的取法

(C) 积分区域 D 和被积函数 $f(x,y)$

(D) 积分区域 D、区域 D 的划分方法、每个小区域 D_k 中点 (x_k, y_k) 的取法和被积函数 $f(x,y)$

(2) 若 $f(x,y)=1$, σ 代表区域 D 的面积,则 $\iint\limits_{D} f(x,y)\,dxdy$ 等于(　　).

(A) 1　　(B) σ

(C) D　　(D) $f(x,y)$

(3) 设 $D=\{(x,y)\mid 0\leqslant x\leqslant 2,1\leqslant y\leqslant 3\}$，则 $\iint\limits_D(2x+3y)dxdy=$(　　).

(A) $\int_0^2(2x+3y)dx\times\int_1^3(2x+3y)dy$　　(B) $\int_0^2(2x+3y)dx+\int_1^3(2x+3y)dy$

(C) $\int_0^2 1dx\times\int_1^3(2x+3y)dy$　　(D) $\int_0^2[\int_1^3(2x+3y)dy]dx$

(4) 设 $f(x,y)=4$，$D=\{(x,y)\mid 2\leqslant x\leqslant 3,2\leqslant y\leqslant x\}$，则 $\iint\limits_D f(x,y)dxdy=$(　　).

(A) 4　　(B) 2

(C) 8　　(D) 3

(5) 设 $f(x,y)=4x+2y$，$D=\{(x,y)\mid 1\leqslant x\leqslant 2,x\leqslant y\leqslant x^2\}$，则 $\iint\limits_D f(x,y)dxdy$ 化为累次积分形式为(　　).

(A) $\int_x^{x^2}[\int_1^2(4x+2y)dx]dy$　　(B) $\int_1^2[\int_x^{x^2}(4x+2y)dy]dx$

(C) $\int_1^2 4xdx+\int_x^{x^2}2ydy$　　(D) $\int_1^2 4xdx\cdot\int_x^{x^2}2ydy$

(6) $\int_0^2 dx\int_{x^2}^{\sqrt{8x}}f(x,y)dy=$(　　).

(A) $\int_{x^2}^{\sqrt{8x}}dy\int_0^2 f(x,y)dx$　　(B) $\int_0^2 dy\int_{x^2}^{\sqrt{8x}}f(x,y)dx$

(C) $\int_0^2 dy\int_{\frac{y^2}{8}}^{\sqrt{y}}f(x,y)dx$　　(D) $\int_0^2 dx\int_{\frac{y^2}{8}}^{\sqrt{y}}f(x,y)dy$

(7) 设 $D=\{(x,y)\mid -2\leqslant x\leqslant 2,0\leqslant y\leqslant 2\}$，则 $\iint\limits_D xy^2dxdy$ 等于(　　).

(A) 1　　(B) 2

(C) 3　　(D) 0

(8) 设 $D=\{(x,y)\mid 1\leqslant x^2+y^2\leqslant 4,x\geqslant 0,y\geqslant 0\}$，将 $\iint\limits_D e^{-(x^2+y^2)}dxdy$ 化为极坐标系下累次积分的形式是(　　).

(A) $\int_0^{\frac{\pi}{2}}d\theta\int_1^2 e^{-r^2}\cdot rdr$　　(B) $\int_0^{\frac{\pi}{2}}d\theta\int_1^2 e^{-r^2}dr$

(C) $\int_0^{\pi}d\theta\int_1^2 e^{-r^2}\cdot rdr$　　(D) $\int_0^{\frac{\pi}{2}}d\theta\int_0^2 e^{-r^2}dr$

(9) 设 $D=\{(x,y)\mid x\leqslant x^2+y^2\leqslant 1,x\geqslant 0,y\geqslant 0\}$，将 $\iint\limits_D\sqrt{x^2+y^2}dxdy$ 化为极坐标系下累次积分的形式是(　　).

(A) $\int_0^{\frac{\pi}{2}} d\theta \int_0^1 r^2 dr$　　(B) $\int_0^{\frac{\pi}{2}} d\theta \int_{\cos\theta}^1 r dr$

(C) $\int_0^{\frac{\pi}{2}} d\theta \int_{\cos\theta}^1 r^2 dr$　　(D) $\int_0^{\frac{\pi}{2}} d\theta \int_0^1 r dr$

(10) 求以 $y = x, y = x^3 (x < 0)$ 围成的有界闭区域为底，以 $f(x,y) = x, (x < 0)$ 为顶围成的曲顶柱体的体积为(　　).

(A) $\int_{-1}^0 dx \int_x^{x^3} x dy$　　(B) $-\int_{-1}^0 dx \int_x^{x^3} x dy$

(C) $\int_{-1}^0 dx \int_{-1}^0 x dy$　　(D) $-\int_{-1}^0 dx \int_{-1}^0 x dy$

2. 计算下列二重积分：

(1) $\iint\limits_D (2 - x - y) d\sigma$，其中 D 为圆心在原点，半径为 1 的右半圆.

(2) $\iint\limits_D (x^2 - y^2) d\sigma$，其中 $D = \{(x,y) \mid 0 \leqslant x \leqslant \pi, 0 \leqslant y \leqslant \sin x\}$.

(3) $\iint\limits_D \sqrt{R^2 - x^2 - y^2} d\sigma$，其中 D 是圆周 $x^2 + y^2 = Rx$ 所围成的闭区域;

(4) $\iint\limits_D (y^2 + 3x - 6y + 9) d\sigma$，其中 $D = \{(x,y) \mid x^2 + y^2 \leqslant R\}$.

(5) $\iint\limits_D \frac{\sin x}{x} dx dy$，其中 D 是由直线 $y = x$ 及抛物线 $y = x^2$ 围成的闭区域.

3. 交换下列二重积分的次序：

(1) $\int_0^1 dx \int_{\sqrt{x}}^{1+\sqrt{1-x^2}} f(x,y) dy$.

(2) $\int_0^1 dy \int_0^{2y} f(x,y) dx + \int_1^3 dy \int_0^{3-y} f(x,y) dx$.

4. 求由曲面 $z = 4 - x^2 - y$ 从第一卦限切出立体的体积.

第 6 章　级数与微分方程初步

无穷级数概念的起源很早.我国魏晋时代的刘徽已经具有初步的无穷级数的概念并用来近似计算圆的面积了.无穷级数的理论是在生产实践中和科学技术发展的推动下,逐渐形成和完备起来的.这也反映了人们的认识,经历着由简单到复杂,由粗浅到精密的发展过程.无穷级数是表示函数、研究函数性质和进行数值计算的重要工具,它大大开拓了应用微积分解决各种问题的范围.

再者,函数是客观事物的内部联系在数量方面的反映,利用函数关系可以研究客观事物的规律性,因此,如何找到所需要的函数关系在实践中具有重要的意义.但在实际问题中,往往很难直接得到所研究变量间的函数关系,而需要通过未知函数及其导数(或微分)所满足的等式来寻求未知函数,这样的等式就是微分方程.微分方程是研究物体和现象运动和变化规律的最为基本的数学知识和方法,因为对这些规律的描述和分析通常要归结为对由微分方程描述的数学模型来研究.

本章仅介绍级数与微分方程最基本的一些知识.

§6.1　级数的概念与性质

1. 级数的概念

考察二分法悖论(由古希腊数学家芝诺(Zeno of Elea)提出):当一个运动员行进一段距离 L 到达目的地 D,他必须首先到达距离 L 的二分之一,然后是四分之一、八分之一、十六分之一,依次这样以至于可以无穷地划分下去.由于人的生命是有限的,因此他永远也到达不了目的地 D.然而事实上这个运动员可以完成这段距离为 L 的赛程.

对于上述二分法悖论我们分析如下:假设赛程为 1 千米,根据芝诺的讨论我们需要把赛段分为 $\frac{1}{2}$ 千米,$\frac{1}{4}$ 千米,$\frac{1}{8}$ 千米,依次进行下去.

用数学语言来描述上述问题,问题转化为运动员如果要完成 1 千米的赛程,需要计算如下一个和式:

$$\frac{1}{2}+\frac{1}{4}+\frac{1}{8}+\frac{1}{16}+\frac{1}{32}+\cdots$$

在初等数学的范围内计算上面的和式似乎是不可能的，因为初等数学只处理了有限项和式的计算问题. 在极限理论中我们已经看到，并不是无限不可以认识，而是应该通过有限来认识无限，通过有限项之和再取极限来认识无限.

对于和式$\frac{1}{2}+\frac{1}{4}+\frac{1}{8}+\frac{1}{16}+\frac{1}{32}+\cdots$我们考察下面的数列：

$$S_1=\frac{1}{2}$$

$$S_2=\frac{1}{2}+\frac{1}{4}=\frac{3}{4}$$

$$S_3=\frac{1}{2}+\frac{1}{4}+\frac{1}{8}=\frac{7}{8}$$

……

$$S_n=\frac{1}{2}+\frac{1}{4}+\frac{1}{8}+\cdots+\frac{1}{2^n}=1-\frac{1}{2^n}$$

显然，随着 n 取值的增大，数列$\{S_n\}$无限趋近于 1. 事实上

$$\lim_{n\to\infty}S_n=\lim_{n\to\infty}\left(1-\frac{1}{2^n}\right)=1$$

定义 6.1　对于一般的无穷多项之和：

$$u_1+u_2+\cdots+u_n+\cdots$$

我们称之为无穷级数，简称为级数，记为$\sum\limits_{n=1}^{\infty}u_n$.即

$$\sum_{n=1}^{\infty}u_n=u_1+u_2+\cdots+u_n+\cdots$$

其中 u_n 称为级数的通项（或者一般项）.当 u_n 为常数时，也称为常数项级数.

例 1　如果股票的每年红利为 d_n，市场的贴现利率为 $r(r>0)$，求股票的价值 V.

解　因为第 n 年的红利的现值为$\frac{d_n}{(1+r)^n}$，故股票的内在价值 V 就是无限期红利现值的总和，即

$$V=\frac{d_1}{1+r}+\frac{d_2}{(1+r)^2}+\cdots+\frac{d_n}{(1+r)^n}+\cdots=\sum_{n=1}^{\infty}\frac{d_n}{(1+r)^n}$$

可见，股票的内在价值是通项为$\frac{d_n}{(1+r)^n}$的无穷级数.

级数$\sum\limits_{n=1}^{\infty}u_n$的前 n 项和 $u_1+u_2+\cdots+u_n(n=1,2,\cdots)$ 称为级数的部分和，记为 S_n，即

$$S_n=u_1+u_2+\cdots+u_n\quad(n=1,2,\cdots)$$

当 n 依次取 1,2,⋯，级数的部分和 S_n 构成的一个数列$\{S_n\}$，称为级数的部分和数列.

根据部分和数列$\{S_n\}$是否有极限，可以给出级数$\sum_{n=1}^{\infty} u_n$收敛与发散的概念.

定义 6.2 如果级数$\sum_{n=1}^{\infty} u_n$的部分和数列$\{s_n\}$有极限s，即$\lim_{n\to\infty} s_n = s$，则称无穷级数$\sum_{n=1}^{\infty} u_n$收敛，这时极限$s$称为级数的和，或称级数$\sum_{n=1}^{\infty} u_n$收敛于$s$，并写成

$$s = \sum_{n=1}^{\infty} u_n \text{ 或 } s = u_1 + u_2 + \cdots + u_n + \cdots$$

如果$\{s_n\}$没有极限，则称无穷级数$\sum_{n=1}^{\infty} u_n$发散，或称$\sum_{n=1}^{\infty} u_n$的和不存在.

显然，当级数收敛时，其部分和s_n是级数的和s的近似值，它们之间的差值

$$r_n = s - s_n = u_{n+1} + u_{n+2} + \cdots$$

叫做级数的余项.用近似值s_n代替和s所产生的误差是这个余项的绝对值，即误差是$|r_n|$.

例 2 判断级数$\frac{1}{1\times 2} + \frac{1}{2\times 3} + \cdots + \frac{1}{n\times(n+1)} + \cdots$的敛散性.

解 因为$s_n = \frac{1}{1\times 2} + \frac{1}{2\times 3} + \cdots + \frac{1}{n\times(n+1)}$

$$= \left(1 - \frac{1}{2}\right) + \left(\frac{1}{2} - \frac{1}{3}\right) + \cdots + \left(\frac{1}{n} - \frac{1}{n+1}\right) = 1 - \frac{1}{n+1}$$

所以，$\lim_{n\to\infty} s_n = \lim_{n\to\infty}\left(1 - \frac{1}{n+1}\right) = 1$，从而级数收敛于 1.

例 3 证明级数$\sum_{n=1}^{\infty} n$是发散级数.

证明 因为级数$\sum_{n=1}^{\infty} n$的部分和$s_n = 1 + 2 + \cdots + n = \frac{n(n+1)}{2}$，

而$\lim_{n\to\infty} s_n = \lim_{n\to\infty} \frac{n(1+n)}{2} = \infty$，故级数$\sum_{n=1}^{\infty} n$发散.

例 4 讨论几何级数

$$\sum_{n=0}^{\infty} aq^n = a + aq + aq^2 + \cdots + aq^n + \cdots$$

的敛散性，其中$a \neq 0$.

解 如果$q \neq 1$，则部分和

$$s_n = a + aq + aq^2 + \cdots + aq^{n-1} = \frac{a - aq^n}{1-q} = \frac{a}{1-q} - \frac{aq^n}{1-q}.$$

当$|q| < 1$时，由于$\lim_{n\to\infty} q^n = 0$，从而$\lim_{n\to\infty} s_n = \frac{a}{1-q}$，因此这时级数$\sum_{n=0}^{\infty} aq^n$收敛，其和为$\frac{a}{1-q}$.

当 $|q|>1$ 时,由于 $\lim\limits_{n\to\infty}q^n=\infty$,从而 $\lim\limits_{n\to\infty}s_n=\infty$,这时级数 $\sum\limits_{n=0}^{\infty}aq^n$ 发散.

如果 $|q|=1$,则当 $q=1$ 时,$s_n=na\to\infty$,因此级数 $\sum\limits_{n=0}^{\infty}aq^n$ 发散;当 $q=-1$ 时,级数 $\sum\limits_{n=0}^{\infty}aq^n$ 成为

$$a-a+a-a+\cdots$$

显然 s_n 随着 n 为奇数或偶数而等于 a 或零,从而 s_n 的极限不存在,这时级数 $\sum\limits_{n=0}^{\infty}aq^n$ 也发散.

综合上述结果,我们得到:如果 $|q|<1$,则级数 $\sum\limits_{n=0}^{\infty}aq^n$ 收敛,其和为 $\dfrac{a}{1-q}$;如果 $|q|\geqslant 1$,则级数 $\sum\limits_{n=0}^{\infty}aq^n$ 发散.

例 5　证明调和级数 $\sum\limits_{n=1}^{\infty}\dfrac{1}{n}$ 是发散的.

证明　用反证法.假设级数 $\sum\limits_{n=1}^{\infty}\dfrac{1}{n}$ 是收敛的且和为 s,部分和为 s_n,则 $\lim\limits_{n\to\infty}s_n=s$;从而 $\lim\limits_{n\to\infty}s_{2n}=s$,即应有:$\lim\limits_{n\to\infty}(s_{2n}-s_n)=s-s=0$.但

$$s_{2n}-s_n=\frac{1}{n+1}+\frac{1}{n+2}+\cdots+\frac{1}{n+n}>\frac{1}{2n}+\frac{1}{2n}+\cdots+\frac{1}{2n}=\frac{1}{2},$$

与 $\lim\limits_{n\to\infty}(s_{2n}-s_n)=0$ 矛盾,所以调和级数 $\sum\limits_{n=1}^{\infty}\dfrac{1}{n}$ 发散.

2. 收敛级数的基本性质

根据无穷级数收敛、发散以及和的概念,可以得出收敛级数的几个基本性质.

性质 1　如果级数 $\sum\limits_{n=1}^{\infty}u_n$ 的和为 s,则它的各项同乘以一个常数 k 所得级数 $\sum\limits_{n=1}^{\infty}ku_n$ 也收敛,且其和为 ks.

容易知道若级数 $\sum\limits_{n=1}^{\infty}u_n$ 发散,各项同乘以一个非零常数 k 后所得级数也发散.因此,级数的每一项同乘一个不为零的常数后,它的敛散性不会改变.

性质 2　如果级数 $\sum\limits_{n=1}^{\infty}u_n$,$\sum\limits_{n=1}^{\infty}v_n$ 分别收敛于和 s_1,s_2,则级数 $\sum\limits_{n=1}^{\infty}(u_n\pm v_n)$ 也收敛,且其和为 $s_1\pm s_2$.

性质 3　在级数中去掉、加上或改变有限项,不会改变级数的敛散性.

性质 4　如果级数 $\sum\limits_{n=1}^{\infty}u_n$ 收敛,则对这级数的项任意加括号后所成的级数

$$(u_1+\cdots+u_{n_1})+(u_{n_1+1}+\cdots+u_{n_2})+\cdots+(u_{n_{k-1}+1}+\cdots+u_{n_k})+\cdots$$

仍收敛,且其和不变.

注意 如果加括号后所成的级数收敛,则不能断定去括号后原来的级数也收敛.例如,级数

$$(1-1)+(1-1)+\cdots$$

收敛于零,但级数

$$1-1+1-1+\cdots$$

却是发散的.

性质5(级数收敛的必要条件) 如果级数$\sum_{n=1}^{\infty} u_n$收敛,则$\lim_{n\to\infty} u_n=0$.

证明 设级数$\sum_{n=1}^{\infty} u_n$的部分和为s_n,且$\lim_{n\to\infty} s_n=s$,则

$$\lim_{n\to\infty} u_n=\lim_{n\to\infty}(s_n-s_{n-1})=\lim_{n\to\infty} s_n-\lim_{n\to\infty} s_{n-1}=s-s=0.$$

由性质5可知,如果级数的一般项不趋于零,则该级数必定发散.例如,级数$\sum_{n=1}^{\infty}(-1)^n$,它的一般项$u_n=(-1)^n$当$n\to\infty$时不趋于零,因此$\sum_{n=1}^{\infty}(-1)^n$是发散的.

注意 级数的一般项趋于零并不是级数收敛的充分条件.例如调和级数$\sum_{n=1}^{\infty}\frac{1}{n}$,$\lim_{n\to\infty}\frac{1}{n}=0$,前面例3已经证明它是发散的.

例6 级数$\sum_{n=1}^{\infty}\frac{2+(-1)^n}{3^n}$是否收敛?若收敛,求其和.

解 由于$\sum_{n=1}^{\infty}\frac{2}{3^n}$是公比为$q=\frac{1}{3}$的几何级数,由例3知它是收敛的,且其和为

$$\sum_{n=1}^{\infty}\frac{2}{3^n}=\frac{\frac{2}{3}}{1-\frac{1}{3}}=1.$$

而$\sum_{n=1}^{\infty}\frac{(-1)^n}{3^n}$是公比为$q=-\frac{1}{3}$的几何级数,它也是收敛的,且其和为

$$\sum_{n=1}^{\infty}\frac{(-1)^n}{3^n}=\frac{-\frac{1}{3}}{1-\left(-\frac{1}{3}\right)}=-\frac{1}{4}$$

因此,由性质2可知,级数$\sum_{n=1}^{\infty}\frac{2+(-1)^n}{3^n}=\sum_{n=1}^{\infty}\left[\frac{2}{3^n}+\frac{(-1)^n}{3^n}\right]$收敛,且其和为

$$\sum_{n=1}^{\infty}\frac{2+(-1)^n}{3^n}=\sum_{n=1}^{\infty}\frac{2}{3^n}+\sum_{n=1}^{\infty}\frac{(-1)^n}{3^n}=1+\left(-\frac{1}{4}\right)=\frac{3}{4}.$$

3. 常见重要级数的敛散性

(1) 几何级数

级数 $\sum_{n=0}^{\infty} aq^n = a + aq + aq^2 + \cdots + aq^n + \cdots$ 其中 $a \neq 0$, 称为几何级数(或等比级数).由例2知:

当 $|q| < 1$ 时,级数 $\sum_{n=0}^{\infty} aq^n$ 收敛,其和为 $\frac{a}{1-q}$;

当 $|q| \geqslant 1$ 时,级数 $\sum_{n=0}^{\infty} aq^n$ 发散.

(2) 调和级数

级数 $\sum_{n=1}^{\infty} \frac{1}{n}$ 称为调和级数,由例3知调和级数发散.

(3) p 级数

级数 $\sum_{n=1}^{\infty} \frac{1}{n^p} = 1 + \frac{1}{2^p} + \frac{1}{3^p} + \cdots + \frac{1}{n^p} + \cdots \ (p > 0)$ 称为 p 级数,

当 $p > 1$ 时,p 级数收敛;

当 $p \leqslant 1$ 时,p 级数发散.

习题 6.1

1. 写出下列级数的一般项:

(1) $\frac{2}{1} - \frac{3}{2} + \frac{4}{3} - \frac{5}{4} + \frac{6}{5} - \cdots$

(2) $1 + \frac{1 \cdot 2}{2^2} + \frac{1 \cdot 2 \cdot 3}{3^2} + \frac{1 \cdot 2 \cdot 3 \cdot 4}{4^2} + \cdots$

(3) $\frac{3}{4} + \frac{5}{36} + \frac{7}{144} + \frac{9}{400} + \cdots$

(4) $\frac{\sqrt{x}}{2} + \frac{x}{2 \cdot 4} + \frac{x\sqrt{x}}{2 \cdot 4 \cdot 6} + \frac{x^2}{2 \cdot 4 \cdot 6 \cdot 8} + \cdots$

2. 判别下列级数的敛散性:

(1) $2 + 2 + \cdots + 2 + \cdots$

(2) $\frac{1}{1 \cdot 4} + \frac{1}{2 \cdot 5} + \cdots + \frac{1}{n(n+3)} + \cdots$

(3) $1 + \ln 2 + \ln^2 2 + \ln^3 2 + \cdots$

(4) $1 - \ln 3 + \ln^2 3 - \ln^3 3 - \cdots$

(5) $(\frac{1}{3}+\frac{1}{2})+(\frac{1}{3^2}+\frac{1}{2\times 2})+\cdots+(\frac{1}{3^n}+\frac{1}{n\times 2})+\cdots$

(6) $1+\frac{2}{3}+\frac{3}{5}+\frac{4}{7}+\cdots$

(7) $\sin\frac{\pi}{6}+\sin\frac{2\pi}{6}+\cdots+\sin\frac{n\pi}{6}+\cdots$

(8) $\frac{3}{2}+\frac{3^2}{2^2}+\cdots+\frac{3^n}{2^n}+\cdots$.

(9) $1+\frac{1}{\sqrt{2}}+\frac{1}{\sqrt{3}}+\cdots+\frac{1}{\sqrt{n}}+\cdots$

3. 求下列级数的和:

(1) $\frac{4}{7}-\frac{4^2}{7^2}+\frac{4^3}{7^3}-\cdots$

(2) $\sum_{n=1}^{\infty}\frac{3^n+(-1)^n}{5^n}$

(3) $\sum_{n=1}^{\infty}\frac{1}{(2n-1)(2n+1)}$

§6.2　常数项级数敛散性的判别法

上一节中,利用级数收敛的定义、收敛级数的性质以及一些常见级数的敛散性可以判断一些级数是否收敛,但通常求部分和及其极限都很困难,因此需要建立判别级数敛散性的一般方法.

1. 正项级数的敛散性判别法

对于常数项级数 $\sum_{n=1}^{\infty}u_n$,若 $u_n\geqslant 0(n=1,2,\cdots)$,则称该级数为正项级数.

对于这一类级数,比较容易判别其敛散性,而且研究这类级数,对研究一般的无穷级数也有指导意义.

定理 6.1(比较判别法)　设 $\sum_{n=1}^{\infty}u_n$ 和 $\sum_{n=1}^{\infty}v_n$ 都是正项级数,且 $u_n\leqslant v_n(n=1,2,\cdots)$,则

(1) 若级数 $\sum_{n=1}^{\infty}v_n$ 收敛,则级数 $\sum_{n=1}^{\infty}u_n$ 收敛;

(2) 若级数 $\sum_{n=1}^{\infty}u_n$ 发散,则级数 $\sum_{n=1}^{\infty}v_n$ 发散.

这个结论可形象地记为:“若大的收敛,则小的也收敛;若小的发散,则大的也发

散”.另外,由于级数的每一项同乘以不为零的常数 k,以及去掉任意有限项都不会影响级数的敛散性,所以定理中的 $u_n \leqslant v_n$ 也可变为 $u_n \leqslant kv_n(k > 0, n \geqslant N)$.

例 1　判别级数 $\sum\limits_{n=1}^{\infty} 2^n \sin \dfrac{\pi}{3^n}$ 的敛散性.

解　由于当 $x > 0$ 时,$0 < \sin x < x$,所以有

$$0 < 2^n \sin \frac{\pi}{3^n} < \pi \left(\frac{2}{3}\right)^n, n = 1,2,3,\cdots$$

而 $\sum\limits_{n=1}^{\infty} \pi \left(\dfrac{2}{3}\right)^n$ 是 $q = \dfrac{2}{3} < 1$ 的几何级数,故级数收敛.于是,由比较判别法可知,正项级数 $\sum\limits_{n=1}^{\infty} 2^n \sin \dfrac{\pi}{3^n}$ 收敛.

例 2　判别级数 $\sum\limits_{n=1}^{\infty} \dfrac{1}{\sqrt{n(n+1)}}$ 的敛散性.

解　由于 $\dfrac{1}{\sqrt{n(n+1)}} > \dfrac{1}{n+1}$,而 $\sum\limits_{n=1}^{\infty} \dfrac{1}{n+1}$ 是由调和级数去掉了第一项得到的,因而发散,所以由比较判别法可知,$\sum\limits_{n=1}^{\infty} \dfrac{1}{\sqrt{n(n+1)}}$ 发散.

题中如果用 $\dfrac{1}{\sqrt{n(n+1)}} < \dfrac{1}{n}$ 进行比较,就无法得出结论.

很多时候直接比较通项的大小不方便,需要用到比较判别法的极限形式.

定理 6.2(比较判别法的极限形式)　设 $\sum\limits_{n=1}^{\infty} u_n$ 和 $\sum\limits_{n=1}^{\infty} v_n$ 都是正项级数,如果

$$\lim_{n\to\infty} \frac{u_n}{v_n} = l,$$

那么

(1) 若 $0 < l < +\infty$,则级数 $\sum\limits_{n=1}^{\infty} u_n$ 和 $\sum\limits_{n=1}^{\infty} v_n$ 同时收敛或同时发散;

(2) 若 $l = 0$,且 $\sum\limits_{n=1}^{\infty} v_n$ 收敛,则 $\sum\limits_{n=1}^{\infty} u_n$ 收敛;

(3) 若 $l = +\infty$,且 $\sum\limits_{n=1}^{\infty} v_n$ 发散,则 $\sum\limits_{n=1}^{\infty} u_n$ 发散.

例 3　判别级数 $\sum\limits_{n=1}^{\infty} \sin \dfrac{1}{n}$ 的敛散性.

解　因为 $\lim\limits_{n\to\infty} \dfrac{\sin \frac{1}{n}}{\frac{1}{n}} = 1$,而 $\sum\limits_{n=1}^{\infty} \dfrac{1}{n}$ 发散,所以 $\sum\limits_{n=1}^{\infty} \sin \dfrac{1}{n}$ 发散.

例 4 判别级数 $\sum_{n=1}^{\infty}\ln(1+\frac{1}{n^2})$ 的敛散性.

解 因为 $\lim\limits_{n\to\infty}\dfrac{\ln(1+\frac{1}{n^2})}{\frac{1}{n^2}}=\lim\limits_{n\to\infty}\ln\left(1+\frac{1}{n^2}\right)^{n^2}=\ln e=1$，而 $\sum_{n=1}^{\infty}\frac{1}{n^2}$ 是 $p=2$ 的 p 级数，所以收敛，故 $\sum_{n=1}^{\infty}\ln(1+\frac{1}{n^2})$ 收敛.

还有很多时候，不太容易找出一个进行比较的级数，我们有以下的判断方法.

定理 6.3（比值判别法，达朗贝尔（D'Alembert）判别法） 设 $\sum_{n=1}^{\infty}u_n$ 是正项级数，且 $\lim\limits_{n\to\infty}\dfrac{u_{n+1}}{u_n}=\rho$，则

(1) 若 $\rho<1$，则级数收敛；

(2) 若 $\rho>1$，则级数发散；

(3) 若 $\rho=1$，则级数可能收敛也可能发散，需要用其他方法进行判别.

例 5 判别下列级数的敛散性：

(1) $\sum_{n=1}^{\infty}\dfrac{1}{n!}$， (2) $\sum_{n=1}^{\infty}\dfrac{n!}{10^n}$.

解 (1) 由于 $\lim\limits_{n\to\infty}\dfrac{u_{n+1}}{u_n}=\lim\limits_{n\to\infty}\dfrac{\frac{1}{(n+1)!}}{\frac{1}{n!}}=\lim\limits_{n\to\infty}\dfrac{1}{n+1}=0$，故级数 $\sum_{n=1}^{\infty}\dfrac{1}{n!}$ 收敛.

(2) 由于 $\lim\limits_{n\to\infty}\dfrac{u_{n+1}}{u_n}=\lim\limits_{n\to\infty}\dfrac{(n+1)!}{10^{n+1}}\cdot\dfrac{10^n}{n!}=\lim\limits_{n\to\infty}\dfrac{n+1}{10}=\infty$，故级数 $\sum_{n=1}^{\infty}\dfrac{n!}{10^n}$ 发散.

定理 6.4（根值判别法，柯西判别法） 设 $\sum_{n=1}^{\infty}u_n$ 是正项级数，且 $\lim\limits_{n\to\infty}\sqrt[n]{u_n}=\rho$，则

(1) 若 $\rho<1$，则级数收敛；

(2) 若 $\rho>1$，则级数发散；

(3) 若 $\rho=1$，则级数可能收敛也可能发散，需要用其他方法进行判定.

例 6 判别级数 $\sum_{n=1}^{\infty}\left(1-\dfrac{1}{n}\right)^{n^2}$ 的敛散性.

解 一般项含有 n 次方，故可用根值判别法. 因为

$$\lim_{n\to\infty}\sqrt[n]{u_n}=\lim_{n\to\infty}\sqrt[n]{\left(1-\frac{1}{n}\right)^{n^2}}=\lim_{n\to\infty}\left(1-\frac{1}{n}\right)^{n}=\frac{1}{e}<1,$$

故级数 $\sum_{n=1}^{\infty}\left(1-\dfrac{1}{n}\right)^{n^2}$ 收敛.

对于上述几种判别正项级数敛散性的常用方法，在实际应用中，通常按照如下

顺序选择判别方法：首先，检查一般项是否收敛于零，若一般项不收敛于零，则级数发散.其次，考虑用收敛级数的性质进行判别.再次，若通项中含有 $n!$ 或者 n 的若干连乘积时优先选择比值判别法，若通项中含有 n 次幂时，优先选择根值判别法；若不具备这些特点，考虑用比较判别法（用比较判别法时，优先选择其极限形式）.最后，如果前述方法都不能得出结论，则考虑用级数收敛的定义进行判别.

2. 交错级数的敛散性判别法

交错级数是一种特殊的任意项级数，它的各项是正负交错的，从而可以写成下面的形式：

$$u_1 - u_2 + u_3 - u_4 + \cdots + (-1)^{n-1}u_n + \cdots$$

或

$$-u_1 + u_2 - u_3 + u_4 - \cdots + (-1)^n u_n + \cdots$$

其中 $u_1, u_2, \cdots$ 都是正数.交错级数也称为莱布尼兹级数.

定理 6.5（**莱布尼兹定理**）　如果交错级数 $\sum\limits_{n=1}^{\infty}(-1)^{n-1}u_n$ 满足条件：

(1) $u_n \geqslant u_{n+1} (n = 1,2,3,\cdots)$，

(2) $\lim\limits_{n\to\infty} u_n = 0$，

则级数收敛，且其和 $s \leqslant u_1$，其余项 r_n 的绝对值 $|r_n| \leqslant u_{n+1}$.

例 7　判断级数 $\sum\limits_{n=1}^{\infty}\dfrac{(-1)^{n-1}}{n}$ 的敛散性.

解　不难验证：

(1) $\dfrac{1}{n} \geqslant \dfrac{1}{n+1} (n = 1, 2, 3, \cdots)$，(2) $\lim\limits_{n\to\infty}\dfrac{1}{n} = 0$.

所以，由莱布尼兹定理知，级数 $\sum\limits_{n=1}^{\infty}\dfrac{(-1)^{n-1}}{n}$ 收敛.

3. 任意项级数的敛散性判别法

对于更一般的级数

$$u_1 + u_2 + \cdots + u_n + \cdots$$

若 u_n 为任意实数，则称为任意项级数.

如果级数 $\sum\limits_{n=1}^{\infty}u_n$ 各项的绝对值所构成的正项级数 $\sum\limits_{n=1}^{\infty}|u_n|$ 收敛，则称级数 $\sum\limits_{n=1}^{\infty}u_n$ 绝对收敛；如果级数 $\sum\limits_{n=1}^{\infty}u_n$ 收敛，而级数 $\sum\limits_{n=1}^{\infty}|u_n|$ 发散，则称级数 $\sum\limits_{n=1}^{\infty}u_n$ 条件收敛.容易判断，级数 $\sum\limits_{n=1}^{\infty}(-1)^{n-1}\dfrac{1}{n^2}$ 是绝对收敛级数，而级数 $\sum\limits_{n=1}^{\infty}(-1)^{n-1}\dfrac{1}{n}$ 是条件收敛级数.

级数绝对收敛与级数收敛有以下重要关系：

定理 6.6 如果级数$\sum_{n=1}^{\infty} u_n$绝对收敛,则级数$\sum_{n=1}^{\infty} u_n$必定收敛.

证明 设级数$\sum_{n=1}^{\infty} |u_n|$收敛.令

$$v_n = \frac{1}{2}(u_n + |u_n|)\ (n = 1,2,\cdots).$$

显然$v_n \geqslant 0$且$v_n \leqslant |u_n|(n = 1,2,\cdots)$.由比较判别法知道,级数$\sum_{n=1}^{\infty} v_n$收敛,从而级数$\sum_{n=1}^{\infty} 2v_n$也收敛.而$u_n = 2v_n - |u_n|$,由收敛级数的基本性质可知

$$\sum_{n=1}^{\infty} u_n = \sum_{n=1}^{\infty} (2v_n - |u_n|)$$

收敛.

通过该定理,使得很多任意项级数的收敛性判别问题,转化为正项级数的收敛性判别问题.

一般说来,如果级数$\sum_{n=1}^{\infty} |u_n|$发散,我们不能断定级数$\sum_{n=1}^{\infty} u_n$也发散.但是,如果我们用比值判别法或根值判别法判定级数$\sum_{n=1}^{\infty} |u_n|$发散,则我们可以断定级数$\sum_{n=1}^{\infty} u_n$必定发散.这是因为上述两种判别法判定级数$\sum_{n=1}^{\infty} |u_n|$发散的依据是$\lim\limits_{n\to\infty} |u_n| \neq 0$,从而$\lim\limits_{n\to\infty} u_n \neq 0$,因此级数$\sum_{n=1}^{\infty} u_n$也是发散的.

例 8 判别级数$\sum_{n=1}^{\infty} \frac{\sin n}{n^2}$的敛散性.

解 因为$\left|\frac{\sin n}{n^2}\right| \leqslant \frac{1}{n^2}$而$\sum_{n=1}^{\infty} \frac{1}{n^2}$收敛,所以$\sum_{n=1}^{\infty} \left|\frac{\sin n}{n^2}\right|$收敛,所以原级数$\sum_{n=1}^{\infty} \frac{\sin n}{n^2}$绝对收敛.

例 9 判别级数$\sum_{n=1}^{\infty} (-1)^{n-1} \frac{n}{n^2+1}$的敛散性.若收敛,进一步判断是绝对收敛还是条件收敛.

解 因为$\frac{|u_{n+1}|}{|u_n|} = \frac{n+1}{(n+1)^2+1} \cdot \frac{n^2+1}{n} = \frac{n^3+n^2+n+1}{n^3+2n^2+2n} \leqslant 1$,

即$|u_{n+1}| \leqslant |u_n|(n = 1,\ 2,\ \cdots)$,且$\lim\limits_{n\to\infty} |u_n| = \lim\limits_{n\to\infty} \frac{n}{n^2+1} = 0$.

由交错级数判别法,原级数收敛.另外,$|u_n| = \frac{n}{n^2+1} \geqslant \frac{n}{n^2+n^2} = \frac{1}{2n}$,而$\sum_{n=1}^{\infty} \frac{1}{2n}$发散,故$\sum_{n=1}^{\infty} |u_n| = \sum_{n=1}^{\infty} \frac{n}{n^2+1}$发散.于是级数$\sum_{n=1}^{\infty} (-1)^{n-1} \frac{n}{n^2+1}$是条件收敛的.

习题 6.2

1. 用适当的方法判别下列级数的敛散性：

(1) $\sum_{n=1}^{\infty} \frac{1}{5n+1}$　　(2) $\sum_{n=1}^{\infty} \frac{1}{(n+1)(n+3)}$

(3) $\sum_{n=1}^{\infty} \frac{1+n}{1+n^3}$　　(4) $\sum_{n=1}^{\infty} \sin \frac{\pi}{2^n}$

(5) $\sum_{n=1}^{\infty} \left(\frac{n}{2n+1}\right)^n$　　(6) $\sum_{n=1}^{\infty} \frac{1}{n}(\sqrt{n+1} - \sqrt{n-1})$

(7) $\sum_{n=1}^{\infty} \frac{n!}{n^n}$　　(8) $\sum_{n=1}^{\infty} \frac{n\cos^2 \frac{n\pi}{4}}{2^n}$

2. 判别下列级数的敛散性，如果收敛，指出是绝对收敛还是条件收敛：

(1) $\sum_{n=1}^{\infty} \frac{(-1)^{n-1}}{\ln(1+n)}$　　(2) $\sum_{n=1}^{\infty} \frac{1}{2^n}\sin \frac{n\pi}{7}$

(3) $\sum_{n=1}^{\infty} \frac{n!}{n^n}\sin \frac{n\pi}{5}$　　(4) $\sum_{n=1}^{\infty} (-1)^{n+1} \frac{n}{n+1}$

§6.3　微分方程的基本概念

对实际问题的研究，往往首先要建立数学模型.通常的数学模型由微分方程来描述；微分方程建立以后，对它进行研究，找出未知函数来，这就是解微分方程.

例 1　英国学者马尔萨斯(Malthus)认为人口的相对增长率为常数，即如果设 t 时刻人口数为 $x(t)$，则人口增长速度与人口总量 $x(t)$ 成正比，从而建立 Malthus 模型为：

$$\begin{cases} \frac{dx}{dt} = kx \\ x(t_0) = x_0 \end{cases}, \quad k > 0$$

这是一个含有一阶导数的数学模型.

例 2　假设某人以固定的年利率 r 投资 A_0 元，若一年内 k 次将利息加入本金，则 t 年后的现金总额为：

$$A(t) = A_0\left(1 + \frac{r}{k}\right)^{kt}$$

若 $k \to \infty$，即连续不断地以正比于账户现金的速度将利息加入本金，就得到如下的初值为本金的增长模型：

$$\begin{cases}\dfrac{dA}{dt}=rA\\A(0)=A_0\end{cases}$$

例 3 某种商品的需求量 Q 对价格 p 的弹性为 $-1.5p$，已知该商品的最大需求量为 800(即 $p=0$ 时，$Q=800$)，求需求量 Q 与价格 p 的函数关系.

解 根据弹性的定义，有

$$\frac{p}{Q}\cdot Q'=-1.5p$$

由题意，$Q|_{p=0}=800$.

解出满足上面两个式子的函数 Q，就得到需求量与价格的函数关系.

例 4 求过点(1,3) 且切线斜率为 $2x$ 的曲线方程.

解 设所求的曲线方程是 $y=f(x)$，则根据题意应满足下面的关系：

$$\begin{cases}\dfrac{dy}{dx}=2x\\y|_{x=1}=3\end{cases}$$

先通过$\dfrac{dy}{dx}=2x$ 求一次不定积分，得到函数 $y=x^2+c$（c 为任意常数），再把条件 $y|_{x=1}=3$代入这个函数，可得 $c=2$，于是满足题设条件的曲线方程为

$$y=x^2+2.$$

以上例中方程的共同特点是都含有一个未知函数的导数.

定义 6.3 **含有未知函数的导数或微分的方程，称为微分方程.**

未知函数为一元函数的微分方程，称为常微分方程.如以上例中的方程都是常微分方程.

未知函数为多元函数，从而出现多元函数的偏导数的方程，称为偏微分方程.例如：

$$\frac{\partial^2 z}{\partial x^2}+\frac{\partial^2 z}{\partial y^2}=0,\frac{\partial z}{\partial x}+x\frac{\partial z}{\partial y}=y$$

就是偏微分方程.

下面我们只讨论常微分方程，简称为微分方程.

微分方程中出现的各阶导数的最高阶数，称为微分方程的阶.例如，$y''=3x$ 是二阶微分方程，$(y')^3+y=x$ 是一阶微分方程.

定义 6.4 **如果一个函数代入微分方程后，方程两端恒等，则称此函数为该微分方程的解.**

例如，$y=x^2+c$，$y=x^2+2$ 都是方程$\dfrac{dy}{dx}=2x$ 的解.

如果微分方程的解中含有任意取值的常数且相互独立的任意常数的个数等于

微分方程的阶数,则此解称为微分方程的**通解**.不含任意常数的解,称为**特解**.

“相互独立的常数”是指在一个式子中无法通过运算合并成一个数的多个常数.如$y=c_1x^2+c_2$中的c_1与c_2就是两个相互独立的常数,而$y=x^2+t_1+t_2$中的t_1与t_2就不是相互独立的.

例如,$y=x^2+c$是$\frac{dy}{dx}=2x$的通解,而$y=x^2+2$是$\frac{dy}{dx}=2x$的特解.

值得注意的是,微分方程的通解不一定包括微分方程的所有解.例如,$\sqrt{y^2-1}=\arctan x+c$是方程$yy'=\frac{\sqrt{y^2-1}}{1+x^2}$的通解,$y=\pm 1$也是该方程的解,但$y=\pm 1$并不被通解$\sqrt{y^2-1}=\arctan x+c$包含.

另外,函数$y=\sin x+c$(其中c是任意常数)是微分方程$y''+\sin x=0$的解,但既不是通解也不是特解,因为其中任意常数的个数与该方程的阶数(二阶)不等.

为了得到合乎条件的特解,通常对微分方程附加一定的条件,也称为**定解条件**.如果定解条件是由系统在某一种瞬间所处的状态给出的,则称这种条件为**初始条件**.如例3、例4中的条件.

我们把给定了初始条件的微分方程,称为**初值问题**.如例3、例4都是初值问题.

例5 求微分方程$y''=e^{2x}-\cos x$的通解.

解 对原方程连续积分两次得

$$y'=\frac{1}{2}e^{2x}-\sin x+C_1$$

$$y=\frac{1}{4}e^{2x}+\cos x+C_1x+C_2$$

即得原方程的通解.

习题6.3

1. 指出下列微分方程的阶:

(1) $\frac{dy}{dx}=4x^3-y$　　(2) $dy+3ydx=x^2dx$

(3) $y''+(y')^3+12xy=0$　　(4) $\left(\frac{dy}{dx}\right)^4=4x^3$

2. 指出下列各题中的函数是否为所给微分方程的解:

(1) $x\frac{dy}{dx}=-2y, y=c_1x^{-2}$

(2) $y''-2y'+y=0, y=x^2e^x$

(3) $y'' - \frac{2}{x}y' + \frac{2}{x^2}y = 0, y = c_1x + c_2x^2$

(4) $y'' + y = 0, y = 3\sin x - 4\cos x$

3. 验证函数 $y = C_1e^x + C_2e^{3x}$ 是微分方程 $y'' - 4y' + 3y = 0$ 的通解,并求满足初始条件 $y(0) = 0, y'(0) = 1$ 的特解.

4. 一条曲线通过点(1,2),且该曲线上任一点 $M(x,y)$ 处的切线斜率为 $3x^2$,求这条曲线的方程.

§6.4　一阶微分方程

一阶微分方程的一般形式是

$$F(x,y,y') = 0.$$

一阶微分方程的通解含有一个任意常数,为了确定这个任意常数,必须给出一个初始条件.通常都是给出 $x = x_0$ 时未知函数对应的值 $y = y_0$,记作

$$y(x_0) = y_0 \text{或} y|_{x=x_0} = y_0.$$

1. 可分离变量微分方程

如果微分方程

$$F(x,y,y') = 0 \tag{6-1}$$

能化为

$$f(x)dx = g(y)dy \tag{6-2}$$

的形式,则称方程(6-1)为可分离变量的微分方程,称方程(6-2)为变量已分离的微分方程.

求解可分离变量的微分方程的方法叫做分离变量法,具体做法:

第一步,分离变量,即将微积分方程化为(6-2)式的形式;

第二步,在方程两边同时积分,得

$$\int f(x)dx = \int g(y)dy + c$$

其中 c 为任意常数.注意,在微分方程这里,为了明显起见,将不定积分 $\int f(x)dx$ 看成 $f(x)$ 的一个原函数,而将积分常数 c(为任意常数)单独写出来.

例 1　解微分方程

$$\frac{dy}{dx} = -\frac{y}{x}.$$

解　分离变量,得

$$\frac{dy}{y} = -\frac{dx}{x},$$

两边积分：

$$\int \frac{dy}{y} = -\int \frac{dx}{x},$$

得

$$\ln|y| = -\ln|x| + \ln|c|,$$

即

$$xy = c \quad 或 \quad y = \frac{c}{x}.$$

这就是所给微分方程的通解(注意这里将常数写成 $\ln|c|$ 是为了后面表达式简洁些).

例2　解初值问题

$$\begin{cases} 3y^2 \dfrac{dy}{dx} + x = 0 \\ y|_{x=0} = 5 \end{cases}.$$

解　分离变量，得

$$3y^2 dy = -xdx,$$

两边积分：

$$\int 3y^2 dy = -\int xdx,$$

$$y^3 = -\frac{x^2}{2} + c.$$

这就是所给微分方程的通解，称这样的解为隐式解.

代入初始条件 $y|_{x=0} = 5$，求出 $c = 125$. 所以，所给初值问题的解为

$$y^3 = -\frac{x^2}{2} + 125.$$

例3　求微分方程 $dx + xydy = y^2dx + ydy$ 的通解.

解　先合并 dx 及 dy 的各项，得 $y(x-1)dy = (y^2-1)dx$，

设　$y^2 - 1 \neq 0, x - 1 \neq 0$，分离变量得 $\dfrac{y}{y^2-1}dy = \dfrac{1}{x-1}dx$，

两端积分 $\int \dfrac{y}{y^2-1}dy = \int \dfrac{1}{x-1}dx$，得 $\dfrac{1}{2}\ln|y^2-1| = \ln|x-1| + \ln|C_1|$，

于是 $y^2 - 1 = \pm C_1^2(x-1)^2$，记 $c = \pm C_1^2$，则得到题设方程的通解为 $y^2 - 1 = c(x-1)^2$.

注意　在用分离变量法解可分离变量的微分方程 $\dfrac{dy}{dx} = f(x)g(y)$ 的过程中，我们在假定 $g(y) \neq 0$ 的前提下，用它除方程两边，这样得到的通解，不包含使 $g(y) = 0$ 的特解. 但是，有时如果我们扩大任意常数 c 的取值范围，则其失去的解仍包含在通解中. 如在例3中，我们得到的通解中应该 $c \neq 0$，但这样方程就失去特解 $y = \pm 1$，而如果允许 $c = 0$，则 $y = \pm 1$ 仍包含在通解 $y^2 - 1 = c(x-1)^2$ 中.

例4　某商品的需求量 Q 对价格的弹性为 $-p\ln 4$，已知商品的最大需求量为 1 600，求需求函数.

解 设所求需求函数为 $Q=Q(p)$，根据题意有

$$\frac{p}{Q}\frac{dQ}{dp}=-p\ln4 \text{ 且 } Q(0)=1\,600$$

整理变形为 $\frac{dQ}{Q}=-\ln4dp$

两边积分，可得 $Q=C4^{-p},C\neq0$

将条件 $Q(0)=1\,600$ 代入，得 $C=1\,600$，故所求的需求函数为

$$Q(p)=1600\cdot4^{-p}$$

2. 一阶线性微分方程及其解法

形如

$$y'+p(x)y=f(x) \quad (6-3)$$

的微分方程，称为一阶线性微分方程.

在(6－3)式中，如果 $f(x)\equiv0$，则变为

$$y'+p(x)y=0, \quad (6-4)$$

称为一阶线性齐次方程.而 $f(x)\neq0$ 时，(6－3)式称为一阶线性非齐次方程.称 $f(x)$ 为自由项.

(1) 一阶线性齐次微分方程的解法

将 $y'+p(x)y=0$ 分离变量后得

$$\frac{dy}{y}=-p(x)dx,$$

两边积分后得

$$\ln|y|=-\int p(x)dx+\ln|c|,$$

即

$$y=ce^{-\int p(x)dx} \quad (c\text{ 为任意常数}) \quad (6-5)$$

(6－5)式即为方程 $y'+p(x)y=0$ 的通解.

(2) 一阶线性非齐次微分方程的解法

为了求出非齐次方程 $y'+p(x)y=f(x)$ 的通解，可以采用以下方法：先求出其对应的齐次方程 $y'+p(x)y=0$ 的通解 $y=ce^{-\int p(x)dx}$，然后设 $y'+p(x)y=f(x)$ 的通解具有如下形式

$$y=u(x)e^{-\int p(x)dx} \quad (6-6)$$

即将齐次方程 $y'+p(x)y=0$ 的通解中的任意常数 c，换为待定函数 $u=u(x)$，再将 $y=u(x)e^{-\int p(x)dx}$ 代入非齐次方程 $y'+p(x)y=f(x)$，求出 $u(x)$，从而求出方程 $y'+p(x)y=f(x)$ 的通解.这种方法称为**常数变易法**.

由(6－6)式容易得到

$$y' = u'(x)e^{-\int p(x)dx} + u(x)(e^{-\int p(x)dx})'$$

$$= u'(x)e^{-\int p(x)dx} - u(x)p(x)e^{-\int p(x)dx} \quad (6-7)$$

将(6 - 6) 式与(6 - 7) 式代入 $y' + p(x)y = f(x)$ 得

$$u'(x)e^{-\int p(x)dx} - u(x)p(x)e^{-\int p(x)dx} + p(x)u(x)e^{-\int p(x)dx} = f(x)$$

即

$$u'(x) = f(x)e^{\int p(x)dx}$$

积分后得

$$u(x) = \int f(x)e^{\int p(x)dx} + c$$

其中 c 是任意常数,代入(6 - 6) 式得

$$y = e^{-\int p(x)dx}\left[\int f(x)e^{\int p(x)dx} + c\right] \quad (6-8)$$

(6 - 8) 式就是方程 $y' + p(x)y = f(x)$ 的通解.

概括起来,用常数变易法求解一阶线性非齐次方程 $y' + p(x)y = f(x)$ 通解的步骤如下:

① 求对应于 $y' + p(x)y = f(x)$ 的齐次方程 $y' + p(x)y = 0$ 的通解 $y = ce^{-\int p(x)dx}$.

② 设 $y = u(x)e^{-\int p(x)dx}$,并求出 y'.

③ 将 ② 中的 y 及 y' 代入 $y' + p(x)y = f(x)$,解出 $u(x) = \int f(x)e^{\int p(x)dx} + c$.

④ 将 ③ 中求出的 $u(x)$ 代入(2) 中的 y 的表达式,得到

$$y = e^{-\int p(x)dx}\left[\int f(x)e^{\int p(x)dx} + c\right]$$

即为所求 $y' + p(x)y = f(x)$ 的通解.

例 5　求方程$\frac{dy}{dx} - \frac{2y}{x+1} = (x+1)^{\frac{5}{2}}$ 的通解.

解　先求对应齐次方程的通解:

由$\frac{dy}{dx} - \frac{2}{x+1}y = 0$,得

$$y = ce^{-\int -\frac{2}{x+1}dx} = c\,(x+1)^2,$$

用常数变易法,即令 $y = u(x)\,(x+1)^2$,代入所给非齐次方程得 $u' = (x+1)^{\frac{1}{2}}$,所以 $u(x) = \frac{2}{3}(x+1)^{\frac{3}{2}} + c$,回代即得所求方程的通解为

$$y = (x+1)^2\left[\frac{2}{3}(x+1)^{\frac{3}{2}} + c\right].$$

例 6　求下列微分方程满足所给初始条件的特解:

$$\begin{cases} x\ln x dy + (y - \ln x)dx = 0 \\ y|_{x=e} = 1 \end{cases}.$$

解　将方程标准化为 $y' + \frac{1}{x\ln x}y = \frac{1}{x}$.

于是由 $y' + \frac{1}{x\ln x}y = 0$,分离变量解得

$$y = ce^{-\int \frac{1}{x\ln x}dx} = \frac{c}{\ln x}$$

令 $y = \frac{u(x)}{\ln x}$,代入 $y' + \frac{1}{x\ln x}y = \frac{1}{x}$,得到 $\frac{u'(x)}{\ln x} = \frac{1}{x}$,所以 $u(x) = \frac{1}{2}\ln^2 x + c$,原方程的通解为 $y = \frac{1}{\ln x}(\frac{1}{2}\ln^2 x + c)$.

由初始条件 $y|_{x=e} = 1$,得 $c = \frac{1}{2}$,故所求特解为 $y = \frac{1}{2}(\ln x + \frac{1}{\ln x})$.

习题 6.4

1. 求下列微分方程的通解或特解:

(1) $y' = \frac{y^3}{x^3}$　　(2) $y' = 1 - x + y^2 - xy^2$

(3) $ye^{x+y}dy = dx$　　(4) $y\ln x dx + x\ln y dy = 0$

(5) $y'\sin x = y\ln y, y|_{x=\frac{\pi}{2}} = e$　　(6) $y' = e^{2x-y}, y|_{x=0} = 0$

2. 求下列微分方程的通解:

(1) $y' - 3xy = 2x$　　(2) $(1 + x^2)dy - 2xydx = (1 + x^2)dx$

(3) $y' = xe^{-x^2} - 2xy$　　(4) $\frac{dy}{dx} + y = e^{-x}$

3. 求下列方程满足初始条件的特解:

(1) $y' - y = \cos x, y|_{x=0} = 0$　　(2) $y' - \frac{2}{1 - x^2}y - x - 1 = 0, y|_{x=0} = 0$

4. 已知某公司的纯利润对广告费的变化率与常数 A 和利润 L 之差成正比,且 $L(0) = L_0$,试求纯利润 L 与广告费 x 间的函数关系.

5. 已知某产品的总利润 L 与广告支出 x 之间满足关系式 $L'(x) + L(x) = 1 - x$,且 $L(0) = 3$,求总利润函数.

§ 6.5　微分方程的经济模型及应用

微分方程理论自 17 世纪末建立以来,就逐渐成为研究自然和社会现象的有力工具.本节主要列举一些微分方程的应用实例.

1. 经济学中常见的模型

(1) 价格调整模型

商品的价格主要由市场的供求关系决定,商品的均衡价格就是某一时期内,该商品供给和需求相等时的价格.设某商品的市场价格 $p=p(t)$ 随时间 t 变动,其供给量 $S=a+bp$,需求量 $D=\alpha-\beta p$,其中 a,b,α,β 为常数,且 $b>0,\beta>0$.

当供给量和需求量相等(即 $S=D$) 时,求得均衡价格 p_e 为

$$p_e=\frac{\alpha-a}{\beta+b}$$

一般来说,当市场上某商品供过于求时,价格将下跌,供不应求时,价格将上涨.因此,该商品的市场价格将围绕着均衡价格 p_e 上下波动. 根据供求关系变化影响价格变化的分析,可以假设 t 时刻价格 $p(t)$ 的变化率$\frac{dp}{dt}$与 t 时刻的超额需求量 $D-S$ 成正比,即设

$$\frac{dp}{dt}=k(D-S) \tag{6-9}$$

其中 k 为正的比例常数,反映价格的调整速度.

在经济学中,通常把方程(6 - 9) 称为价格调整模型.

将 $S=a+bp,D=\alpha-\beta p$ 代入上式就得到

$$\frac{dp}{dt}=\lambda(p_e-p)$$

其中 $\lambda=(b+\beta)k>0$,容易解得上式的通解为

$$p=p(t)=\tilde{C}e^{-\lambda t}=p_e+Ce^{-\lambda t}$$

假设初始价格 $p(0)=p_0$,代入上式得 $C=p_0-p_e$,于是上式价格调整模型的解为

$$p(t)=p_e+(p_0-p_e)\ e^{-\lambda t}$$

由 $\lambda>0$ 知,$\lim\limits_{t\to+\infty}p(t)=p_e$,这表明实际价格最终将趋近于均衡价格.

(2) 多马(Domar) 经济增长模型

多马经济增长模型是一种反应储蓄、投资与国民收入之间关系的简单宏观经济增长模型.

假设 $S(t)$ 为 t 时刻的储蓄,$I(t)$ 为 t 时刻的投资,$Y(t)$ 为 t 时刻的国民收入,多马

曾提出下面的简单宏观经济增长模型：

$$\begin{cases} S(t) = \alpha\ Y(t) \\ I(t) = \beta \dfrac{dY}{dt} \\ S(t) = I(t) \\ Y(0) = Y_0 \end{cases} \tag{6 - 10}$$

其中：储蓄率$\alpha > 0$ 、加速数$\beta > 0$ 、基期国民收入 $Y_0 > 0$.

由(6 - 10) 式中前三个方程消去 $S(t)$,$I(t)$,可得到关于 $Y(t)$ 的微分方程

$$\frac{dY}{dt} = \lambda Y \qquad \left(\lambda = \frac{\alpha}{\beta} > 0\right)$$

其通解为

$$Y = C\ e^{\lambda t}$$

由初始条件 $Y(0) = Y_0$,得 $C = Y_0$,于是有

$$Y = Y(t) = Y_0\ e^{\lambda t}$$

由此得

$$S(t) = I(t) = \alpha Y(t) = \alpha Y_0\ e^{\lambda t}$$

由 $\lambda > 0$ 可知,$Y(t)$,$S(t)$,$I(t)$ 均为时间 t 的单调增函数,即它们之间都是不断增长的.

(3) 索罗(Solow) 经济增长模型

索罗经济增长模型是一种反应资本存量与国民收入、劳动力之间关系的经济增长模型.

设 $Y(t)$ 为 t 时刻的国民收入,$K(t)$ 为 t 时刻的资本存量,$L(t)$ 为 t 时刻的劳动力,索罗曾提出如下的经济增长模型

$$\begin{cases} Y = F(K,L) \\ \dfrac{dK}{dt} = sY(t) \\ L = L_0\ e^{\lambda t} \end{cases} \tag{6 - 11}$$

其中, $F(K,L)$ 是 K、L 的一次齐次函数,称为生产函数.

储蓄率 $s > 0$,劳力增长率$\lambda > 0$,初始劳力 $L_0 > 0$

由(6 - 11) 式的前两个方程可得

$$\frac{dK}{dt} = sF(K,L) = sLF\left(\frac{K}{L},1\right)$$

令 $k = \dfrac{K}{L}$,称为资本劳动力比,表示单位劳动力平均占有的资本,将 $K = kL$ 代入上式并利用 $\dfrac{dL}{dt} = \lambda L$ (因为 $L = L_0\ e^{\lambda t}$),可得

$$\frac{dk}{dt}+\lambda k=sF(k,1) \tag{6-12}$$

为了求出关于 k 的方程(6 - 12) 的解,需要给出生产函数 $F(k,L)$ 的具体形式.为此,下面取生产函数为柯布 — 道格拉斯(Cobb - Douglas) 生产函数,即设

$$F(K,L)=AK^{\alpha}L^{1-\alpha}=ALk^{\alpha}$$

其中 $A>0,0<\alpha<1$ 均为常数.容易知道 $F(k,1)=Ak^{\alpha}$,代入 (6 - 12) 式就得到

$$\frac{dk}{dt}+\lambda k=sAk^{\alpha}$$

这是以 k 为未知函数的伯努力方程.

令 $z=k^{1-\alpha}$ 有

$$\frac{dz}{dt}+(1-\alpha)\lambda z=(1-\alpha)sA$$

这是关于 z 的一阶线性方程,其通解为

$$z=\frac{sA}{\lambda}+Ce^{(\alpha-1)\lambda t}$$

将 $z=k^{1-\alpha}=\left(\frac{K}{L}\right)^{1-\alpha}$ 及 $L=L_0\,e^{\lambda t}$ 代入上式就得到

$$K^{1-\alpha}=\left[\frac{sA}{\lambda}+C\ e^{(\alpha-1)\lambda t}\right]L^{1-\alpha}$$

$$=\frac{sA}{\lambda}L_0^{1-\alpha}e^{(1-\alpha)\lambda t}+CL_0^{1-\alpha}$$

若 $K(0)=K_0$,则由上式得

$$C=\left(\frac{K_0}{L_0}\right)^{1-\alpha}-\frac{sA}{\lambda}=k_0^{1-\alpha}-\frac{s}{\lambda}A$$

于是就有

$$K=K(t)=\left[a+b\ e^{(1-\alpha)\lambda t}\right]^{\frac{1}{1-\alpha}}$$

其中 $a=\left(k_0^{1-\alpha}-\frac{s}{\lambda}A\right)L_0^{1-\alpha},b=\frac{s}{\lambda}A\ L_0^{1-\alpha}$.

(4) 指数增长模型

方程

$$\frac{dP}{dt}=kP,k>0\ (P'(t)=k\cdot P(t),k>0) \tag{6-13}$$

是无约束种群增长的基本模型.无论是人口增长、细菌繁殖,还是永续复利投资都可用这种模型来描述.忽略特殊的约束和促进因素,种群正常的繁衍速度与种群的大小成正比,而这正是方程 $\frac{dP}{dt}=kP$ 所表达的意思.这个方程的解是

$$P(t)=ce^{kt},$$

其中 t 是时间.当 $t=0$ 时为种群的初始值 $P(0)$,用 P_0 表示.于是有

$$P_0=P(0)=ce^{k\cdot 0}=c$$

因此,$c=P_0$,$P(t)$ 可表示为

$$P(t)=P_0e^{kt}.$$

它的图形如图 6 - 1 所示,图形说明,无约束增长将产生“种群激增”.

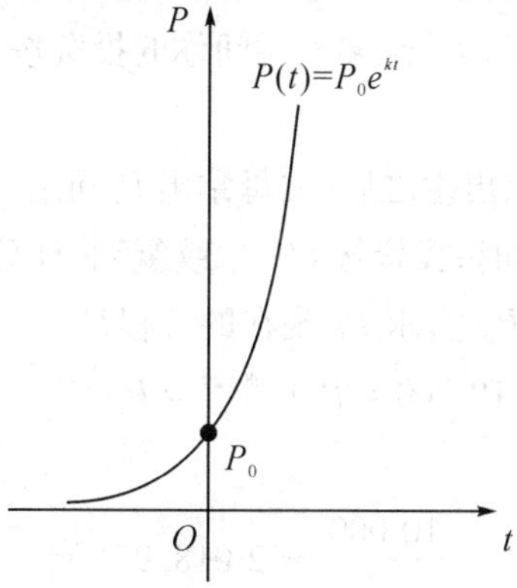

图 6 - 1

2. 经济学中的应用实例

例 1(复利问题) 假设投入资金 P_0 到储蓄中,年永续复利率为 4%,即结存 P 的增长率为 $\dfrac{dP}{dt}=0.04P$.

(1) 根据 P_0 和 0.04,求 $P(t)$.

(2) 假设投资 100 万元,1 年后结存是多少?

(3) 多长时间之后所投资的 100 万元能翻一番?

解 (1) $P(t)=P_0e^{0.04t}$.

(2) $P(1)=100e^{0.04\times 1}=100e^{0.04}\approx 100\times 1.040\,810\,77\approx 104.081\,077$(万元).

(3) 求时间 T 使得 $P(T)=200$ 万元.T 称为倍增时间.

由

$$200=100e^{0.04T}$$

即 $2=e^{0.04T}$,两边取自然对数得 $\ln 2=0.04T$,于是

$$T=\frac{\ln 2}{0.04}\approx\frac{0.693\,147}{0.04}\approx 17.33.$$

即 17.33 年后 100 万元才能翻一番.

由 $P(t)=P_0e^{kt}$ 可以知道,增长率 k 与倍增时间 T 的关系为

$$kT=\ln 2\approx 0.691\,347,$$

或

$$k = \frac{\ln 2}{T} \approx \frac{0.691\ 347}{T},$$

设利率 $k = r\%$，则有

$$T = \frac{\ln 2}{k} \approx \frac{0.691\ 347}{r \times 0.01} \approx \frac{70}{r}.$$

这就是 70 规则. 70 规则是投资领域常用的一个规则，该规则以倍增时间 T 与利率 k 之间的关系为基础，为了估计经多长时间你的投资按变动的报酬率翻一番，只需用报酬率除 70.

例 2（现值问题）　小孩出生之后，父母拿出 P_0 元作为初始投资，希望到孩子 20 岁生日时增长到 10 000 元. 如果投资按 8% 永续复利，计算初始投资应该是多少？

解　利用方程 $P(t) = P_0e^{kt}$，求 P_0 现在的方程是

$$10\ 000 = P_0e^{0.08\times 20} = P_0e^{1.6},$$

由此得到

$$P_0 = \frac{10\ 000}{e^{1.6}} \approx 2\ 018.97(\text{元}).$$

于是，父母现在必须存储 2 018.97 元，到孩子 20 岁生日时才能增长到 10 000 元.

经济学家把 2 018.97 称为按 8% 永续复利计算 20 年到期 10 000 元的现值. 计算现值的过程称为贴现. 这个问题的另一种表达方式是"按 8% 永续复利计算，现在必须投资多少元才能在 20 年后结存 10 000 元？" 答案是 2 018.97 元，这就是 10 000 元的现值.

计算现值可以理解为从未来值返回到现值的指数衰减.

一般地，t 年后金额 P 的现值 P_0，可通过下列关于 P_0 的方程得到

$$P_0e^{kt} = P$$
$$P_0 = Pe^{-kt}.$$

例 3（国民收入、储蓄与投资的关系问题）　在宏观经济研究中，发现某地区国民收入 y、国民储蓄 S 和投资 I 均是时间 t 的函数，且在任一时刻 t，储蓄 $S(t)$ 为国民收入 $y(t)$ 的 $\frac{1}{10}$ 倍，投资额 $I(t)$ 是国民收入增长率 $\frac{dy}{dt}$ 的 $\frac{1}{3}$ 倍. $t = 0$ 时，国民收入为 5 亿元. 设在时刻 t 的储蓄全部用于投资，试求国民收入函数.

解　由题意可知

$$S = \frac{1}{10}y, I = \frac{1}{3}\cdot\frac{dy}{dt},$$

由假设，时刻 t 的储蓄全部用于投资，那么 $S = I$，于是有

$$\frac{1}{10}y = \frac{1}{3}\cdot\frac{dy}{dt},$$

解此微分方程得

$$y = c\cdot e^{\frac{3}{10}t},$$

由 $y|_{t=0}=5$，得 $c=5$. 故国民收入函数为

$$y=5e^{\frac{3}{10}t}.$$

而储蓄函数的投资函数为

$$S=I=\frac{1}{2}e^{\frac{3}{10}t}.$$

例 4（净资产分析问题） 设某公司的净资产在营运过程中像银行的存款一样以年5%的连续复利产生利息而使总资产增长，同时还必须以每年200百万人民币的数额连续地支付职工的工资.

（1）列出描述公司净资产 W（以百万元为单位）的微分方程；

（2）假设公司的初始净资产为 W_0（百万元），求公司的净资产 $W(t)$；

（3）描绘出当 W_0 分别为3 000、4 000和5 000时的解曲线.

解 先对问题作一个直观分析.

首先看是否存在一个初值 W_0，使公司的净资产不变. 若存在这样的 W_0，则必始终有

利息盈取的速率 = 工资支付的速率

即

$$0.05W_0=200 \quad \Rightarrow \quad W_0=4\,000$$

所以，如果净资产的初值 $W_0=4\,000$（百万元）时，利息与工资支出达到平衡，且净资产始终不变，即4 000（百万元）是一个平衡解.

若 $W_0>4\,000$（百万元），则利息盈取超过工资支出，净资产将会增长，利息也因此而增长得更快，从而净资产增长得越来越快.

若 $W_0<4\,000$（百万元），则利息盈取赶不上工资的支出，公司的净资产将会减少，利息的盈取会减少，从而净资产减少的速率更快. 这样一来，公司的净资产最终减少到零，以致倒闭.

下面建立微分方程以精确地分析这一问题.

（1）显然，由上面可得到：

净资产的增长速率 = 利息盈取的速率 − 工资支付速率

若 W 以百万元为单位，t 以年为单位，则利息盈取的速率为每年 $0.05W$ 百万元，而工资支付的速率为每年200百万元，于是

$$\frac{dW}{dt}=0.05W-200,$$

即

$$\frac{dW}{dt}=0.05(W-4\,000) \tag{6-14}$$

这就是公司的净资产 W 所满足的微分方程.

（2）利用分离变量法求解微分方程（6 − 14）得

$$W=4\,000+ce^{0.05t},（c \text{ 为任意常数}）$$

由 $W|_{t=0}=W_0$，得 $c=W_0-4\,000$，

故
$$W = 4\ 000 + (W_0 - 4\ 000)e^{0.05t}.$$

(3) 若 $W_0 = 4\ 000$,则 $W = 4\ 000$ 即为平衡解;

若 $W_0 = 5\ 000$,则 $W = 4\ 000 + 1\ 000e^{0.05t}$;

若 $W_0 = 3\ 000$,则 $W = 4\ 000 - 1\ 000e^{0.05t}$.

在 $W_0 = 3\ 000$ 的情形,当 $t \approx 27.7$ 时,$W = 0$,这意味着该公司在今后28个年头将破产.

图6-2给出了上述几个函数的曲线. $W = 4\ 000$ 是一个平衡解.可以看到,如果净资产在 W_0 附近某值开始,但并不等于4 000(百万元),那么随着 t 的增大,W 将远离 W_0,故 $W = 4\ 000$ 是一个不稳定的平衡点.

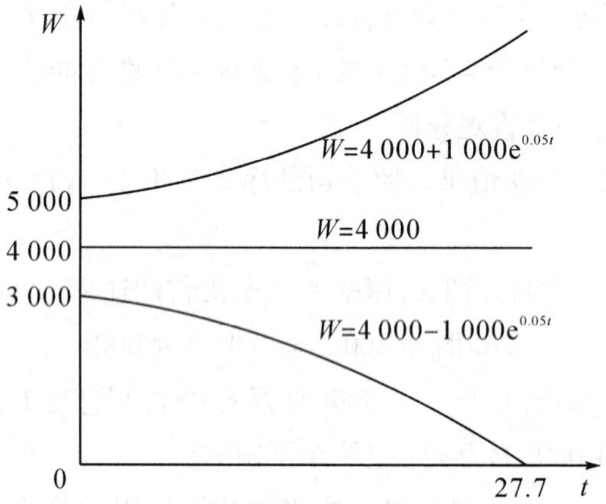

图6-2

例5(有限销量增长问题)　假设某产品的销售量 $x(t)$ 是时间 t 的可导函数,如果商品的销售量对时间的增速率 $\frac{dx}{dt}$ 与销售量 $x(t)$ 及销售量接近于饱和水平的程度 $N - x(t)$ 之积成正比(N 为饱和水平,比例常数为 $k > 0$),且当 $t = 0$ 时,$x = \frac{N}{4}$.

(1) 求销售量 $x(t)$;

(2) 求 $x(t)$ 的增长最快的时刻 T.

解　(1) 由题意可知

$$\frac{dx}{dt} = kx(N - x),(k > 0) \qquad (6-15)$$

分离变量,得

$$\frac{dx}{x(N - x)} = kdt$$

两边积分,得

$$\frac{x}{N - x} = ce^{kt}$$

所以,有

$$x(t)=\frac{Nce^{Nkt}}{ce^{Nkt}+1}=\frac{N}{1+Be^{-Nkt}}$$

其中,$B=\frac{1}{c}$,由 $x(0)=\frac{N}{4}$ 得,$B=3$,故

$$x(t)=\frac{N}{1+3e^{-Nkt}}.$$

(2) 由于

$$\frac{dx}{dt}=\frac{3N^2ke^{-Nkt}}{(1+3e^{-Nkt})^2},$$

$$\frac{d^2x}{dt^2}=\frac{-3N^3k^2e^{-Nkt}(1-3e^{Nkt})}{(1+3e^{-Nkt})^3},$$

令$\frac{d^2x}{dt^2}=0$,得 $T=\frac{\ln3}{N}$.

当 $t<T$ 时,$\frac{d^2x}{dt^2}>0$;当 $t>T$ 时,$\frac{d^2x}{dt^2}<0$;故 $T=\frac{\ln3}{N}$ 时,$x(t)$ 增长最快.

微分方程(6 - 15) 称为 *Logisitc* 方程,也就是有限增长模型.它广泛应用于人口限制增长问题、生物种群限制增长、信息传播问题、商品的广告效应与商品销售预测问题等各个领域.其解曲线称为 *Logisitc* 曲线,如图 6 - 3 所示.

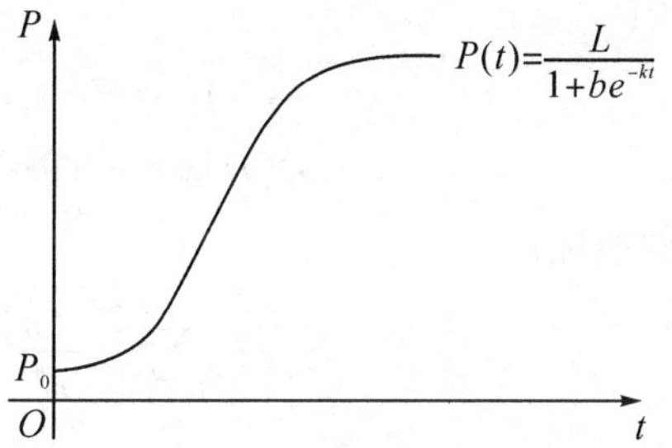

图 6 - 3

本章总习题

1. 选择题:

(1) 设级数$\sum_{n=1}^{\infty}\left(\frac{2}{5}\right)^{n+1}$,则级数的和 $S=$(　　).

(A) $\frac{2}{3}$　　(B) $\frac{2}{5}$

(C) $\frac{1}{2}$　　(D) $\frac{5}{3}$

(2) 当 $\sum_{n=1}^{\infty}(a_n+b_n)$ 收敛时,则级数 $\sum_{n=1}^{\infty}a_n$ 与 $\sum_{n=1}^{\infty}b_n$(　　).

(A) 必同时收敛　　(B) 必同时发散

(C) 可能不同时收敛　　(D) 不可能同时收敛

(3) 级数 $\sum_{n=1}^{\infty}a_n^2$ 收敛是级数 $\sum_{n=1}^{\infty}a_n^4$ 收敛的(　　).

(A) 充分而不必要条件　　(B) 必要而不充分条件

(C) 充要条件　　(D) 既非充分也非必要条件

(4) $x+y-2+(1-x)y'=0$ 是(　　).

(A) 可分离变量的微分方程　　(B) 一阶齐次微分方程

(C) 一阶齐次线性微分方程　　(D) 一阶非齐次线性微分方程

(5) 给定一阶微分方程 $\frac{dy}{dx}=2x$,下列结果正确的是(　　).

(A) 通解为 $y=cx^2$

(B) 通过点(1,4)的特解是 $y=x^2-15$

(C) 满足 $\int_0^1 y dx=2$ 的解为 $y=x^2+\frac{5}{3}$

(D) 与直线 $y=2x+3$ 相切的解是 $y=x^2+1$

(6) $y''=e^{-x}$ 的通解为(　　).

(A) $y=-e^{-x}$　　(B) $y=e^{-x}+x+c$

(C) $y=e^{-x}+c_1x+c_2$　　(D) $y=-e^{-x}+c_1x+c_2$

2. 判断下列级数的敛散性:

(1) $\sum_{n=1}^{\infty}\frac{2n-1}{2^n}$　　(2) $\sum_{n=1}^{\infty}\frac{2^n\cdot n!}{n^n}$

(3) $\sum_{n=1}^{\infty}\frac{\sin n\alpha}{(n+1)^2}$　　(4) $\sum_{n=2}^{\infty}\frac{(-1)^{n-1}}{n-\ln n}$

3. 求下列微分方程的通解:

(1) $y''=e^x+1$　　(2) $xydx+\sqrt{1+x^2}dy=0$

(3) $x\frac{dy}{dx}-2y=2x$　　(4) $(y^2-6x)y'+2y=0$

4. 已知函数 $f(x)$ 满足 $f'(x)=f''(x)$,且 $f(0)=1$, $f'(0)=2$,求 $f(x)$.

5. 某商品的需求量 Q 对价格 p 的弹性为 $-p\ln 3$,若该商品的最大需求量为 1 200(即 $p=0$ 时,$Q=1\ 200$).p 的单位为元,Q 的单位为 kg.

(1) 试求需求量 Q 与价格 p 的函数关系;

(2) 求当价格为 1 元时,市场对该商品的需求量;

(3) 当 $p\to+\infty$ 时,需求量变化趋势如何?

6. 某商场的销售成本 y 和存储费用 S 均是时间 t 的函数,随时间 t 的增长,销售成本的变化率等于存储费用的倒数与常数 5 的和，而存储费用的变化率为存储费用的 $\left(-\frac{1}{3}\right)$ 倍.若当 $t=0$ 时，销售成本 $y=0$，存储费用 $S=10$.试求销售成本 y 与时间 t 的函数关系式及存储费用 S 与时间 t 的函数关系式.

附 录

附录 1 初等数学部分公式

一、代数

1. 指数运算

(1) $a^m a^n = a^{m+n}$

(2) $\dfrac{a^m}{a^n} = a^{m-n}$

(3) $(a^m)^n = a^{mn}$

(4) $\sqrt[n]{a^m} = a^{\frac{m}{n}}$

2. 对数运算

(1) $\log_a 1 = 0$

(2) $\log_a a = 1$

(3) $\log_a(N_1 \cdot N_2) = \log_a N_1 + \log_a N_2$

(4) $\log_a \dfrac{N_1}{N_2} = \log_a N_1 - \log_a N_2$

(5) $\log_a(N^n) = n \log_a N$

(6) $\log_a \sqrt[n]{N} = \dfrac{1}{n} \log_a N$

(7) $\log_b N = \dfrac{\log_a N}{\log_a b}$

3. 有限项和

(1) $1 + 2 + 3 + \cdots + (n-1) + n = \dfrac{n(n+1)}{2}$

(2) $a + aq + aq^2 + \cdots + aq^{n-1} = \dfrac{a(1-q^n)}{1-q} \quad (q \neq -1)$

(3) $1^2 + 2^2 + 3^2 + \cdots + n^2 = \dfrac{n(n+1)(2n+1)}{6}$

(4) $1^3 + 2^3 + 3^3 + \cdots + n^3 = \dfrac{n^2(n+1)^2}{4}$

4. 二项式定理(牛顿公式)

$$(a+b)^n = a^n + na^{n-1}b + \frac{n(n-1)}{2!}a^{n-2}b^2 + \frac{n(n-1)(n-2)}{3!}a^{n-3}b^3 + \cdots + nab^{n-1} + b^n$$

$$= \sum_{k=0}^{n} C_n^k a^{n-k} b^k$$

二、三角

1. 基本公式

(1) $\sin^2\alpha + \cos^2\alpha = 1$

(2) $\dfrac{\sin\alpha}{\cos\alpha} = \tan\alpha$

(3) $\dfrac{\cos\alpha}{\sin\alpha} = \cot\alpha$

(4) $\sec\alpha = \dfrac{1}{\cos\alpha}$

(5) $\csc\alpha = \dfrac{1}{\sin\alpha}$

(6) $1 + \tan^2\alpha = \sec^2\alpha$

(7) $1 + \cot^2\alpha = \csc^2\alpha$

(8) $\cot\alpha = \dfrac{1}{\tan\alpha}$

2. 和差公式

(1) $\sin(\alpha \pm \beta) = \sin\alpha\cos\beta \pm \cos\alpha\sin\beta$

(2) $\cos(\alpha \pm \beta) = \cos\alpha\cos\beta \mp \sin\alpha\sin\beta$

(3) $\tan(\alpha \pm \beta) = \dfrac{\tan\alpha \pm \tan\beta}{1 \mp \tan\alpha\tan\beta}$

(4) $\cot(\alpha \pm \beta) = \dfrac{\cot\alpha\cot\beta \mp 1}{\cot\beta \pm \cot\alpha}$

(5) $\sin\alpha + \sin\beta = 2\sin\dfrac{\alpha+\beta}{2}\cos\dfrac{\alpha-\beta}{2}$

(6) $\sin\alpha - \sin\beta = 2\cos\dfrac{\alpha+\beta}{2}\sin\dfrac{\alpha-\beta}{2}$

(7) $\cos\alpha + \cos\beta = 2\cos\dfrac{\alpha+\beta}{2}\cos\dfrac{\alpha-\beta}{2}$

(8) $\cos\alpha - \cos\beta = -2\sin\dfrac{\alpha+\beta}{2}\sin\dfrac{\alpha-\beta}{2}$

(9) $\cos\alpha\cos\beta = \dfrac{1}{2}[\cos(\alpha+\beta) + \cos(\alpha-\beta)]$

(10) $\sin\alpha\sin\beta = -\dfrac{1}{2}[\cos(\alpha+\beta) - \cos(\alpha-\beta)]$

(11) $\sin\alpha\cos\beta = \dfrac{1}{2}[\sin(\alpha+\beta) + \sin(\alpha-\beta)]$

3. 倍角和半角公式

(1) $\sin2\alpha = 2\sin\alpha\cos\alpha$

(2) $\cos2\alpha = \cos^2\alpha - \sin^2\alpha = 2\cos^2\alpha - 1 = 1 - 2\sin^2\alpha$

(3) $\tan2\alpha = \dfrac{2\tan\alpha}{1 - \tan^2\alpha}$

(4) $\cot2\alpha = \dfrac{\cot^2\alpha - 1}{2\cot\alpha}$

(5) $\sin\frac{\alpha}{2}=\sqrt{\frac{1-\cos\alpha}{2}}$ (6) $\cos\frac{\alpha}{2}=\sqrt{\frac{1+\cos\alpha}{2}}$

(7) $\tan\frac{\alpha}{2}=\sqrt{\frac{1-\cos\alpha}{1+\cos\alpha}}$ (8) $\cot\frac{\alpha}{2}=\sqrt{\frac{1+\cos\alpha}{1-\cos\alpha}}$

附录 2 微积分基本公式

1. 基本导数公式

(1) $(C)'=0$ (2) $(x^a)'=ax^{a-1}$

(3) $(\sin x)'=\cos x$ (4) $(\cos x)'=-\sin x$

(5) $(\tan x)'=\sec^2 x$ (6) $(\cot x)'=-\csc^2 x$

(7) $(\sec x)'=\sec x\tan x$ (8) $(\csc x)'=-\csc x\cot x$

(9) $(a^x)'=a^x\ln a$ (10) $(e^x)'=e^x$

(11) $(\log_a x)'=\frac{1}{x\ln a}=\frac{1}{x}\log_a e$ (12) $(\ln x)'=\frac{1}{x}$

(13) $(\arcsin x)'=\frac{1}{\sqrt{1-x^2}}$ (14) $(\arccos x)'=-\frac{1}{\sqrt{1-x^2}}$

(15) $(\arctan x)'=\frac{1}{1+x^2}$ (16) $(\operatorname{arccot} x)'=-\frac{1}{1+x^2}$

2. 基本微分公式

(1) $dC=0$ (2) $d(x^a)=ax^{a-1}dx$

(3) $d(\sin x)=\cos x dx$ (4) $d(\cos x)=-\sin x dx$

(5) $d(\tan x)=\sec^2 x dx$ (6) $d(\cot x)=-\csc^2 x dx$

(7) $d(\sec x)=\sec x\tan x dx$ (8) $d(\csc x)=-\csc x\cot x dx$

(9) $d(a^x)=a^x\ln a dx$ (10) $d(e^x)=e^x dx$

(11) $d(\log_a x)=\frac{1}{x\ln a}dx=\frac{1}{x}\log_a e dx$ (12) $d(\ln x)=\frac{1}{x}dx$

(13) $d(\arcsin x)=\frac{1}{\sqrt{1-x^2}}dx$ (14) $d(\arccos x)=-\frac{1}{\sqrt{1-x^2}}dx$

(15) $d(\arctan x)=\frac{1}{1+x^2}dx$ (16) $d(\operatorname{arccot} x)=-\frac{1}{1+x^2}dx$

3. 基本积分公式

(1) $\int k dx=kx+C$（k 是常数）

(2) $\int x^n dx = \frac{1}{n+1}x^{n+1} + C, (n \neq -1)$

(3) $\int \frac{1}{x}dx = \ln|x| + C$

(4) $\int e^x dx = e^x + C$

(5) $\int a^x dx = \frac{a^x}{\ln a} + C, (a > 0, a \neq 1)$

(6) $\int \cos x dx = \sin x + C$

(7) $\int \sin x dx = -\cos x + C$

(8) $\int \frac{1}{\cos^2 x}dx = \int \sec^2 x dx = \tan x + C$

(9) $\int \frac{1}{\sin^2 x}dx = \int \csc^2 x dx = -\cot x + C$

(10) $\int \frac{1}{1+x^2}dx = \arctan x + C$

(11) $\int \frac{1}{\sqrt{1-x^2}}dx = \arcsin x + C$

(12) $\int \sec x \tan x dx = \sec x + C$

(13) $\int \csc x \cot x dx = -\csc x + C$

(14) $\int \tan x dx = -\ln|\cos x| + C = \ln|\sec x| + C$

(15) $\int \cot x dx = \ln|\sin x| + C = -\ln|\csc x| + C$

(16) $\int \sec x dx = \ln|\sec x + \tan x| + C$

(17) $\int \csc x dx = \ln|\csc x - \cot x| + C$

附录 3 Mathematica 基础

1. Mathematica 8.0 简介

Mathematica 是由物理学家史蒂芬·沃尔弗拉姆(Stenphen Wolfram)领导开发的,当时的目的是为了研究量子力学.1987 年,他推出了 Mathematica1. 0 版.

Mathematica 拥有强大的数学计算功能,支持比较复杂的符号计算和数值计算,因此它早期主要在数学、物理等研究领域流传.近几年,为帮助工程技术人员克服使用 Mathematica 时遇到的困难,在 Mathematica 的基础上又开发了几百种应用软件包,如电气工程软件包、小波分析软件包等.

Mathematica 能够做什么

Mathematica 是一个集成化的计算机软件.它的主要功能包括三个方面:符号演算、数值计算和图形.Mathematica 可以完成许多符号演算和数值计算的工作,例如,它可以做多项式的各种计算(四则运算、展开、因式分解等);有理式的各种计算.它可以求多项式方程、有理式方程和超越方程的精确解和近似解;做数值的或一般表达式的向量和矩阵的各种计算.Mathematica 还可以求一般函数表达式的极限、导函数、求积分、做幂级数展开、求解某些微分方程,等等.使用 Mathematica 还可以做任意位的整数的精确计算、分子分母为任意位整数的有理数的精确计算(四则运算、乘方等);可以做任意位精确度的数值(实数值或复数值)的数值计算.这个系统的所有内部定义的整函数和数值(实数值或复数值)计算函数也都具有这样的性质.使用 Mathematica 可以非常方便地做出以各种方式表示的一元函数和二元函数的图形,可以根据需要自由地选择画图的范围和精确度.通过对这些图形的观察,人们常常可以迅速形象地把握对应函数的某些特征,这些特征仅仅从函数的符号表达式一般是很难认识的.

Mathematica 系统的能力还不仅仅在于具有上述这些功能,更重要的是在于它把这些功能融合在一个系统里,使它们成为一个有机整体.在使用 Mathematica 的过程中,使用者可以根据自己的需要从做符号演算转去作图形,又转去做数值计算,等等.这种灵活性为使用者带来了很大的方便,经常能使一些看起来非常复杂的问题变得易如反掌,使问题处理起来得心应手.在学习和使用的过程中读者一定会进一步体会到这些.Mathematica 还是一个很容易扩充的系统,它用于描述符号的表达式和对它们的计算的一套记法实际上构成了一个功能强大的程序设计语言,用这种语言可以比较方便的定义用户需要的各种函数,如符号计算函数、数值计算函数、作图函数或其他具有复杂功能的函数,完成用户需要的各种工作.系统本身提供了一批用这个语言写出来的完成各种工作的程序包,在需要时可以调入系统使用.用户自己也可以用这个语言写出自己的专门用途的程序或软件包来.

Mathematica 是一个什么样的系统

Mathematica 是一个交互式的计算系统.这里所指的交互式是指:在使用 Mathematica 系统的时候,计算是在使用者(用户)和 Mathematica 相互交换以及传递信息数据的过程中完成的.用户通过输入设备(一般是计算机的键盘)给系统发出计算的指示(命令),Mathematica 系统在完成了给定的计算工作后把计算结果告诉用户(一般通过计算机的显示器).从这个意义上说,Mathematica 可以看成一个非常高级的计算器.它的使用方式也与使用计算器类似,只是它的功能比一般的计算器强大得多,能接受的命令也丰富得多.用这个系统的术语, Mathematica 接受的命令都被称作表达式,系统在接受了一个表达式之后就对它进行处理(这个处理过程叫做对表达式求值),然后把求得的值(计算结果)送回来.

与一般的程序设计语言不同,Mathematica 的处理对象不限于数(整数和近似数).它的处理对象是一般的符号表达式,也就是具有一定的结构和意义的复杂符号表示.数是一种最简单的表达式,它们没有内部结构.数学中的代数表达式也是符号表达式的例子,它们可以具有相当复杂的结构.一般地说,一个表达式是由一些更简单的部分构成的.数和代数式都是 Mathematica 能够处理的对象.

不同计算机上 Mathematica 系统的基本部分是一样的,只是它们的系统界面形式、用户与系统交互的方式可能有所不同.Mathematica 的界面上有两种,一种是图形形式的,另一种是行文形式的.使用行文形式界面的系统时,用户一行一行地输入命令,一个命令输入完毕,Mathematica 系统就立刻处理这个命令,并且返回计算结果.图形方式界面的系统使用起来更灵活,使用者不但可以用键盘输入,还可以利用鼠标器等输入设备,通过选菜单等方式向系统发出命令.在 MS-DOS 上运行的 Mathematica 系统的界面是行文方式的,而运行在 Windows 以上的系统具有图形用户界面,它可利用 Windows 系统提供的各种能力.

Mathematica8.0 一般需要占用大约 3.2GB 的硬盘空间.软件的安装与一般 Windows应用程序的安装过程相同,这里假定 Mathematica 安装在目录“C:\Program Files\Wolfram Research\Mathematica\8.0”中,Mathematica8.0 启动后的界面如图 1 所示.

如图 1 所示的 Mathematica8.0 的界面由工作区窗口、基本输入模板和主菜单组成.

1.1 工作区窗口

在图 1 中,左边的大窗口为工作区,是显示一切输入、输出的窗口.无论是直接输入各种算式命令,还是运行已经编好的程序,所有操作都在这个窗口中进行,可以同时打开多个工作区窗口.在这样的窗口中,不仅可以显示文字与数学表达式,还可以显示图形、按钮等对象,这种类型的窗口称为“Notebook”.

1.2 基本输入面板

位于工作区窗口右边的是基本输入面板,由一系列按钮组成.用鼠标左键单击一个按钮,就可以将它表示的符号输入到当前的工作区窗口中.Mathematica8.0 提供了多个这样的面模板,用于数学表达式、特殊字符、Mathematica 函数的输入,模板的引入大大加快了输入速度,减轻了记忆负担,这也是人们乐于使用 Mathematica 的原因之一.

你可以通过 Mathematica 主菜单中的“面板”来选择显示你需要的模板.

关于 Mathematica8.0 的使用方法,在主菜单的“帮助”下面的“参考资料中心”里面有详细的说明,请参阅.

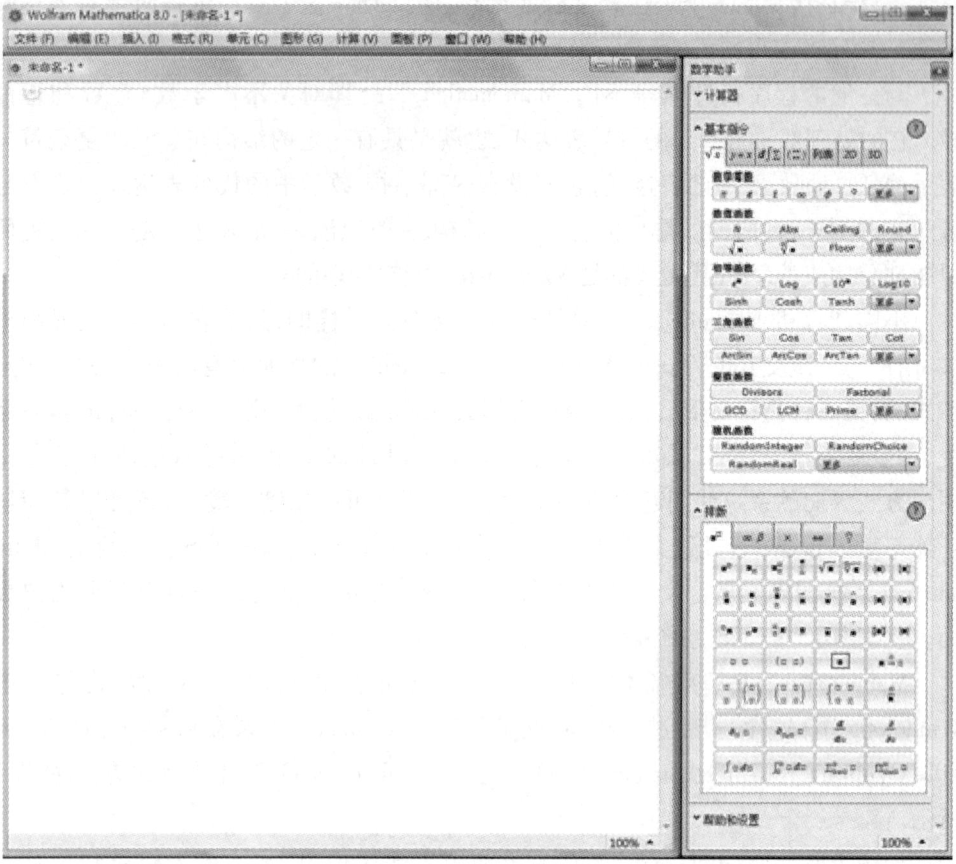

图 1 Mathematica 界面

2. 数、变量、函数、算式和表

下面介绍在 Mathematica5 中怎样输入各种数学表达式，读者必须认真阅读，牢记某些基本规定并熟练掌握一些基本操作，为学习打好基础.

2.1 数的表示和计算

2.1.1 准确数与近似数

Mathematica 以符号运算为主，与 C、Basic、Fortran 不同，例如 π，e，$\frac{2}{3}$，$\sqrt{2}$ 等，如果不声明则为准确数.近似数用带有小数点的数表示，例如：1.2，2.3 * 10^5 等，在 Mathematica 中将实的近似数称为实数(Real)，而将准确数称为整数、有理数、幂、符号数等.无论准确数还是近似数，都没有位数的限制(当然实际上受到计算机内存的限制)，可以求出 $2^{100\,000}$ 的准确值，也可以求出 π 的任意位数的近似值.

2.1.2 数的输入、输出方法和格式

例 1 实际运行时的输入与输出.

$$\ln[1]:=2/3+\frac{3}{2}$$

$$\mathrm{Out}[1]=\frac{13}{6}$$

$$\ln[2]:=2\hat{}3+3^2$$

$$\mathrm{Out}[2]=17$$

$$\ln[4]:=\sqrt[4]{4}$$

$$\mathrm{Out}[4]=\sqrt{2}$$

说明 上例中以不同的方式输入了分式和幂式,并得到计算结果.

以下通过例1讲解数的输入、输出方法和格式.

(1)分式的输入

在例1中,第1行分别以两种形式输入了两个分数.分数线的输入可用"/"或"Ctrl+/".前者的分式表示法与C、Basic等程序语言相同;后者产生常规的分数线和一个表示分母位置的小方块,光标停在小方块内,键入分母后可以按键盘上的"—"键退出分母,也可按"End"键或单击分数后面的位置退出分母,使光标处于分数后面的位置,就可以继续输入后面的表达式了.分式也可用基本输入模板中的分式按钮输入,通过"Tab"键或单击,使光标从分子跳到分母.对分数进行四则运算的结果是准确数,分子、分母的公因数已经被自动约去.

(2)指数的输入

在例1中,第3行分别以两种形式输入了两个幂式.指数的输入可用"^"或"Ctrl+6",前者的指数表示法与C、Basic等程序语言相同,后者按数学的常规方式产生一个表示指数位置的小方块.也可用基本输入模板中的幂式按钮输入幂式形式,通过按"Tab"键或单击从底数跳到指数.

说明 根式也可通过键盘输入,但不如用基本输入模板中的根式按钮方便且无须记忆键盘命令.

注意 准确数的运算结果都是准确数,准确数与近似数运算的结果是近似数(保持最大可能的精度).

(3)输入与输出提示

从例1中看到Mathematica自动在输入的式子前面加上"In[1]:="等,在输出的答案前面加上"Out[1]="等,以便分清输入与输出并自动加上编号.用户也可以通过"Kernel"菜单的"Showln/OutNames"选项去掉这些提示.

(4)计算的执行

当输入完整算式后按"Shift+Enter"键(或小键盘上的"Enter"键),Mathematica立即开始计算.例1中共进行了三次计算,也可以一次计算三个算式,只要在前两次输入完算式后按"Enter"键(只换行不计算),最后一个算式输入完后按"Shift+Enter"键即可.Mathematica首次计算时,才将执行运算的核心程序调入,因此需要等待片刻.再次执行计算时,速度就很快了.由于键入匆忙,有时会产生输入错误,已经执行后才被发现,当然得不到正确的结果.这时不必重新输入一次,只要将原式修改后,再次按"Shift+Enter"键,就能重新计算,并用新的输出覆盖原来的输出.可以将工作区窗口当成一张"无限"长的草稿纸,不断进行输入输出,所有的内容都会被保留.

(5)强制中断计算

如果执行计算后,由于各种原因使计算长时间不能完成,可以通过键盘命令"Alt+,"或"Alt+."停止计算.使用后者将立即停止计算,而使用前者后弹出一个对话框供选择.

(6)特殊字符的输入

π 和 e 分别用专用字符 Pi 和 E 表示,也可以由基本输入模板的特殊字符按钮输入.I 表示虚数单位(注意必须用大写字母),也可以由基本输入模板的特殊字符按钮输入,复数用 a+bI 表示.Infinity 表示无穷大,也可以由基本输入模板的特殊字符按钮输入"∞",注意"∞"与"+∞"相同,没有双侧无穷的概念,"-Infinity"表示"-∞".

2.1.3　近似数的精度控制

(1)求近似值的函数 N

Mathematica 允许用户任意指定数值计算的精度,可使用函数 N.

N[表达式,数字位数]　计算表达式的具有任意指定数字位数的近似值,末位四舍五入.

N[表达式]　计算表达式的近似值,具有机器规定的精度(至少是 16 位有效数字),但是按标准输出只显示前 6 位有效数字,如果想要全部显示,应该改为按"InputForm"形式输出(使用"单元(Cell)"菜单中的"选择输出形式"选项可以更改输出形式或使用 InputForm[ ]数).还可以使用函数 NumberForm[Real,n]规定实数 Real 的显示位数 n.

注意　在 Mathematica 中,π 和 e 都表示准确数.

例 2　求 π 和 e 的近似值.

In[1]:=N[π]

Out[1]=3.141 59

In[2]:= N[π]//InputForm

Out[2]//InputForm=

3.141 592 653 589 793

In[3]:=N[Pi,50]

Out[3]= 3.141 592 653 589 793 238 462 643 383 279 502 884 197 169 399 375 1

In[4]:=N[E,50]

Out[4]= 2.718 281 828 459 045 235 360 287 471 352 662 497 757 247 093 700 0

说明　其中,π 由基本输入模板中的相应按钮输入.

鉴于 Mathematica 对于数的精度没有限制,不管输入的数有多少位数字,都会被

全部保留.例如:

In[1]:= a=1.123 456 789 012 345 678 901 234 567 890

Out[1]= 1.123 456 789 012 345 678 901 234 567 890

In[2]:=a+5

Out[2]= 6.123 456 789 012 345 678 901 234 567 89

(2)用分数逼近实数

反过来,也可以用一个分数作为一个实数的近似值,可使用转换函数Rationalize.

Rationalize[*x*]　给出 *x* 的有理数近似值.

Rationalize[*x*,d*x*]　给出 *x* 的有理数近似值,误差小于 d*x*.

例如:

In[1]:= Rationalize[N[5/7]]

Out[1]= $\frac{5}{7}$

In[2]:= Rationalize[N[p]]

Out[2]=3.14159

In[3]:=Rationalize[N[p],10^-5]

Out[3]= $\frac{355}{113}$

说明　不指定误差时有可能失败.例如上例中的 In[2].指定误差上限后,问题解决,即使对准确的无理数也能适用(如 In[4]).

2.2　变量

2.2.1　变量命名

Mathematica 中的变量名必须是以字母开头的、由字母或数字组成的字符串(长度不限),不能含有空格或标点符号,大写与小写字母用于表示不同的变量.例如:*x*,a1,b12,rc 都是合法的变量名,2a 是不合法的变量名,a1 与 A1 代表不同的变量.

2.2.2　变量赋值

一个变量可以表示各种类型的数或字符串,也可以表示一个算式.与 C 语言不同,不必事先声明变量的类型,Mathematica 会根据用户给变量所赋的值自动处理.

使用等号给变量赋值,具体格式如下:

x=Value　给 *x* 赋值.

x=*y*=Value　同时给 *x*,*y* 赋相同的值.

{*x*,*y* ,…}={*Value*1,*Value*2,…}　同时给 *x*,*y*,……赋不同的值.

2.2.3　清除变量

为了避免隐蔽的错误,应该及时清除不再使用的变量,方法有以下几种.

x=.　清除 *x* 的值但保留变量 *x*.

Clear[*x*]　清除 *x* 的值但保留变量 *x*(在复杂的使用情况下清除更多的定义).

Remove[*x*]　将变量 *x* 清除.

Clear[Global ' * "]　清除所有变量的值.

Remove[Global ' * "]　清除所有变量.

说明　Global ' x 表示全局变量 x.

提示　更省事的方法是退出后重新启动 Mathematica.

2.2.4　表示输出的专用符号

“%”是一个重要的 Mathematica 符号,用途如下:

%　表示前一个输出的内容.

%%　表示倒数第 2 个输出的内容,据此类推.

%n　表示第 n 个(即 Out[n])输出的内容.

所有%n 的内容一直被 Mathematica 记忆,它们可以像其他变量一样被后面的计算引用.

注意　这些%n 的内容是被保护的,Clear 或 Remove 不能清除它们.其实,所有的输入内容都同样被保留和保护,这些内容当然会占据计算机内存.为了节约内存,可以在解除保护后清除它们,清除的方法是使用 Unprotect[In,Out]和 Clear[In,Out],不过一般无此必要.

3. 表达式的查阅、保存和文件调入

3.1　表达式的查阅

前面已经提到,如果不清除使用过的变量,它将始终被 Mathematica 记忆,当使用者忘记时就会导致错误的发生.以下介绍如何查阅已经使用了哪些变量.

操作符“?”用于某些内容的查询,用法如下:

变量名　显示一个变量的信息.

ab *　显示以字母 ab 打头的全部变量.

Global ' *　显示已经使用的全部变量.

问号还可以用于查阅帮助信息,用法如下:

函数名　显示函数的帮助信息.

函数名　显示函数更为详细的帮助信息.

Ab *　显示以字母 Ab 打头的所有帮助信息(首字符大写).

3.2　表达式的保存

在退出 Mathematica 时,系统总是询问是否将用户窗口中的内容保存到一个文件中,一般约定以 *.nb 型文件保存.但是用户窗口犹如一张草稿纸,其中内容未必都有保存价值,经常只需要选择部分内容予以保存.以下介绍保存表达式和计算结果的方法.

(1)可以运用 Windows 的拷贝、粘贴功能,用鼠标选中想要保存的内容,然后单击“编辑”菜单中的“复制’选项,将其复制到 Windows 的剪贴板,再利用“编辑”菜单中的“粘贴”将其复制到另一个新打开的工作区窗口中,最后存盘为 *.nb 型文件.用

这种方法,既可以保存用户键入的表达式,又可以保存 Mathematica 输出的计算结果.

(2) Mathematica 提供了保存变量的值的操作符,用法如下.

变量名>>"文件名" 将变量的值保存到指定文件中.

变量名>>>"文件名" 将变量的值添加到指定文件中.

说明 其中双引号可以省略,文件名可以带路径,默认路径是 Mathematica 的目录.

当指定的文件不存在时,这两个操作符没有区别,都是先建立文件再将内容存入.当指定的文件已经存在时,后者不破坏文件的原有内容,只将新内容添加到文件的末尾,而前者将用新内容代替原内容且没有警告提示!

上述命令存入文件的是变量的值(Out 的内容),而且不带变量名,数学表达式的形式也变成文本的形式.

如果想要保存用户键入的表达式,还应使用拷贝的方法.

Save["文件名",变量名 1,变量名 2,…] 将变量名及变量的值添加到指定文件中.

查看文件使用的操作符如下:

!! 文件名 在工作区窗口中显示文件的内容(但是没有调入运行该文件).

3.3 文件的调入

用户以"*.nb"型文件保存的内容,可以通过"文件"菜单的"打开"选项或文件历史记录项查找调入.Mathematica 将专门为调入的文件打开一个工作区窗口,显示保存的内容,可以修改或再次执行其中的语句(调入时并不自动执行).应该注意这种"Notebook"文件的格式特殊,它并不是 Mathematica 的程序文件,Mathematica 的程序文件是标准的文本文件(一般扩展名为"m").

调入程序文件使用的操作符如下:

<<"文件名" 将指定的文件调入并且立即运行,其中双引号可以省略.

4. Mathematica 常用的符号与常数索引

In[n] 第 n 个输入.

Out[n]或%n 第 n 个输出.

% 前一次的输出.

%% 倒数第二次的输出.

? name 查看变量 name 的信息.

?? name 查看变量 name 更为详细的信息.

!! filename 显示文件内容.

<<filename 读入文件并执行.

expr>>filename 将表达式保存到文件.

expr>>>filename 将表达式添加到文件.

{ } 表使用的括号.

[ ] 函数使用的括号.

" " 字符串使用的引号.

N[expr,n] 求 expr 具有 n 位数字的近似值.

N[expr] 求 expr 具有机器规定的精度的近似值.

Clear[symbol1,symbol2,…] 清除一些符号的值.

Remove[symbol1,symbol2,…] 清除一些符号.

I 虚数单位 i.

Degree 角度的度.

E 自然对数的底 e.

Pi 圆周率 π.

Infinity 无穷大.

ComplexInfinity 复无穷大.

Indeterminate 不定值.

GoldenRatio 表示 $\frac{\sqrt{5}+1}{2}$.

b^^nnn 表示 nnn 是一个 b 进位数.

nnn'p 表示 nnn 是一个具有 p 位数字的任意精度数.

Short[expr] 将输出结果缩略成一行显示.

Short[expr,n] 将输出结果缩略成 n 行显示.

Alt+,或 Alt+. 强制中断计算.

除了这些常用的符号和常数,Mathematica 提供了非常丰富的系统函数,涉及数学的方方面面,此处略去.读者可以通过在线帮助的“参考资料中心”获取你需要的内容.

5. 微积分中的常用命令

5.1 求极限

Limit[f[x],x->a]

其中 f(x)是数列或者函数的表达式, x->a 是自变量的变化趋势. 如果自变量趋向于无穷, 用 x->Infinity.

对于单侧极限, 通过命令 Limit 的选项 Direction 表示自变量的变化方向.

求右极限, $x\to a+0$ 时, 用 Limit[f[x],x->a,Direction->-1];

求左极限, $x\to a-0$ 时, 用 Limit[f[x],x->a,Direction->+1];

求 $x\to+\infty$时的极限, 用 Limit[f[x],x->Infinity,Direction->+1];

求 $x\to-\infty$时的极限, 用 Limit[f[x],x->Infinity,Direction->-1].

注意 右极限用减号, 表示自变量减少并趋于 a;同理,左极限用加号, 表示自

变量增加并趋于 a.

5.2　求导数与微分

D[f,x]　给出 f 关于 x 的导数，而将表达式 f 中的其他变量看作常量. 因此，如果 f 是多元函数，则给出 f 关于 x 的偏导数.

D[f,{x,n}]　给出 f 关于 x 的 n 阶导数或者偏导数.

D[f,x,y,z,…]　给出 f 关于 $x,y,z,\cdots$ 的混合偏导数.

Dt[f,x]　给出 f 关于 x 的全导数，将表达式 f 中的其他变量都看作 x 的函数.

Dt[f]　给出 f 的微分. 如果 f 是多元函数，则给出 f 的全微分.

上述命令对表达式为抽象函数的情形也适用，其结果也是一些抽象符号.

命令 D 的选项 NonConstants->{…} 指出{…}内的字母是 x 的函数.

命令 Dt 的选项 Constants->{…} 指出{…}内的字母是常数.

5.3　求函数的极值

函数 FindMinimum 寻找一个函数的极小值点,其调用格式如下：

FindMinimum[f,{x,x_0}]　从 x_0 出发求未知量 x 的函数 f 的一个极小值点和极小值.

FindMinimum[f,{x,x_0,x_1}]　给出两个初值 x_0 和 x_1,以避免求导的困难.

FindMinimum[f,{x,x_0,x_{min},x_{max}}]　在由 x_{min} 和 x_{max} 的范围内寻找.

FindMinimum[f,{x,x_0},{y,y_0},…]　求多元函数的一个极小值点和极小值.

函数 FindMaximum 寻找一个函数的极大值点,其调用格式如下：

FindMaximum[f,{x,x_0}]　从 x_0 出发求未知量 x 的函数 f 的一个极大值点和极大值.

FindMaximum[f,{x,x_0,x_1}]　给出两个初值 x_0 和 x_1,以避免求导的困难.

FindMaximum[f,{x,x_0,x_{min},x_{max}}]　在由 x_{min} 和 x_{max} 的范围内寻找.

FindMaximum[f,{x,x_0},{y,y_0},…]　求多元函数的一个极大值点和极大值.

使用这两个命令前，应该先确定极值的个数与初值.

5.4　求函数的最值

Maximize[f,{x,y,…}]　求自变量为 $x,y,\cdots$ 的函数 f 的最大值.

Maximize[{f,*cons*},{x,y,…}]　求函数 f 满足条件 *cons* 时的最大值.

Minimize[f,{x,y,…}]　求自变量为 $x,y,\cdots$ 的函数 f 的最小值.

Minimize[{f,*cons*},{x,y,…}]　求函数 f 满足条件 *cons* 时的最小值.

5.5　求积分

Integrate[f,x]　求不定积分.

注意积分常数 C 被省略.

Integrate[f,{x,a,b}]　求定积分.其中 a 是积分下限，b 是积分上限.

附录4 部分数学家简介

笛卡尔(Descartes Ren'e)

(1596—1650)

——近代数学的奠基人

1647年深秋的一个夜晚,在巴黎近郊,两辆马车疾驰而过,马车在教堂的门前停下,身佩利剑的士兵押着一个瘦小的老头儿走进教堂。他就是近代数学奠基人、伟大的哲学家和数学家笛卡尔。由于他在著作中宣传科学,触犯了神权,因面遭到了当时教会的残酷迫害。

教堂里,烛光照射在圣母玛丽亚的塑像上,塑像前是审判席。被告席上的笛卡尔开始接受天主教会法庭对他的宣判:"笛卡尔散布异端邪说,违背教规,亵渎上帝。为纯洁教义,荡涤谬误,本庭宣判笛卡尔所著之书全为禁书,并由本人当庭焚毁。"笛卡尔想申辩,但士兵立即把他从被告席上拉下来,推到火盆旁,笛卡尔用颤抖的手拿起一本本凝结了他毕生心血的著作,无可奈何地投入火中。

笛卡尔1596年生于法国,8岁入读一所著名的教会学校,主要课程是神学和教会的哲学,也学数学。他勤于思考,学习努力,成绩优异。20岁时,他在普瓦界大学获法学学位,之后去巴黎当了律师。出于对数学的兴趣,他独自研究了两年数学。17世纪初的欧洲处于教会势力的控制下,但科学的发展已经开始显示出一些和宗教教义离经背道的倾向。笛卡尔和其他一些不满法兰西政治状态的青年人一起去荷兰从军体验军旅生活。

说起笛卡尔投身数学,多少有一些偶然性。有一次部队开进荷兰南部的一个城市,笛卡尔在街上散步,看见用当地的佛来米语书写的公开征解的几道数学难题。许多人在此招贴前议论纷纷,他旁边一位中年人用法语替他翻译了这几道数学难题的内容。第二天,聪明的笛卡尔兴冲冲地把解答交给了那位中年人。中年人看了笛卡尔的解答十分惊讶。巧妙的解题方法,准确无误的计算,充分显露了他的数学才华。原来这位中年人就是当时有名的数学家贝克曼教授。笛卡尔以前读过他的著作,但是一直没有机会认识他。从此,笛卡尔在贝克曼的指导下开始了对数学的深入研究。所以有人说,贝克曼"把一个业已离开科学的心灵,带回到正确、完美的成功之路"。1621年笛卡尔离开军营遍游欧洲各国。1625年他回到巴黎从事科学工作。为综合知识、深入研究,1628年他变卖家产,定居荷兰潜心著述达20年。

几何学曾在古希腊有过较快的发展,欧几里得、阿基米德、阿波罗尼都对圆锥曲线做过深入研究。但古希腊的几何学只是一种静态的几何,它既没有把曲线看成一种动点的轨迹,更没有给出它的一般表示方法。文艺复兴运动以后,哥白尼的日心说得到证实,开普勒发现了行星运动的三大定律,伽利略又证明了炮弹等抛物体的弹道是抛物线,这就使几乎被人们忘记的阿波罗尼曾研究过的圆锥曲线重新引起人们的重视。人们意识到圆锥曲线不仅仅是依附在圆锥上的静态曲线,而且是与自然界的物体运动有密切联系的曲线。要计算行星运行的椭圆轨道、求出炮弹飞行所走过的抛物线,单纯靠几何方法已无能为力。古希腊数学家的几何学已不能给出解决这些问题的有效方法。要想反映这类运动的轨迹及其性质,就必须从观点到方法都要有一个新的变革,建立一种在运动观点上的几何学。

古希腊数学过于重视几何学的研究,却忽视了代数方法。代数方法在东方(中国、印度、阿拉伯)虽有高度发展,但缺少论证几何学的研究。后来,东方高度发展的代数传入欧洲,特别是文艺复兴运动使欧洲数学在古希腊几何和东方代数的基础上有了巨大的发展。

笛卡尔在数学上的杰出贡献就在于将代数和几何巧妙地联系在一起,从而创造了解析几何这门学科。

1619 年在多瑙河的军营里,笛卡尔用大部分时间思考着他在数学中的新想法:能不能用代数中的计算过程来代替几何中的证明呢?要这样做就必须找到一座能连接(或说融合)几何与代数的桥梁——使几何图形数值化。笛卡尔用两条互相垂直且交于原点的数轴作为基准,将平面上的点位置确定下来,这就是后人所说的笛卡尔坐标系。笛卡尔坐标系的建立,为用代数方法研究几何架设了桥梁。它使几何中的点 p 与一个有序实数 (x,y) 构成了一一对应关系。坐标系里点的坐标按某种规则连续变化,那么,平面上的曲线就可以用方程来表示。笛卡尔坐标系的建立,把过去并列的两个代数方法统一起来,从而使传统的数学有了一个新的突破。

1760 年 2 月笛卡尔在斯德哥尔摩病逝。由于教会的阻止,仅有几个友人为其送葬。其著作在他死后也被教会列为禁书。可是,这位对科学做出巨大贡献的学者却受到广大科学家和革命者的敬仰和怀念。法国大革命之后,笛卡尔的骨灰和遗物被送进法国历史博物馆。1819 年其骨灰被移入圣日耳曼圣心堂中。墓碑上镌刻着:笛卡尔,欧洲文艺复兴以来,第一个为争取和捍卫理性权利而奋斗的人。

莱布尼茨(Friedrich Leibniz)
(1597—1652)
——博学多才的数学符号大师

出生于书香门第的莱布尼兹是德国一位博学多才的学者。他的学识涉及哲学、历史、语言、数学、生物、地质、物理、机械、神学、法学、外交等领域,并在每个领域中都有杰出的成就。然而,由于他独立创建了微积分,并精心设计了非常巧妙而简洁的微积分符号,从而使他以伟大数学家的称号闻名于世。莱布尼兹对微积分的研究始于31岁,那时他在巴黎任外交官,有幸结识数学家、物理学家惠更斯等人。在名师指导下系统研究了数学著作,1673年他在伦敦结识了巴罗和牛顿等名流。从此,他以非凡的理解力和创造力进入了数学前沿阵地。

莱布尼兹在从事数学研究的过程中,深受他的哲学思想的支配。他的著名哲学观点是单子论,认为单子是“自然的真正原子……事物的元素”,是客观的、能动的、不可分割的精神实体。他说 dx 和 x 相比,如同点和地球,或地球半径与宇宙半径相比。在其积分法论文中,他从求曲线所围面积导出积分概念,把积分看作是无穷小的和,并引入积分符号 $\int$,它是把拉丁文“Summa”的字头S拉长。他发明的这个符号,以及微积分的要领和法则一直保留到当今的教材中。莱布尼兹也发现了微分和积分是一对互逆的运算,并建立了沟通微分与积分内在联系的微积分基本定理,从而使原本各自独立的微分学和积分学成为统一的微积分学的整体。

莱布尼兹是数字史上最伟大的符号学者之一,堪称符号大师。他曾说:“要发明,就要挑选恰当的符号,要做到这一点,就要用含义简明的少量符号来表达和比较忠实地描绘事物的内在本质,从而最大限度地减少人的思维劳动。”正像阿拉伯数字促进算术和代数发展一样,莱布尼兹所创造的这些数学符号对微积分的发展起了很大的促进作用。欧洲大陆的数学得以迅速发展,莱布尼兹的巧妙符号功不可没。除积分、微分符号外,他创设的符号还有商“a/b”、比“a:b”、相似“∽”、全等“≌”、并“∪”、交“∩”以及函数和行列式等符号。

牛顿和莱布尼茨对微积分都做出了巨大贡献,但两人的方法和途径是不同的。牛顿是在力学研究的基础上,运用几何方法研究微积分的;莱布尼兹主要是在研究曲线的切线和面积的问题上,运用分析学方法引进微积分要领的。牛顿在微积分的应用上更多地结合了运动学,造诣精深;但莱布尼兹的表达形式简洁准确,胜过牛顿。在对微积分具体内容的研究上,牛顿先有导数概念,后有积分概念;莱布尼兹则先有求积概念,后有导数概念。除此之外,牛顿与莱布尼兹的学风也迥然不同。作为科学家的牛顿,治学严谨。他迟迟不发表微积分著作《流数术》的原因,很可能是因为他没有找到合理的逻辑基础,也可能是“害怕别人反对的心理”所致。但作为哲学家的莱布尼兹比较大胆,富于想象,勇于推广,结果造成创作年代上牛顿先于莱布尼兹10年,而在发表的时间上,莱布尼兹却早于牛顿3年。

虽然牛顿和莱布尼兹研究微积分的方法各异,但殊途同归。各自独立地完成了创建微积分的盛业,光荣应由他们两人共享。然而在历史上曾出现过一场围绕发明微积分优先权的激烈争论。牛顿的支持者,包括数学家泰勒和麦克劳林,认为莱布尼兹剽窃了牛顿的成果。争论把欧洲科学家分成誓不两立的两派:英国和欧洲大陆。争论双方停止学术交流,不仅影响了数学的正常发展,也波及自然科学领域,以致发展到英德两国之间的政治摩擦。自尊心很强的英国民族抱住牛顿的概念和记号不放,拒绝使用更为合理的莱布尼兹的微积分符号和技巧,致使英国在数学发展上大大落后于欧洲大陆。一场旷日持久的争论变成了科学史上的前车之鉴。

莱布尼兹的科研成果大部分出自青年时代,随着这些成果的广泛传播,荣誉纷纷而来,他也越来越变得保守。到了晚年,他在科学方面已无所作为。他开始为宫廷唱赞歌,为上帝唱赞歌,沉醉于研究神学和公爵家族。莱布尼兹生命中的最后 7 年,是在别人带给他和牛顿关于微积分发明权的争论中痛苦地度过的。他和牛顿一样,都是终生未娶。1761 年 11 月 14 日,莱布尼兹默默地离开人世,葬在宫廷教堂的墓地。

雅各布·伯努利(Jacob Bermoulli)
(1654—1705)

雅各布·伯努利是瑞士数学家、力学家、天文学家。1654 年 12 月 27 日生于瑞士巴塞尔,1705 年 8 月 16 日卒于巴塞尔。

雅各布·伯努利出生于一商人世家。他的祖父是一位药商,1662 年移居巴塞尔。他的父亲接过兴隆的药材生意,并成了市议会的一名成员和地方行政官。他的母亲是市议员兼银行家的女儿。雅各布在 1684 年与一位富商的女儿结婚,他的儿子尼古拉·伯努利是艺术家,也是巴塞尔市议会的议员和艺术行会会长。

雅各布毕业于巴塞尔大学,1671 年获艺术硕士学位。这里的艺术是指“自由艺术”,包括算术、几何、天文学、数理音乐以及方法、修辞和雄辩术等。遵照他父亲的愿望,他于 1676 年取得硕士学位。同时他对数学有着浓厚的兴趣,但是他在数学上的兴趣遭到父亲的反对,他违背父亲的意愿,自学了数学和天文学。1676 年,他到日内瓦做家庭教师。从 1677 年起,他开始在这里写著内容丰富的《沉思录》。1678 年雅各布进行了他第一次学习旅行,他到过法国、荷兰、英国和德国,与数学家们建立了广泛的通信联系。然后他又在法国度过了两年时光,这期间他开始研究数学问题。起初他还不知道牛顿和莱布尼兹的工作,他首先熟悉了笛卡尔的《几何学》、沃利斯的《无穷的算术》以及巴罗的《几何学讲义》。他后来逐渐地熟悉了莱布尼兹的工作。1681—1682 年,他做了第二次学习旅行,接触了许多数学家和科学家。通过访问和阅读文献,丰富了他的知识,拓宽了个人兴趣。这次旅行,他在科学上的直接收获就是发表了还不够完备的有关慧星的理论以及受到人们高度评价的重力理论。回到巴塞尔后,从 1683 年起,雅各布做了一些关于科技问题的文章,并且也继续研究数学著作。1687 年,雅各布在《教师学报》上发表了他的“用两相互垂直的直线将三角形的面积四等分方法”。1684 年之后,雅各布转向诡辩逻辑的研究。1685 年出版了他最早的关于概率论的文章。由于受到沃利斯以及巴罗的涉及数学、光学、天文学等资料的影响,他又转向了微分几何学。在这同时,他的弟弟约翰·伯努利一直跟其学习数学。1687 年雅各布成为巴塞尔科学院的国外院士,直到 1705 年去世。在这段时间里,他一直与莱布尼兹保持着通信联系。1699 年,雅各布被选为巴黎科学院的国外院士,1701 年被柏林科学协会(即后来的柏林科学院)接受为会员。

雅各布·伯努利是在17至18世纪期间,欧洲大陆在数学方面做过特殊贡献的伯努利家庭的重要成员之一,他在数学上的贡献涉及微积分、解析几何、概率论以及变分法等领域。

柯西(Augustin Louis Cauchy)
(1789—1857)
——业绩永存的数学大师

19世纪初期,微积分已发展成一个庞大的分支,内容丰富,应用非常广泛,与此同时,它的薄弱之处也越来越暴露出来,微积分的理论基础并不严格。为解决新问题并澄清微积分概念,数学家们展开了数学分析严谨化的工作,在数学分析的奠基工作中,做出卓越贡献的要推伟大的数学家柯西。

柯西1789年8月21日出生于巴黎。父亲是一位精通古典文学的律师,与当时法国的大数学家拉格朗日和拉普拉斯交往密切。柯西少年时代的数学才华颇受这两位数学家的赞赏,并预言柯西日后必成大器。拉格朗日向其父建议"赶快给柯西一种坚实的文学教育",以便他的爱好不致把他引入岐途。父亲加强了对柯西的文学教养,使他在诗歌方面也表现出很高的才华。

1807—1810年,柯西在工学院学习。他曾当过交通道路工程师,由于身体欠佳,接受拉格朗日和拉普拉斯的劝告,放弃工程师而致力于纯数学的研究。柯西在数学上的最大贡献是在微积分中引进了极限概念,并以极限为基础建立了逻辑清晰的分析体系。这是微积分发展史上的精华,也是柯西对人类科学发展所做的巨大贡献。

1821年柯西提出极限定义的 ε 方法,把极限过程用不等式来刻划,后经维尔斯特拉斯改进,成为现在所说的柯西极限定义或叫 $\varepsilon-\delta$ 定义。当今所有微积分的教科书都还(至少是在本质上)沿用着柯西等人关于极限、连续、导数、收敛等概念的定义。他对微积分的解释被后人普遍采用。柯西对定积分作了最系统的开创性工作。他把定积分定义为和的"极限"。在定积分运算之前,强调必须确立积分的存在性。他利用中值定理首先严格证明了微积分基本定理。通过柯西以及后来维尔斯特拉斯的艰苦工作,使数学分析的基本概念得到严格的论述。从而结束了微积分两百年来思想上的混乱局面,把微积分及其推广从对几何概念、运动和直觉了解的完全依赖中解放出来,并使微积分发展成现代数学最基础、最庞大的数学学科。

数学分析严谨化的工作一开始就产生了很大的影响。在一次学术会议上柯西提出了级数收敛性理论。会后,拉普拉斯急忙赶回家中,根据柯西的严谨判别法,逐一检查其巨著《天体力学》中所用到的级数是否都收敛。

柯西在其他方面的研究成果也很丰富。复变函数的微积分理论就是由他创立的。柯西的数学成就不仅辉煌,而且数量惊人。柯西全集有27卷,其论著有800多篇,在数学史上是仅次于欧拉这位数学家。他的光辉名字与许多定理、准则一起铭记在当今许多教材中。

作为一位学者,他思路敏捷,功绩卓著,但他常忽视青年人的创造。例如,由于柯西"失落"了才华出众的年轻数学家阿贝尔与伽罗华的开创性的论文手稿,造成群论晚问世约半个世纪。1857 年 5 月 23 日柯西在巴黎病逝。他临终的一句名言"人总是要死的,但是,他们的业绩永存"长久地叩击着一代又一代学子的心扉。

欧拉(Euler)
(1707—1783)

欧拉是瑞士数学家及自然科学家。1707 年 4 月 15 日出生于巴塞尔,1783 年 9 月 18 日卒于圣彼得堡。

欧拉出生于牧师家庭,自幼就受到父亲的教育。13 岁时入读巴塞尔大学,15 岁大学毕业,16 岁获得硕士学位。欧拉的父亲希望他学习神学,但他最感兴趣的是数学。在上大学时,他已受到约翰·伯努利的特别指导,专心研究数学,直到 18 岁,他彻底的放弃当牧师的想法而专攻数学,于 19 岁时开始创作文章,并获得巴黎科学院奖金。1727 年,在丹尼尔·伯努利的推荐下,他到圣彼得堡科学院从事研究工作,并在 1731 年接替丹尼尔·伯努利,成为物理学教授。在圣彼得堡的 14 年中,他努力不懈地投入研究,在分析学、数论及力学方面均有出色的表现。此外,欧拉还应俄国政府的要求,解决了不少如地图学、造船业等的实际问题。1735 年,他因工作过度以致右眼失明。在 1741 年,他受到普鲁士腓特烈大帝的邀请到德国科学院担任物理数学所所长一职。他在柏林斯间,大大扩展了研究的内容,如行星运动、刚体运动、热力学、弹道学、人口学等,这些工作与他的数学研究互相推动着。与此同时,他在微分方程、曲面微分几何及其他数学领域均有开创性的发现。

1766 年,他应俄国沙皇喀德林二世礼聘重回圣彼得堡。1771 年,一场重病使他的左眼亦完全失明,但他以其惊人的记忆力和心算技巧继续从事科学创作。他通过与助手们的讨论以及直接口授等方式完成了大量的科学著作,直至生命的最后一刻。

欧拉是 18 世纪数学界最杰出的人物之一,他不但为数学界做出贡献,更把数学推至几乎整个物理的领域。此外,他是数学史上最多产的数学家,写了大量的力学、分析学、几何学、变分法的课本,《无穷小分析引论》(1748)、《微分学原理》(1755)、《积分学原理》(1768—1770)都成为数学中的经典著作。

欧拉最大的功绩是扩展了微积分的领域,为微分几何及分析学的一些重要分支(如无穷级数、微分方程等)的产生与发展奠定了基础。欧拉把无穷级数由一般的运算工具转变为一个重要的研究科目。他计算出 ξ 函数在偶数点的值。此外,他对调和级数亦有所研究,并相当精确的计算出欧拉常数 γ 的值,其值近似为 0. 577 215 664 901 532 860 606 512 09…。

在 18 世纪中叶,欧拉和其他数学家在解决物理方面的问题过程中,创立了微分方程学。当中,在常微分方程方面,他完整地解决了 n 阶常系数线性齐次方程的问题,对于非齐次方程,他提出了一种降低方程阶的解法;而在偏微分方程方面,欧拉将二维物体振动的问题,归结出一、二、三维波动方程的解法。欧拉所写的《方程的积分法研究》更是偏微分方程在纯数学研究中的第一篇论文。

在微分几何方面(微分几何是研究曲线、曲面逐点变化性质的数学分支),欧拉引入了空间曲线的参数方程,给出了空间曲线曲率半径的解析表达方式。在1766年,他出版了《关于曲面上曲线的研究》,这是欧拉对微分几何最重要的贡献,更是微分几何发展史上一个里程碑。他将曲面表示为 $z=f(x,y)$,并引入一系列标准符号以表示 z 对 x,y 的偏导数,这些符号至今仍通用。此外,在该著作中,他亦得到了曲面在任意截面上截线的曲率公式。欧拉在分析学上的贡献不胜枚举,如他引入了 G 函数和 B 函数,还证明了椭圆积分的加法定理,以及最早引入二重积分等。

在代数学方面,他发现了每个实系数多项式必可分解为一次或二次因子之积,即 $a+bi$ 的形式。欧拉还给出了费马小定理的三个证明,并引入了数论中重要的欧拉函数 $\varphi(n)$,他研究数论的一系列成果致使数论成为数学中的一个独立分支。欧拉又用解析方法讨论数论问题,发现了 ξ 函数所满足的函数方程,并引入欧拉乘积。而且,他还解决了著名的哥尼斯堡七桥问题。

欧拉对数学的研究如此广泛,因此在许多数学的分支中也可经常见到以他的名字命名的重要常数、公式和定理。

狄利克雷(Dirichlet Peter Gustav Lejeune)
(1805—1859)

狄利克雷是德国数学家,1805年2月13日生于德国迪伦,1859年5月5日卒于格丁根。

狄利克雷生活的时代,德国的数学正经历着以C.F.高斯(Gauss)为前导的、由落后逐渐转为兴旺发达的时期。狄利克雷以其出色的数学教学才能,以及在数论、分析和数学、物理等领域的杰出成果,成为高斯之后与C.G.J.雅可比(Jacobi)齐名的德国数学界的一位核心人物。

狄利克雷出身于行政官员家庭,他父亲是一名邮政局长。狄利克雷少年时即表现出对数学的浓厚兴趣,据说他在12岁前就自攒零钱购买数学图书。1817年他就读波恩的一所中学,除数学外,他对近代史有特殊爱好;人们称道他是个能专心致志又品行优良的学生。两年后,他遵照父母的意愿转学到科隆的一所教会学校,在那里师从物理学家G.欧姆(Ohm),学到了必要的物理学基础知识。

16岁通过中学毕业考试后,父母希望他攻读法律,但狄利克雷已选定数学为其终身职业。当时的德国数学界,除高斯一人名噪欧洲外,普遍水平较低;又因高斯不喜好教学,于是狄利克雷决定到数学中心巴黎上大学,那里有一批灿若星辰的数学家，诸如P.S.拉普拉斯、A.勒让德等。

1822年5月，狄利克雷到达巴黎，选定在法兰西学院和巴黎理学院攻读。1825年，狄利克雷向法国科学院提交他的第一篇数学论文，题为“某些五次不定方程的不可解”。他利用代数数论方法讨论形如$x^5+y^5=Az^5$的方程。几周后，勒让德利用该文中的方法证明了$x^n+y^n=z^n$，当$n=5$时无整数解；狄利克雷本人不久也独立证明了同一结论。

1826年，狄利克雷在为振兴德国自然科学研究而奔走的A.洪堡的影响下，返回德国，在布雷斯劳大学获讲师资格，后升任编外教授（介于正式教授和讲师之间的职称）。

1828年，狄利克雷又经洪堡的帮助来到学术空气较浓厚的柏林，任教于柏林军事学院。同年，他又被聘为柏林大学编外教授（后升为正式教授），开始了他在柏林长达27年的教学与研究生涯。由于他讲课清晰，思想深邃，为人谦逊，谆谆善诱，培养了一批优秀数学家，对德国在19世纪后期成为国际上又一个数学中心产生了巨大影响。1831年，狄利克雷成为柏林科学院院士。

1855年高斯去世，狄利克雷被选定作为高斯的继任到格丁根大学任教。与在柏林繁重的教学任务相比，他很欣赏在格丁根有更多自由支配的时间从事研究。可惜美景不长，1858年夏他去瑞士蒙特勒开会，作纪念高斯的演讲，在那里突发心脏病。狄利克雷虽平安返回了格丁根，但在病中遭夫人中风身亡的打击，病情加重，于1859年春与世长辞。

牛顿（Newton Isaac）
（1643—1727）

数学和科学中的巨大进展，几乎总是建立在做出一点一滴贡献的许多人的工作之上。需要一个人来走那最高和最后的一步，这个人要能够敏锐地从纷乱的猜测和说明中清理出前人的有价值的想法，有足够的想象力把这些碎片重新组织起来，并且足够大胆地制订一个宏伟的计划。在微积分中，这个人就是牛顿。

牛顿生于英格兰乌尔斯托帕的一个小村庄里，父亲是在他出生前两个月去世的，母亲管理着丈夫留下的农庄，母亲改嫁后，是由外祖母把他抚养大，并供他上学。他从小在低标准的地方学校接受教育，除对机械设计有兴趣外，是个没有什么特殊的青年人，1661年他进入剑桥大学的三一学院学习，大学期间除了巴罗（Barrow）外，他从其他老师那里只得到了很少的一点鼓舞，他自己做实验并且研究当时一些数学家的著作。大学课程刚结束，学校因为伦敦地区鼠疫问题而关闭。他回到家乡，度过了1665—1666年，并在家乡开始了他在机械、数学和光学上伟大的工作，这时他意识到了引力的平方反比定律（曾早已有人提出过），这是打开那无所不包的力学科学的钥匙。他获得了解决微积分问题的一般方法，并且通过光学实验，做出了划时代的发现,即像太阳光那样的白光,实际上是从紫到红的各种颜色混合而成的。“所有这些”牛顿后来说:“是在1665—1666年两个鼠疫年中做的,因为在这些日子里,我正处在发现力最旺盛的时期,而且对于数学和(自然)哲学的关心,比其他任何时候都多。”关于这些发现,牛顿什么也没有说过,1667年他回到剑桥获得硕士学位,并被选为三一学院的研究员。1669年他的老师巴罗主动宣布牛顿的学识已超过自己,把“路卡斯(Lucas)教授”的职位让给了年仅26岁的牛顿,这件事成了科学史上的一段佳话。牛顿并不是一个成功的教员,他提出的独创性的材料也没有受到同事们的注意。起初牛顿并没有公布他的发现,人们说他有一种变态的害怕批评的心理。在1672年和1675年发表光学方面的两篇论文遭到暴风般的批评后,他决心死后才公开他的成果,不过,后来还是发表了《自然哲学的数学原理》《光学》《普遍的算术》等有限的一些成果。

牛顿是他那个时代的世界著名的物理学家、数学家和天文学家。牛顿工作的最大特点是辛勤劳动和独立思考。他有时不分昼夜地工作,常常好几个星期一直在实验室里度过。他总是不满足自己的成就,是个非常谦虚的人。他说:“我不知道在别人看来,我是什么样的人。但在自己看来,我不过就像是一个在海滨玩耍的小孩,为不时发现比寻常更为光滑的一块卵石或比寻常更为美丽的一片贝壳而沾沾自喜,而对于展现在我面前的浩瀚的真理的海洋,却全然没有发现。”牛顿对于科学的兴趣要比对于数学的兴趣大得多。在当了35年的教授后,他决定放弃研究,并于1695年担任了伦敦的不列颠造币厂的监察。1703年成为皇家学会会长,一直到逝世。1705年被授予爵士称号。关于微积分,牛顿总结了已经由许多人发展了的思想,建立起系统和成熟的方法,其最重要的工作是建立了微积分基本定理,指出微分与积分互为逆运算,从而沟通了前述几个主要科学问题之间的内在联系,至此,才算真正建立了微积分这门学科。因此,恩格斯在论述微积分产生过程时说,微积分“是由牛顿和莱布尼茨大体上完成的,但不是由他们发明的”。在他写于1671年但直到他死后的1736年才出版的《流数法和无穷级数》书中清楚地陈述了微积分的基本问题。

魏尔斯特拉斯(Weierstrass Karl Wilhelm)
(1815—1897)

魏尔斯特拉斯是德国数学家,1815年10月31日生于德国威斯特伐利亚地区的奥斯登费尔特,1897年2月19日卒于柏林。

魏尔斯特拉斯的父亲威廉是一名政府官员,受过高等教育,颇具才智,但对子女相当专横。魏尔斯特拉斯11岁时丧母,翌年其父再婚。他有一弟二妹,两位妹妹终身未嫁,后来一直在生活上照料终身未娶的魏尔斯特拉斯。威廉要孩子长大后进入普鲁士高等文官阶层,因而于1834年8月把魏尔斯特拉斯送往波恩大学攻读财务与管理,使其学到充分的法律、经济和管理知识,为谋得政府高级职位创造条件。

魏尔斯特拉斯不喜欢父亲所选专业，立志终身研究数学，并令人惊讶地放弃成为法学博士候选人，因此在离开波恩大学时，他没有取得学位。在父亲的一位朋友的建议下，他被送到一所神学哲学院，然后参加中学教师资格国家考试，考试通过后在中学任教，此期间，他写了 4 篇直到他的全集刊印时才问世的论文，这些论文已显示了他建立函数论的基本思想和结构。1853 年夏，他在父亲家中度假，研究阿贝尔和雅可比留下的难题，精心写作关于阿贝尔函数的论文。这就是 1854 年发表于《克雷尔杂志》上的"阿贝尔函数论"。这篇出自一个名不见经传的中学教师的杰作，引起数学界瞩目。

1855 年秋，魏尔斯特拉斯被提升为高级教师并享受一年研究假期。1856 年 6 月 14 日，柏林皇家综合科技学校任命他为数学教授；在 E.E.库默尔的推荐下，柏林大学聘任他为副教授，他接受了聘书；11 月 19 日，他当选为柏林科学院院士。1864 年成为柏林大学教授。

在柏林大学就任后，魏尔斯特拉斯即着手建立数学分析基础，并进一步研究椭圆函数论与阿贝尔函数论。这些工作主要是通过他在该校讲授的大量课程完成的。几年后他就闻名遐迩，成为德国甚至全欧洲知名度最高的数学教授。1873 年他出任柏林大学校长，从此成为大忙人。除教学外，公务几乎占去了他全部时间，使他疲乏不堪。紧张的工作影响了他的健康，但其智力未见衰退。他的 70 年生诞庆典规模颇大，遍布全欧洲各地的学生赶来向他致敬。10 年后，80 大寿庆典更加降重，在某种程度上他简直被看作德意志的民族英雄。1897 年初，他染上流行性感冒，后转为肺炎，终至不治，于 2 月 19 日溘然长逝，享年 82 岁。

除柏林科学院外，魏尔斯特拉斯还是格丁根皇家科学学会会员(1856)、巴黎科学院院士(1868)、英国皇家学会会员(1881)。

魏尔斯特拉斯是数学分析算术化的完成者、解析函数论的奠基人，无与伦比的大学数学教师。

主要参考文献

[1]王国政,王婷.微积分(上)[M].成都:西南财经大学出版社,2008.

[2]王国政,王婷.微积分(下)[M].成都:西南财经大学出版社,2009.

[3]赵坤银,王国政.微积分 I [M].成都:西南财经大学出版社,2013.

[4]赵坤银,王国政.微积分 II [M].成都:西南财经大学出版社,2015.

[5]张现强,王国政.高等数学 I [M].成都:西南财经大学出版社,2013.

[6]张现强,王国政.高等数学 II [M].成都:西南财经大学出版社,2015.

[7]邵文凯,阮杰昌.微积分[M].重庆:重庆大学出版社,2015.

[8]彭年斌,张秋燕.微积分与数学模型[M].北京:科学出版社,2016.

[9]余敏,叶佰英,吕永林.微积分基础——引入 Mathematica 软件求解[M].上海:华东理工大学出版社,2010.

[10]王宪杰,侯仁民,赵旭强.高等数学典型应用实例与模型[M].北京:科学出版社,2005.